공무원
영어
Voca 곱씹

공무원 영어 Voca 급상승

저 자 박지성

발행인 고본화

발 행 반석출판사

2021년 9월 5일 초판 1쇄 인쇄

2021년 9월 10일 초판 1쇄 발행

반석출판사 | www.bansok.co.kr

이메일 | bansok@bansok.co.kr

블로그 | blog.naver.com/bansokbooks

07547 서울시 강서구 양천로 583. B동 1007호
    (서울시 강서구 염창동 240-21 우림블루나인 비즈니스센터 B동 1007호)

대표전화 02) 2093-3399 팩 스 02) 2093-3393

출 판 부 02) 2093-3395 영업부 02) 2093-3396

등록번호 제315-2008-000033호

ISBN 978-89-7172-944-1 (13740)

공무원
영어
Voca 급상승

반석출판사
Bansok

머리말

공무원 영어시험에 등장하는 어휘들은 출제 범위가 무척 넓고 여러 가지 다양한 의미를 묻기 때문에 어휘를 공부하는 데 많은 어려움을 겪습니다. 이런 이유 때문에 대부분의 수험생들은 중학교 단어부터 소위 22,000에 해당하는 단어까지 광범위한 어휘를 암기해야 하며, 어휘를 공부하는 데 많은 시간과 노력을 쏟아 붓고 있습니다.

이에 본 저자는 공무원·경찰 등 각종 영어시험을 준비하는 수험생들에게 시험에 반드시 출제되는 '족집게 어휘'를 '가장 간결하고, 가장 효율적으로 암기'할 수 있도록 교재를 출간하게 되었습니다. 이 책의 특징은 다음과 같습니다.

☑ 공무원·경찰·편입·토플·토익 영어시험을 위한 우선순위 영단어
☑ 40일자 구성, 1일 30개, 총 1,200개의 표제어 수록
☑ 총 4,500개 이상의 필수어휘 모음(기본어휘+중·고급어휘)
☑ 어휘, 독해문제와 직결되는 활용도 높은 예문
☑ 의미 확장을 위한 유의어·관련어 제공
☑ 복습용 실전 어휘문제 400제 제공
☑ 원어민 녹음 mp3파일 제공

본 교재가 영어공부에서, 특히 '꾸준함'을 요구하는 어휘학
습에 있어서 큰 동반자의 역할을 할 것입니다. 수험생 여러
분의 합격을 진심으로 기원합니다.

지자 **박지성**

Contents

이 책의 특징 및 활용 방법

단어 암기를 위한 최적의 배열

복잡한 책 구성에서 탈피하여 양면에 [표제어 – 의미 – 동의어 – 예문 – 관련 어휘]를 배치하여 한눈에 어휘를 익혀 나가는 방식을 택했다.

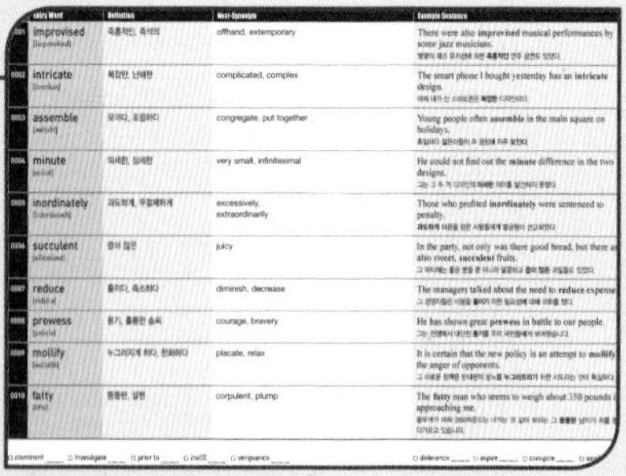

Entry Word	Definition	Near-Synonym	Example Sentence
0001 improvised	즉흥적인, 즉석의	offhand, extemporary	There were also **improvised** musical performances by some jazz musicians.
0002 intricate	복잡한, 난해한	complicated, complex	The smart phone I bought yesterday has an **intricate** design.
0003 assemble	모이다, 조립하다	congregate, put together	Young people often **assemble** in the main square on holidays.
0004 minute	미세한, 상세한	very small, infinitesimal	He could not find out the **minute** difference in the two designs.
0005 inordinately	과도하게, 무절제하게	excessively, extraordinarily	Those who profited **inordinately** were sentenced to penalty.
0006 succulent	즙이 많은	juicy	In the party, not only was there good bread, but there a[re] also sweet, **succulent** fruits.
0007 reduce	줄이다, 축소하다	diminish, decrease	The managers talked about the need to **reduce** expense[s]
0008 prowess	용기, 훌륭한 솜씨	courage, bravery	He has shown great **prowess** in battle to our people.
0009 mollify	누그러지게 하다, 완화하다	placate, relax	It is certain that the new policy is an attempt to **mollify** the anger of opponents.
0010 fatty	뚱뚱한, 살찐	corpulent, plump	The **fatty** man who seems to weigh about 350 pounds i[s] approaching me.

기본 단어와 중 · 고급 단어의 동시 수록

1일 30개 표제어를 독해시험에 출제되는 기본단어부터 어휘문제로 출제되는 중·고급 어휘들까지 골고루 배치하여 초·중·고급 어휘들을 동시에 학습할 수 있게 꾸몄다.

0006	succulent [sʌ́kjulənt]	즙이 많은	juicy
0007	reduce [ridjúːs]	줄이다, 축소하다	diminish, decrease
0008	prowess [práuis]	용기, 훌륭한 솜씨	courage, bravery
0009	mollify [máləfài]	누그러지게 하다, 완화하다	placate, relax
0010	fatty [fǽti]	뚱뚱한, 살찐	corpulent, plump

실전과 직결되는 활용도 높은 예문

공무원, 경찰 등 각종 영어시험에서 실제 어휘나 독해문제로 출제되는 예문들을 수록하여 실제 시험에 곧바로 적용될 수 있게 하였다. 예문들은 다양한 문장 형식으로 구성되었다.

some jazz musicians.
몇몇의 재즈 뮤지션에 의한 **즉흥적인** 연주 공연도 있었다.

The smart phone I bought yesterday has an **intricate** design.
어제 내가 산 스마트폰은 **복잡한** 디자인이다.

Young people often **assemble** in the main square on holidays.
휴일마다 젊은이들이 주 광장에 자주 **모인다**.

He could not find out the **minute** difference in the tw[o] designs.
그는 그 두 개 디자인의 **미세한** 차이를 발견하지 못했다.

실전 어휘문제 400제 제공

부록에 실전 어휘문제 400제를 실었고, 실제 어휘문제들로 출제되는 단어들에 대한 복습을 가능하게 했다.

NO.	Entry Word	Definition	Near-Synonym
0001	improvised [ímprəváizd]	즉흥적인, 즉석의	offhand, extempor~~~
0002	intricate [íntrikət]	복잡한, 난해한	complicated, com~~~
0003	assemble [əsémbl]	모이다, 조립하다	congregate, put to~~~
0004	minute [minit]	미세한, 상세한	very small, infinites~~~
0005	inordinately [~~~~~~~~]	과도하게, 무절제하게	excessively, extraordinarily~~~

표제어의 간결한 정리

공무원 영어시험에 반드시 출제되는 각 어휘의 가장 핵심 의미를 최소화시켜 수험생들에게 다의어 학습에 대한 부담감을 최대한 줄였다.

NO.	Entry Word	Definition	Near-Synonym	Example Sentence
	improvised	즉흥적인, 즉석의	offhand, extemporary	There were also impoverished musical performances by some jazz musicians.
	intricate	복잡한, 난해한	complicated, complex	The smart phone I bought yesterday has an intricate design.
	assemble	모이다, 조립하다	congregate, put together	Young people often assemble in the main square on holidays.
	minute	미세한, 상세한	very small, infinitesimal	He could not find out the minute difference in the two designs.
	inordinately	과도하게, 무절제하게	excessively, extraordinarily	Those who profited inordinately were sentenced to penalty.
	succulent	즙이 많은	juicy	In the park, not only was there good bread, but there were also sweet, succulent fruits.
	reduce	줄이다, 축소하다	diminish, decrease	The managers talked about the need to reduce expenses.
	prowess	용기, 훌륭한 솜씨	courage, bravery	He has shown great prowess in battle to our people.
	mollify	누그러뜨리다, 완화하다	placate, relax	It is certain that the new policy is an attempt to mollify the anger of opponents.
	fatty	뚱뚱한, 살찐	corpulent, plump	The fatty man who seems to weigh about 150 pounds approaching me.

각 수험생의 어휘학습의 목적을 고려한 구성

각 표제어와 의미, 동의어를 왼쪽 페이지에, 관련 예문과 관련어들을 오른쪽 페이지에 배치했다. 단어 암기가 주 목적인 수험생은 왼쪽 페이지를, 독해 등을 위해 예문학습을 중점으로 할 수험생은 오른쪽 페이지를 보면 된다.

Level 01

공무원 영어시험
15회 이상 출제단어
0001 – 0210

NO.	Entry Word	Definition	Near-Synonym
0001	**improvised** [ímprəvàizd]	즉흥적인, 즉석의	offhand, extemporary
0002	**intricate** [íntrikət]	복잡한, 난해한	complicated, complex
0003	**assemble** [əsémbl]	모이다, 조립하다	congregate, put together
0004	**minute** [mínit]	미세한, 상세한	very small, infinitesimal
0005	**inordinately** [ìnɔ́ːrdənətli]	과도하게, 무절제하게	excessively, extraordinarily
0006	**succulent** [sʌ́kjulənt]	즙이 많은	juicy
0007	**reduce** [ridjúːs]	줄이다, 축소하다	diminish, decrease
0008	**prowess** [práuis]	용기, 훌륭한 솜씨	courage, bravery
0009	**mollify** [máləfâi]	누그러지게 하다, 완화하다	placate, relax
0010	**fatty** [fǽti]	뚱뚱한, 살찐	corpulent, plump

□ imminent _____ □ investigate _____ □ prior to _____ □ instill _____ □ vengeance _____

Example Sentence	Relation / Meaning
There were also **improvised** musical performances by some jazz musicians. 몇몇의 재즈 뮤지션에 의한 **즉흥적인** 연주 공연도 있었다.	improvise 즉흥적으로 하다 improviser 즉석 연주자
The smart phone I bought yesterday has an **intricate** design. 어제 내가 산 스마트폰은 **복잡한** 디자인이다.	intricacy 복잡함, 복잡한 사항
Young people often **assemble** in the main square on holidays. 휴일마다 젊은이들이 주 광장에 자주 **모인다**.	assemblage 집합, 모임 assembly 집회, 의회
He could not find out the **minute** difference in the two designs. 그는 그 두 개 디자인의 **미세한** 차이를 발견하지 못했다.	minutely 상세하게, 정밀하게
Those who profited **inordinately** were sentenced to penalty. **과도하게** 이윤을 얻은 사람들에게 벌금형이 선고되었다.	inordinate 과도한, 지나친 inordinacy 과도한 행위, 불규칙
In the party, not only was there good bread, but there are also sweet, **succulent** fruits. 그 파티에는 좋은 빵들 뿐 아니라 달콤하고 **즙이 많은** 과일들도 있었다.	succulence (=succulency) 다즙, 흥미진진함
The managers talked about the need to **reduce** expenses. 그 경영자들은 비용을 **줄이기** 위한 필요성에 대해 대화를 했다.	reduction 축소, 삭감
He has shown great **prowess** in battle to our people. 그는 전쟁에서 대단한 **용기**를 우리 국민들에게 보여줬습니다.	prowess in ~에서의 용기
It is certain that the new policy is an attempt to **mollify** the anger of opponents. 그 새로운 정책은 반대편의 분노를 **누그러뜨리기** 위한 시도라는 것이 확실하다.	mollification 완화
The **fatty** man who seems to weigh about 350 pounds is approaching me. 몸무게가 대략 350파운드는 나가는 것 같아 보이는 그 **뚱뚱한** 남자가 저를 향해 다가오고 있습니다.	fatty 뚱뚱한 사람

DAY 01 | DAY 02 | DAY 03 | DAY 04 | DAY 05 | DAY 06 | DAY 07

□ deference _____ □ aspire _____ □ conspire _____ □ senile _____ □ reproach _____

13

NO.	Entry Word	Definition	Near-Synonym
0011	**release** [rilí:s]	해방하다, 풀어주다	emancipate, liberate
0012	**interim** [íntərəm]	중간의, 임시의	medium, impermanent
0013	**free** [fri:]	구해내다, 자유로운 / 무료의	extricate, liberate
0014	**antagonistic** [æntægənístik]	적대적인, 상반되는	opposed, counter
0015	**intercede** [ìntərsí:d]	중재하다, 탄원하다	mediate, intermediate
0016	**destitute** [déstətjù:t]	빈곤한, 가난한	poor, impoverished
0017	**intermittent** [ìntərmítnt]	일시적으로 멈추는, 오락가락하는	sporadic, recurrent
0018	**congruent** [káŋgruənt]	동일한, 어울리는	corresponding, congruous
0019	**criteria** [kritíəriə]	기준	standard, yardstick
0020	**havoc** [hǽvək]	대 파괴	devastation, destruction

□ improvised _____ □ intricate _____ □ assemble _____ □ minute _____ □ inordinately _____

Example Sentence	Relation / Meaning
She posted $5,000 bail **to release** her husband from jail. 그녀는 남편을 감옥으로부터 **석방시키기 위해** 보석금으로 5,000달러를 보냈다.	released 해방된
An **interim** report should be submitted by the end of this month. 이번 달 말까지 **중간** 보고서가 제출되어야 합니다.	interface 중간면 interaction 상호작용
The rescuers worked **to free** the man trapped in the ship. 구조대원들이 그 배에 갇힌 사람을 **구하기 위해** 작업을 했다.	be freed 벗어나다
They were not friendly to us, even some of whom were downright **antagonistic**. 그들은 우리에게 우호적이지 못했고 심지어 그들 중 일부는 매우 **적대적**이었다.	antagonist 적대자
A federal judge refused to **intercede** in the case since it seemed to be irrational. 연방 변호사는 비합리적으로 보이는 바람에 그 사건을 **중재하는** 것을 거부했다.	intercede with ~에 탄원하다
There were **destitute** families who were living in appalling conditions. 끔찍한 상황에서 살아가고 있는 **빈곤한** 가정들이 있었다.	destitution 빈곤, 결핍
Our honeymoon was marred by **intermittent** rains. 우리의 신혼여행은 **오락가락하는** 비 때문에 망쳐졌다.	intermittently 간헐적으로
This method is **congruent** with that used for the public opinion poll. 이 방법은 그 여론조사에서 사용된 것과 **동일한** 것이다.	congruence (=congruency) 일치, 합치
The **criteria** are so diverse and their applications are broad. 그 **기준들**은 너무 다양하고 적용의 폭도 넓다.	criteria 기준들 (criterion의 복수형)
The movie shows that viruses can cause **havoc** in other ways. 그 영화는 바이러스들이 다른 식으로 **대 파괴**의 원인이 될 수 있음을 보여준다.	havocker 파괴자

DAY 01
DAY 02
DAY 03
DAY 04
DAY 05
DAY 06
DAY 07

□ succulent _____ □ reduce _____ □ prowess _____ □ mollify _____ □ fatty _____

NO.	Entry Word	Definition	Near-Synonym
0021	attribute [ətríbjuːt]	~의 탓으로 돌리다, ~이 원인이라고 생각하다	ascribe, impute
0022	trenchant [tréntʃənt]	명쾌한, 날카로운	distinct, intelligent
0023	hinder [híndər]	방해하다, 뒤쪽의	deter, hamper, disturb, prevent, interrupt
0024	everlasting [evərlǽstiŋ]	영구적인, 영원히 계속되는	perpetual, eternal, unending
0025	remiss [rimís]	태만한, 소홀한	derelict, delinquent, neglectful
0026	severe [sivíər]	엄한, 가혹한	rigorous, austere
0027	ratify [rǽtəfài]	승인하다	endorse, approve
0028	odorous [óudərəs]	향기 나는, 악취가 나는	fragrant, perfumed
0029	verify [vérəfài]	검증하다, 증명하다	confirm, corroborate
0030	legitimate [lidʒítəmət]	합법의	legal, lawful

□ release _____ □ interim _____ □ free _____ □ antagonistic _____ □ intercede _____

Example Sentence	Relation / Meaning
A group of scientists found that the disease is **attributed** to a microbe. 과학자 한 팀이 그 질병은 세균**이 원인이라는** 사실을 밝혀냈다.	attribution 귀속, 귀착
I think that his advice was **trenchant** and pertinent. 저는 그의 조언이 **명쾌**하고 적절했다고 생각합니다.	trenchant 날카롭게, 예리하게 trenchancy 예리, 통렬
Nothing will **hinder** us from continuing the war on terror. 그 어떤 것도 우리가 테러와의 전쟁을 지속하는 것을 **방해할 수는** 없을 것입니다.	hindrance 방해, 장애
There has been a **everlasting** friction between the two tribes. 그 두 부족 사이에는 **영구적인** 마찰이 있었다.	everlasting fame 불후의 명성
Since she had clearly been **remiss** in her assignment, she finally was fired. 그녀는 분명히 자기 의무에 **태만**했었기 때문에, 결국 해고되었다.	remissness 태만, 부주의 remissive 사면하는
Some of the conditions in the contract are too **severe** and somewhat unlawful. 계약상의 어떤 조건들은 너무 **엄하며** 다소 비합법적이다.	severity 격렬, 혹독함
The treaty was signed in 1985 and **has been ratified** by more than 100 countries. 그 조약은 1985년 체결되어 지금까지 100개 이상의 국가에서 **승인되었습니다.**	ratification 승인, 인가
In the garden are some **odorous** flowers and a barking dog. 그 정원에는 몇몇 **향기 나는** 꽃들과 한 마리의 짖어대고 있는 개가 있었다.	odor 냄새, 악취 odorize 냄새를 첨가하다
He insisted that additional research be undertaken **to verify** the findings. 그는 발견한 점들을 **검증하기 위해** 추가 조사를 실시해야 한다고 주장했다.	verifiable 입증할 수 있는 verification 입증, 검증
I agree that the step taken by the company is **legitimate**. 나는 그 회사가 취한 조치는 **합법적**이라는 데에 동의한다.	legitimation 합법화, 정당화

DAY 01
DAY 02
DAY 03
DAY 04
DAY 05
DAY 06
DAY 07

☐ destitute _____ ☐ intermittent _____ ☐ congruent _____ ☐ criteria _____ ☐ havoc _____

17

NO.	Entry Word	Definition	Near-Synonym
0031	**pertinent** [pə́ːrtənənt]	적절한, 관계있는	apposite, appropriate
0032	**capitulate** [kəpítʃulèit]	항복하다	surrender, yield to
0033	**thesis** [θíːsis]	논문, 논제, 명제	dissertation, paper
0034	**hospitable** [háspitəbl]	친절한, 환대하는	friendly, affable
0035	**merciless** [mə́ːrsilis]	무자비한, 무정한, 잔인한	cruel, brutal, ruthless
0036	**hindrance** [híndrəns]	방해물, 방해, 장애	obstacle, impediment
0037	**hazard** [hǽzərd]	위태롭게 하다, 위험	risk, endanger
0038	**embrace** [imbréis]	채택하다, 껴안다	include, encompass
0039	**incalculable** [inkǽlkjuləbl]	헤아릴 수 없는, 엄청난	immeasurable, countless, myriad, uncounted
0040	**precarious** [prikɛ́əriəs]	불안정한, 불확실한	insecure, unsafe

☐ attribute _____ ☐ trenchant _____ ☐ hinder _____ ☐ everlasting _____ ☐ remiss _____

18

Example Sentence	Relation / Meaning
What he suggested doing seems to be most **pertinent** to me. 그가 하자고 제안한 것이 저에게는 가장 **적절해** 보입니다.	pertinence 적절성 impertinence 건방짐, 뻔뻔함
The local militia was finally forced **to capitulate** to the terrorists' demands. 그 민병대는 마침내 테러범들의 요구에 강제로 **항복**해야 했다.	capitulation 조건부 항복 capitulatory 무조건 항복하는
There are several obscure passages in his **thesis**. 그의 **논문**에는 애매모호한 구절들이 몇 군데 있다.	master's thesis 석사 논문
The local people are known for being very **hospitable** to strangers. 그 지역 사람들은 낯선 사람들에게 아주 **친절**하다고 알려져 있다.	hospitality 환대, 후대
The police were **merciless** in putting down the demonstration at the word of command. 경찰은 명령에 따라 시위대를 **무자비**하게 진압했다	mercy 자비
We celebrated ourselves in achieving our goal without any **hindrance**. 아무런 **방해물** 없이 우리의 목적을 달성한 것에 대해 우리는 자축했다.	hinder 저해 [방해]하다
The fire-fighter rescued the woman and her daughter at the **hazard** of his own life. 그 소방관은 자신의 목숨을 **걸고** 그 여자와 딸을 구해냈다.	hazardous 위험한
He is likely to **embrace** her idea, not mine. 그는 내 것이 아니라 그녀의 아이디어를 **채택**할 것 같다.	embracement 포용, 포용
The hurricane did **incalculable** damage to the island. 그 태풍은 그 섬에 **헤아릴 수 없는** 피해를 입혔다.	calculate 계산하다 calculation 계산, 산출
When people's livelihoods **are precarious**, structural instability in the society is on increase. 국민들의 생계가 **불안정해지면**, 그 사회의 구조적 불안도 증가하게 된다.	a precarious assumption 근거 없는 추측

DAY 01　DAY 02　DAY 03　DAY 04　DAY 05　DAY 06　DAY 07

□ severe _____　□ ratify _____　□ odorous _____　□ verify _____　□ legitimate _____

NO.	Entry Word	Definition	Near-Synonym
0041	nonchalant [nànʃəláːnt]	무관심한, 태연한	insouciant, unconcerned
0042	avid [ǽvid]	열광적인, 탐하는	zealous, desirous
0043	invincible [invínsəbl]	무적의, 당해낼 자 없는	unbeatable, unconquerable, insuperable
0044	prestigious [prestídʒəs]	명성 있는, 유명한	eminent, famous
0045	outline [áutlàin]	개요, 윤곽	sketch, contour
0046	reciprocal [risíprəkəl]	상호적인	mutual, interactional
0047	flawless [flɔ́ːlis]	결점 없는, 흠이 없는	faultless, perfect
0048	artificial [àːrtəfíʃəl]	인공적인	synthetic, arranged
0049	invaluable [invǽljubl]	매우 소중한	priceless, valuable
0050	stagnant [stǽgnənt]	정체된	inactive, undynamic

□ pertinent _____ □ capitulate _____ □ thesis _____ □ hospitable _____ □ merciless _____

Example Sentence	Relation / Meaning
He **was** quite **nonchalant** about getting divorced to his wife. 그는 그의 아내와 이혼한 것에 대해 무척 **무관심했다**.	nonchalance 태연, 무심함 nonchalantly 무심하게
The reporters **were avid** to cover the singer's immoral intimacy. 기자들은 그 가수의 불륜에 대해 취재하려고 **열광적이었다**.	avidity 욕망, 탐욕
He appeared in the movie as the **invincible** warrior. 그는 **무적의** 전사 역으로 그 영화에 출연했다.	invincibility 무적, 정복불능 vincible 극복할 만한
It was one of the most **prestigious** universities in the world. 그곳은 전 세계에서 가장 **명성 있는** 대학 중 하나였다.	prestigiousness 명성
Before submitting his paper, to write and hand in a brief **outline** of it is required. 그의 과제를 제출하기 전에, 그 책에 대한 간결한 **개요**를 써서 제출하는 것이 요구된다.	in outline 개략적으로
He told reporters that China's foreign policy is based on **reciprocal** benefit. 그는 기자들에게 중국의 외교정책은 **상호** 이익에 기초로 하고 있다고 말했다.	reciprocality 상호성 reciprocally 서로
It seems that his novel is nearly **flawless** in structure and story. 그의 소설은 구조와 줄거리에 있어서 거의 **흠이 없어** 보인다.	flaw 결점
The physicist lost his leg in an accident and wears an **artificial** limb. 그 물리학자는 사고로 다리를 잃어서 **인공** 의족을 차고 있다.	artificiality 부자연스러움 artificially 인위적으로
I could gain an **invaluable** experience in volunteering at children's centers. 나는 아동 센터에서 자원봉사를 할 때 **매우 소중한** 경험을 할 수 있었다.	value 가치 valueless 무가치한
A **stagnant** construction business this year resulted from a decrease of public construction order. 올해 **정체된** 건설 산업은 공공부문 발주공사가 줄어들었기 때문이었다.	stagnate 침체되다 stagnation 괌, 정체

□ hindrance _____ □ hazard _____ □ embrace _____ □ incalculable _____ □ precarious _____

21

NO.	Entry Word	Definition	Near-Synonym
0051	**striking** [stráikiŋ]	놀라운, 인상적인	noticeable, outstanding, prominent
0052	**tumult** [tjú:məlt]	소란, 소동, 혼란	agitation, fuss, uproar
0053	**salutary** [sǽljutèri]	유익한, 건강에 좋은	beneficial, useful
0054	**plump** [plʌmp]	풍만한, 속이 꽉 찬	chubby, voluptuous
0055	**abstruse** [æbstrú:s]	난해한	difficult, puzzling, esoteric
0056	**shrink** [ʃriŋk]	줄어들다, 수축하다	reduce, lessen
0057	**villain** [vílən]	악인, 악당	ruffian, desperado
0058	**incontrovertible** [inkɑ̀ntrəvə́:rtəbl]	논쟁의 여지가 없는, 명백한	indisputable, irrefutable
0059	**eerily** [íərili]	무시무시하게, 으스스하게	spookily, formidably
0060	**outstanding** [àutstǽndiŋ]	놀라운, 눈에 띄는	striking, prominent, spectacular

□ nonchalant _____ □ avid _____ □ invincible _____ □ prestigious _____ □ outline _____

Example Sentence	Relation / Meaning
The country has a number of **striking** historic sites and relics. 그 나라에는 많은 **놀라운** 유적지들과 유물들이 있다.	strike (갑자기) 발생하다, (생각이) 떠오르다
It is expected that the time will come when there is a time of great **tumult**. 큰 **혼란**의 시기가 올 것으로 예상되고 있다.	tumultuous 떠들썩한, 격동의
The statistic is a **salutary** reminder of how talent teenagers are these days. 그 통계자료는 요즈음 십대들이 얼마나 재능이 있는지를 보여주는 **유익한** 지표다.	insalutary 불건전한
The store was selling **plump** fruit, and I asked the price. 그 가게에는 **속이 꽉 찬** 과일을 팔고 있었고 나는 가격을 물어 보았다.	plumpish 알맞게 살찐 plumply 노골적으로
I don't like to read **abstruse** works in philosophy. 나는 **난해한** 철학 작품들을 읽는 것을 좋아하지 않는다.	abstruseness 난해함, 심오함
This shirt won't **shrink** but the color may run if washed. 이 셔츠는 **줄어들지는** 않지만, 빨면 색이 빠질지도 모릅니다.	shrinkage 위축, 수축 shrinkable 수축되는
The **villain** tried to provoke the passer-by into a fight. 그 **악인**이 행인에게 시비를 걸고 있었다.	villainies 악랄한 짓 villainous 악랄한
The scientist's claim about the origin of the earth **was incontrovertible**. 지구의 기원에 대한 그 과학자의 주장은 **논쟁의 여지가 없었다**.	controvert 반박하다
The moan of the wind echoed **eerily** along the dark corridors. 신음하는 듯한 바람소리가 어두운 복도를 따라 **무시무시하게** 울려 퍼졌다.	eerie 괴상한
With his **outstanding** achievement, he received the Medal of Honor. 그는 **놀라운** 업적으로 명예 훈장을 받았다.	outstand 눈에 띄다, 걸출하다

DAY 01
DAY 02
DAY 03
DAY 04
DAY 05
DAY 06
DAY 07

□ reciprocal _____ □ flawless _____ □ artificial _____ □ invaluable _____ □ stagnant _____

NO.	Entry Word	Definition	Near-Synonym
0061	**malice** [mǽlis]	악의	spite, ill-will
0062	**capricious** [kəpríʃəs]	변덕스러운, 일시적인	whimsical, fickle, unpredictable
0063	**modernize** [mád-ərnàiz]	현대화하다, 근대화하다	contemporize, streamline
0064	**specific** [spisífik]	특정한, 특별한, 구체적인	peculiar, certain
0065	**stringent** [stríndʒənt]	엄격한, 엄중한, 절박한	strict, severe, stern, rigid
0066	**validate** [vǽlədèit]	입증하다, 인정하다	approve, confirm, corroborate
0067	**ruthless** [rú:θlis]	무자비한	merciless, pitiless
0068	**weak** [wi:k]	허약한, 깨지기 쉬운	fragile, breakable, delicate
0069	**touchy** [tʌ́tʃi]	민감한, 감수성이 예민한	sensitive, susceptible
0070	**vapid** [vǽpid]	지루한, 흥미 없는	dull, flat, insipid

□ striking _____ □ tumult _____ □ salutary _____ □ plump _____ □ abstruse _____

Example Sentence	Relation / Meaning
She admitted that she had committed the crime out of **malice**. 그녀는 **악의**에서 그 범죄를 저질렀다고 인정했다.	malicious 악의적인
To change his mind in a **capricious** manner is his weakness. 그는 **변덕스러워서** 생각을 자주 바꾸는 것이 단점이다.	caprice 갑작스러운 변화, 변덕
We need to **modernize** our communications system and security system. 우리는 통신 시스템과 보안시스템을 **현대화할** 필요가 있습니다.	modernized 현대화된 modern 현대의, 신식의
After the researcher showed them the picture, they repeated **specific** behaviors. 연구가가 그들에게 그 사진을 보여준 후 그들은 **특정한** 행동을 반복했다.	specifically 분명하게, 명확하게
Some of the conditions in the contract are too **stringent** for me to agree on. 계약상의 어떤 조건들은 너무 **엄격**해서 저는 이에 동의할 수 없습니다.	stringently 가혹하게, 엄격하게
His guilt was correspondingly much harder to **validate**. 그의 유죄를 **입증하는** 것은 상대적으로 훨씬 더 어려웠다.	valid 유효한 validation 확인, 비준
It is said that there are a lot of **ruthless** drivers in the city. 그 도시에는 **무자비한** 운전자들이 많이 있다고 한다.	ruthlessly 무자비하게, 잔인하게
She is very **weak** and had to take a temporary leave from college. 그녀는 몸이 **허약해서** 대학교에서 휴학을 해야만 했다.	weaken 약화시키다 weakened 약화된
She **is** most **touchy** on the subject of age and marriage. 그 여자는 나이와 결혼 이야기만 나오면 매우 **민감하다**.	touchy about ~에 대해 예민한
Some politician's blogs are so **vapid** and don't look at reality objectively. 일부 정치인의 블로그는 너무 **지루**하며 현실을 객관적으로 보여주지도 않다.	vapidity 맛없음, 지루한 말

DAY 01 DAY 02 DAY 03 DAY 04 DAY 05 DAY 06 DAY 07

□ shrink _____ □ villain _____ □ incontrovertible _____ □ eerily _____ □ outstanding _____

NO.	Entry Word	Definition	Near-Synonym
0071	demand [dimǽnd]	요구하다, 필요로 하다	calls for, require
0072	disgraceful [disgréisfəl]	불명예스러운	ignominious, shameful
0073	despicable [déspikəbl]	천한, 야비한	wretched, awkward evil
0074	negligent [néglidʒənt]	소홀한, 태만한	derelict, delinquent, remiss
0075	persistent [pərsístənt]	끊임없는, 고집이 센	tenacious, pertinacious, dogged, stubborn
0076	temperamental [tèmpərəméntl]	신경질적인, 변덕스러운	moody, emotional
0077	sensible [sénsəbl]	신중한, 분별 있는	prudent, careful, discreet
0078	exasperate [igzǽspərèit]	성나게 하다, 격분시키다	exacerbate, aggravate, anger
0079	genuine [dʒénjuin]	진정한, 진심에서 우러난	sincere, unfeigned, true
0080	prolific [prəlífik]	다작의, 비옥한	fruitful, fecund, fertile

□ malice _____ □ capricious _____ □ modernize _____ □ specific _____ □ stringent _____

Example Sentence	Relation / Meaning
I **demanded** that the new personnel appointment be announced as soon as possible. 나는 새로운 인사발령이 가능한 한 빨리 발표되어야 한다고 **요구했다**.	demanding 요구가 많은 in demand 수요가 있는
Because he made money by some **disgraceful** means, no one doesn't respect him. 그는 **불명예스러운** 방식으로 돈을 벌었기 때문에 아무도 그를 존경하지 않는다.	graceful 우아하게 gracefulness 우아함
His behavior at the party **was despicable**, so that most of the guests were irritated. 파티에서 그의 행동이 **천박해서** 손님들 대부분이 짜증을 냈다.	despicability 비열함 despicably 비열하게
Because he dealt with the matter in a **negligent** manner, he failed to satisfy his boss. 그는 **태만한** 방식으로 그 일에 대처하는 바람에 사장을 만족시키지 못했다.	negligence 부주의, 태만
His **persistent** cough seemed to worsen even after he took a medicine. 그의 **끊임없는** 기침은 약을 복용한 후에도 더 악화되는 것처럼 보였다.	persistence 고집 persistency 지속성
She was always **temperamental**, but now she seems to be worse. 그녀는 항상 **신경질적**이었는데 지금은 더 나빠진 것 같다.	temper 성질 temperate 온화한, 차분한
The advice I can give you is to try to deal with the problem in a **sensible** way. 내가 당신에게 줄 수 있는 충고는 그 문제를 **신중한** 방식으로 다루도록 노력하라는 것이다.	sensibly 현명하게, 눈에 띌 정도로
It is **exasperating** to miss the train by a hair's breadth. 간발의 차이로 기차를 놓치는 것은 참으로 **화나는** 일이다.	exasperated 화가 난
As for her, she is a **genuine** professional in every respect. 그녀에 관해 말하자면, 그녀는 모든 면에서 **진정한** 프로입니다.	genuinely 진성으로, 순수하게
My grandfather was a professor in a university and **prolific** inventor. 내 할아버지는 대학교의 교수님이자 **다작의** 발명가셨다.	prolificacy 다산, 다작

DAY 01
DAY 02
DAY 03
DAY 04
DAY 05
DAY 06
DAY 07

□ validate _____   □ ruthless _____   □ weak _____   □ touchy _____   □ vapid _____

NO.	Entry Word	Definition	Near-Synonym
0081	**uncertain** [ʌnsə́ːrtn]	불확실한, 애매한	unsure, unsettled, ambiguous
0082	**susceptible** [səséptəbl]	상처입기 쉬운, 취약한	weak, vulnerable
0083	**hideous** [hídiəs]	끔찍한, 소름끼치는	repulsive, offensive, horrific
0084	**exponent** [ikspóunənt]	대표자, 옹호자, 해설자	representative, supporter
0085	**scribble** [skríbl]	악필, 흘려 쓴 것	cacography, bad handwriting
0086	**obstinate** [ástənət]	완고한, 고집 센	determined, pigheaded, dogged, tenacious
0087	**adroit** [ədrɔ́ːit]	능숙한, 솜씨 좋은	skillful, proficient, deft, dextrous
0088	**ground** [graund]	이유, 근거	foundation, basis
0089	**apprehension** [æprihénʃən]	걱정, 우려	worry, concern, anxiety
0090	**emulate** [émjulèit]	흉내 내다, 필적하다	mimic, imitate

□ demand _____ □ disgraceful _____ □ despicable _____ □ negligent _____ □ persistent _____

Example Sentence	Relation / Meaning
His fate **was uncertain**, so he came back to his hometown. 그의 운명이 **불확실해서** 그는 고향으로 다시 돌아갔다.	uncertainty 불확실성 certain 확실한
Unfortunately, this area **is susceptible** to flooding. 불행하게도 이 지역은 홍수에 **취약하다**.	susceptibility 민감성, 감수성
Not long ago, he had an experience like some **hideous** nightmare. 얼마 전에 그는 **끔찍한** 악몽과도 같았던 경험을 했다.	hideosity 섬뜩함, 추악함
Adam Smith is well known as an **exponent** of free trade. 애덤 스미스는 자유무역의 **대표자**로 잘 알려져 있다.	a leading exponent ~의 대가
I can not make myself understand all this **scribble**. 나는 함부로 **흘려 쓴** 이 글씨를 도무지 이해할 수가 없다.	scribbler 기자, 작가
You are so **obstinate** that I would not like to meet you any more. 너는 너무 **완고해서** 이제 더 이상 너를 만나고 싶지 않다.	obstinacy 완고함, 고집 obstinately 고집스럽게
She **is adroit** at persuading people to do their best whatever they may do. 그녀는 사람들이 무엇을 하든지 최선을 다하도록 설득하는데 **능숙하다**.	adroitly 능숙하게
The case was dismissed on the **grounds** that there was not enough evidence. 그 사건은 증거 불충분을 **이유로** 기각되었다.	groundless 근거 없는 on the grounds that ~을 이유로
Many people watched the election results with some **apprehension**. 많은 사람들이 약간 **걱정**스런 마음으로 선거 결과를 지켜보았다.	apprehensive 걱정되는, 불안한
The young painter tried to **emulate** some famous painters. 그 젊은 화가는 몇몇 유명한 화가들을 **흉내 내려고** 애썼다.	emulation 경쟁, 겨룸 emulative 지지 않으려는

DAY 01 DAY 02 **DAY 03** DAY 04 DAY 05 DAY 06 DAY 07

☐ temperamental _____ ☐ sensible _____ ☐ exasperate _____ ☐ genuine _____ ☐ prolific _____

NO.	Entry Word	Definition	Near-Synonym
0091	**sojourn** [sóudʒəːrn]	체류 / 머무르다	brief stay, stay over
0092	**blunt** [blʌnt]	직설적인, 솔직한	candid, outspoken, frank
0093	**hectic** [héktik]	흥분한, 열광적인, 매우 바쁜	excited, agitated
0094	**alternative** [ɔːltə́ːrnətiv]	대안 / 대안의, 선택의	other choice, counterplan
0095	**immune** [imjúːn]	면역성의, 면제된	not affected by
0096	**unscrupulous** [ʌnskrúːpjuləs]	양심 없는, 부도덕한	immoral, improper, unconscionable
0097	**credulous** [krédʒuləs]	잘 속는, 잘 믿는	naive, easily deceived
0098	**sententious** [senténʃəs]	훈계조의, 무게를 잡는	pompous, pretentious
0099	**tentative** [téntətiv]	임시의, 일시적인	temporary, provisional
0100	**by and large** [bai ən laːrdʒ]	대체로, 대부분	in general, on the whole, overall, mostly, all in all

□ uncertain _____   □ susceptible _____   □ hideous _____   □ exponent _____   □ scribble _____

Example Sentence	Relation / Meaning
Though my **sojourn** there was not long, the hotel gave a strong impression. 그곳에서 내 **체류** 기간은 길지 않았지만, 그 호텔은 강렬한 인상을 남겼다.	sojourner 일시 체류자
The politician was famous for his **blunt** speaking. 그 정치인은 **직설적인** 발언으로 유명했다.	bluntly 직설적으로 bluntness 무뚝뚝함
As soon as the singer appeared on stage, some fans who got **hectic** started to swing violently. 그 가수가 무대에 등장하자마자 일부 **흥분한** 팬들이 몸을 격렬하게 흔들기 시작했다.	hectically 광적으로
One **alternative** that we must rely on is nuclear power and wind power. 우리가 의존해야 하는 한 가지 **대안**은 바로 원자력과 풍력 에너지입니다.	alternate 상호의, 교체의
You need to go to the hospital for the test of your **immune** system. 당신은 **면역** 체계를 검사하기 위해 병원에 방문할 필요가 있습니다.	immunity 면역력
At least, the police apprehended the **unscrupulous** vendors. 마침내, 경찰은 그 **양심 없는** 판매상들을 체포했다.	scrupulous 양심적인
Children usually tend to be more **credulous** than adults. 아이들은 대개 어른들보다 **잘 속는** 경향이 있다.	credible 믿을 수 있는
His comment **was** so **sententious** that it annoyed even his supporters. 그의 논평은 너무나 **훈계조여서** 그의 지지자들조차 화나게 만들었다.	a sententious proverb 교훈적인 속담
We took **tentative** steps to deal with the problem. 우리는 그 문제를 다루기 위한 **임시적인** 조치를 취했습니다.	tentatively 시험적으로, 잠정적으로
By and large, the plan was successful and made it easy to make a new plan. **대체로** 그 계획은 성공적이었으며 새 계획을 세우는 것을 손쉽게 만들어주었다.	approximatively 대략적으로, 어림잡아서

DAY 01 DAY 02 DAY 03 DAY 04 DAY 05 DAY 06 DAY 07

☐ obstinate _____ ☐ adroit _____ ☐ ground _____ ☐ apprehension _____ ☐ emulate _____

31

NO.	Entry Word	Definition	Near-Synonym
0101	**nasty** [nǽsti]	지독한, 더러운	dirty, filthy
0102	**outmoded** [autmóudid]	낡은, 구식의	obsolete, old-fashioned
0103	**fallible** [fǽləbl]	틀리기 쉬운, 속기 쉬운	mistakable, easy to miss
0104	**simultaneously** [sàiməltéiniəsli]	동시에, 일제히	at the same time, concurrently
0105	**vulnerable** [vʌ́lnərəbl]	공격받기 쉬운, 취약한	susceptible, weak
0106	**hiatus** [haiéitəs]	공백, 틈	chasm, crevice
0107	**lucrative** [lúːkrətiv]	돈 벌이가 되는, 수지맞는	profitable, moneymaking, remunerative
0108	**perjury** [pə́ːrdʒəri]	위증 죄, 거짓 맹세	forswornness, lying under oath
0109	**fake** [feik]	가짜의, 위조의	bogus, phoney, faux
0110	**dry** [drai]	건조한, 불모의	arid, thirsty, moistureless

☐ sojourn _____ ☐ blunt _____ ☐ hectic _____ ☐ alternative _____ ☐ immune _____

Example Sentence	Relation / Meaning
Since he always turns **nasty** when he drinks, almost all people who know him don't like him. 그는 술만 마시면 항상 **주벽이 심해서** 그를 아는 거의 모든 사람들이 그를 좋아하지 않는다.	nastily 더럽게, 불결하게 turn nasty 폭력적이 되다
One out of five tunnels in the city **is outmoded**. 그 도시의 터널은 다섯 개 중에 한 개꼴로 **낡았다**.	outmode 시대에 뒤떨어지다
If you don't concentrate on your work, you will be more **fallible**. 만약 네 일에 집중을 하지 않으면 더 **틀리기 쉬울** 것이다.	fallibility 오류를 범하기 쉬움
His fear and his hate grew **simultaneously**. 그의 두려움과 그의 증오가 **동시에** 커졌다.	simultaneous 동시의, 동시에 일어나는
The nation **is** especially **vulnerable** to high technology industry. 그 나라는 첨단 기술 산업에 특히 **취약합니다**.	vulnerability 취약성
The strike caused a **hiatus** in product production in the factory. 파업은 그 공장의 제품 생산에 있어서의 **공백**을 야기했다.	be on hiatus 중단되다
These days, many workers seek to find a more **lucrative** career. 요즘 많은 근로자들이 **돈벌이가 되는** 직업을 찾으려고 애쓰고 있습니다.	a lucrative wage 유리한 임금
If your testimony is not true, I will accuse you of **perjury**. 만약 네 증언이 사실이 아니라면, 너를 **위증 죄**로 고소하겠다.	perjurious 위증의 perjuriousness 위증
Your jewelry **may be fake**, although they look real. 당신의 보석은 진짜같이 보여도 **가짜일지도 모릅니다**.	fakery 속임수, 사기
In a drought, farmers' crops die due to the **dry** land, which does much damage to them. 가뭄이 발생하면, 농부들의 곡물들이 **건조한** 땅 때문에 말라죽어 큰 피해를 주게 된다.	fertile 비옥한

□ unscrupulous _____ □ credulous _____ □ sententious _____ □ tentative _____ □ by and large _____

NO.	Entry Word	Definition	Near-Synonym
0111	ubiquitous [juːbíkwətəs]	도처에 존재하는, 편재하는	omnipresent, appearing everywhere
0112	hamper [hǽmpər]	방해하다, 곤란하게 하다	hinder, obstruct, prevent
0113	incessantly [insésntli]	끊임없이	perpetually, endlessly, ceaselessly, continuously
0114	shrewd [ʃruːd]	기민한, 예민한	astute, clever and sharp
0115	felicity [filísəti]	지극한 행복	happiness, bliss
0116	punctuality [pʌ̀ŋktʃúæləti]	시간 엄수, 지체하지 않음	punctualness, timekeeping, promptitude
0117	genial [dʒíːnjəl]	다정한, 온화한, 쾌적한	benignant, kind, friendly
0118	complementary [kàmpləméntəri]	보충하는, 상보적인	supportive, complemental, additive
0119	lessen [lésn]	줄이다, 감소시키다	reduce, diminish, lower
0120	transitory [trǽnsətɔ̀ːri]	일시적인, 단명한, 덧없는	ephemeral, passing, transient

□ nasty _____ □ outmoded _____ □ fallible _____ □ simultaneously _____ □ vulnerable _____

Example Sentence	Relation / Meaning
The travellers were much surprised to see the **ubiquitous** cars of the city. 그 여행객들은 그 도시 **도처에 존재하는** 자동차들을 보고 매우 놀랐다.	ubiquity 도처에 있음
The strange man **hampered** me from selling foods on the street. 그 낯선 남자는 내가 거리에서 음식을 파는 것을 **방해했습니다**.	a hamper 잡동사니 바구니
Those who complain **incessantly** might not have friends with talk with. **끊임없이** 불평만 늘어놓는 사람들은 대화할 친구들조차 사귀지 못할 것 같다.	incessant 끊임없는
He **was** so **shrewd** enough for anyone not to notice his secret plan. 그는 어떤 사람도 그의 비밀 계획을 눈치 채지 못할 정도로 **기민했다**.	shrewdie 빈틈없는 사람
Children tend to bring much **felicity** into their parents' lives. 자식들은 부모들의 삶에 **지극한 행복**을 가져오는 경향이 있다.	felicitous 아주 적절한, 교묘한
I think that he is very sensitive to **punctuality**. 나는 그가 **시간 엄수**에 대해 매우 예민하다고 생각합니다.	punctual 시간을 엄수하는
Since he has a **genial** personality, I like him very much. 그는 **다정한** 인품을 지녔기 때문에, 나는 그를 아주 많이 좋아한다.	genialness 다정함, 온화함 genially 친절하게, 상냥하게
I know well that alternative therapy is different from **complementary** therapy. 저는 대안 치료법은 **보충적** 치료법과는 다르다는 것을 잘 알고 있습니다.	complement 보완하다
Drinking warm milk will **lessen** the tension before you sleep. 따뜻한 우유를 마시는 것은 자기 전에 긴장을 **줄여 줄** 것이다.	lessened 줄어든, 약해진
For our schedule, I hope this severe weather will be **transitory**. 우리의 일정을 위해 저는 이 혹독한 날씨가 **일시적**이기를 바랍니다.	transient 일시적인, 순간적인

□ hiatus _____　□ lucrative _____　□ perjury _____　□ fake _____　□ dry _____

NO.	Entry Word	Definition	Near-Synonym
0121	eccentric [ikséntrik]	괴상한, 이상한	strange, irregular, bizarre, unconventional
0122	cultivate [kʌ́ltəvèit]	경작하다, 재배하다	raise, crop, hack, till
0123	lewd [luːd]	음란한, 외설적인	lustful, obscene
0124	criticize [krítəsàiz]	비난하다, 비평하다	vilify, reprehend, dispraise, reproach
0125	negation [nigéiʃən]	부정, 부인, 반증	denial, denegation
0126	amateur [ǽmətʃùər]	아마추어, 비전문가	layman, not professional
0127	demeanor [dimíːnər]	태도, 품행	behaviour, attitude
0128	financial [finǽnʃəl]	재정상의, 금전상의	pecuniary, fiscal
0129	complicated [kʌ́mpləkèitid]	복잡한, 까다로운	complex, intricate, sophisticated, tangled
0130	menace [ménis]	위협 / 위협하다	threat, commination, intimidation

☐ ubiquitous _____ ☐ hamper _____ ☐ incessantly _____ ☐ shrewd _____ ☐ felicity _____

Example Sentence	Relation / Meaning
He sometimes seems to be **eccentric** and live in his own little world. 그는 가끔 **괴상한** 행동을 하며 자기만의 작은 세상 속에서 살아가는 것처럼 보인다.	eccentricity 기행, 별남
The some families worked hard **to cultivate** the waste land. 그 몇몇 가족들이 황무지를 **경작하려고** 열심히 일했다.	cultivated 세련된, 교양 있는 culture 문화
The government is considering punishing **lewd** behavior on the public airwaves. 정부는 공중파에서의 **음란한** 행위를 처벌하는 것을 고려 중이다.	lewdness 음탕함
It is not proper **to criticize** the people because they are different from us. 그들이 우리와 다르다는 이유로 그 사람들을 **비난하는 것**은 적절하지 않다.	criticism 비평, 비난, 비판
He shook his head in **negation** of the charge; however no one believed so. 그는 고개를 저어 그 혐의를 **부정**했지만 아무도 그렇게 생각하지 않았다.	negative 부정적인
He was an **amateur** golfer, but he has made much money. 비록 **아마추어** 골퍼였지만, 그는 많은 돈을 벌어왔다.	professional 전문가
Despite the raw sexual remarks, her **demeanor** never cracked. 노골적인 성적 발언에도 불구하고, 그녀의 **태도**에는 일말의 흔들림도 없었다.	demean 행동하다, 위신을 떨어 뜨리다
The failure of that bank foreshadowed a general **financial** crisis. 그 은행의 파산은 전체적인 **재정** 위기의 전조가 되었다.	finance 자금, 재무, 재원
There is no easy panacea that will solve our **complicated** international situation. 우리의 **복잡한** 국제 정세를 손쉽게 해결할 만병통치약은 없다.	complicate 복잡하게 만들다
He said that Iraq is such a **menace** to its neighbors. 그는 이라크가 이웃 국가들에게 너무나 **위협**적인 존재라고 말했습니다.	menacing 위협적인

DAY 01　DAY 02　DAY 03　DAY 04　DAY 05　DAY 06　DAY 07

☐ punctuality _____　☐ genial _____　☐ complementary _____　☐ lessen _____　☐ transitory _____

37

NO.	Entry Word	Definition	Near-Synonym
0131	**erratic** [irǽtik]	이상한, 괴상한	irregular, odd
0132	**outweigh** [àutwéi]	~보다 중요하다, 능가하다	surpass, outgo, exceed, outdo
0133	**accountable** [əkáuntəbl]	책임을 지는	responsible
0134	**timber** [tímbər]	목재, 재목	wood, lumber
0135	**progeny** [prádʒəni]	자손, 종족, 결과	offspring, descendant, posterity
0136	**humble** [hʌmbl]	겸손한, 천한, 초라한	modest, unpresumptuous, unpretending
0137	**obese** [oubí:s]	살찐, 비대한	corpulent, fat, fleshed
0138	**whit** [hwit]	조금, 약간	very small amount, bit, slightly
0139	**arable** [ǽrəbl]	경작 가능한	cultivatable, tillable
0140	**imbecile** [ímbəsil]	어리석은, 우둔한	stupid, silly, foolish, inane

☐ eccentric _____ ☐ cultivate _____ ☐ lewd _____ ☐ criticize _____ ☐ negation _____

Example Sentence	Relation / Meaning
The death rate from the plague released yesterday **seems to be erratic**. 어제 발표된 전염병으로 인한 사망률은 **이상해 보인다**.	erratically 괴상하게
For most teachers, good grades **seem to outweigh** students' character. 대부분의 교사들에게 있어서는 좋은 성적이 학생들의 인성**보다 더 중요한 것 같다**.	far outweigh 훨씬 더 중요하다
His parents **were accountable** for the missing child. 그의 부모에게 미아에 대한 **책임이 있었다**.	sober 술에 취하지 않은, 냉정한
Some **timber** companies opposed the anti-trust act. 일부 **목재**회사들은 그 독점방지법에 대해 반대를 했다.	timberland 삼림 지대
The old man has bought wide land for his **progeny**. 그 노인은 **자손들**을 위해 넓은 땅을 구입해왔다.	progeny group 자손 집단
He **is** so **humble** and rejects all the praise. 그는 너무나 **겸손해서** 모든 칭찬을 거부한다.	humbler 겸손한 사람
It is advisable that **obese** people try to lose weight. **살찐** 사람들은 몸무게 감량을 위해 노력해야 한다고 조언할 만하다.	obesity 비만, 비대
The congressman accused of receiving bribes seems to have not **a whit of** conscience. 뇌물 수수혐의로 기소된 그 국회의원은 **약간**의 양심도 없는 것 같다.	a whit of 약간의~, 아주 적은 ~
The tribes continued to move in search of **arable** land. 그 부족들은 **경작 가능한** 땅을 찾아 계속 이동했다.	arable land 경지
I never dreamed that you would do such an **imbecile** act. 나는 네가 그렇게 **어리석은** 행동을 할 거라곤 상상조차 못 했다.	imbecility 저능, 우둔함

DAY 01 DAY 02 DAY 03 DAY 04 DAY 05 DAY 06 DAY 07

□ amateur _____ □ demeanor _____ □ financial _____ □ complicated _____ □ menace _____

NO.	Entry Word	Definition	Near-Synonym
0141	unlawful [ʌ̀nlɔ́ːfəl]	불법의, 비합법적인	illicit, illegal, illegitimate, wrongful
0142	misdemeanor [mìsdimíːnər]	경범죄, 비행	petty offence, minor offense
0143	articulate [aːrtíkjulət]	명료한, 분명한	clear, distinct
0144	multiplication [mʌ̀ltəplikéiʃən]	증가, 증식, 곱셈	increasing, growth, rise
0145	luminous [lúːmənəs]	빛을 내는, 빛나는	shining, brilliant, illustrious
0146	commit [kəmít]	헌신하다, 약속하다, 범죄를 저지르다	devote, dedicate
0147	grim [grim]	암울한, 냉혹한, 무서운	gloomy, blue, depressed
0148	lassitude [lǽsətjùːd]	피곤, 권태	languor
0149	sensual [sénʃuəl]	관능적인, 육감적인	carnal, voluptuous, sultry
0150	contracted [kəntrǽktid]	줄어든, 수축된	constricted, squeezed, compressed, tightened

□ erratic _____　□ outweigh _____　□ accountable _____　□ timber _____　□ progeny _____

Example Sentence	Relation / Meaning
The two men were accused of **unlawful** logging. 그 두 남자는 **불법** 벌목으로 기소되었다.	lawful 합법의
She was fined for her **misdemeanor**. 그녀는 **경범죄** 위반으로 벌금을 물었다.	demeanor 행실, 품행
Her **articulate** presentation of the advertising campaign impressed her employers. 그녀의 **명료한** 광고 캠페인에 대한 소개가 고용주들의 마음을 움직였다.	obscure, ambiguous 불분명한
Increasing gravity is known to speed up the **multiplication** of cells. 중력이 증가하면 세포 **증식**이 빨라진다고 알려져 있다.	multiply 곱하다
A nebula may be either **luminous** or not. 성운은 **빛을 낼** 수도 있고 그렇지 않을 수도 있다.	luminosity 광명, 발광(성)
That is why the Government **should be committed** to such an education program. 그것이 정부가 그러한 교육 프로그램에 **헌신해야 하는** 이유입니다.	committer 위임자, 범행자 committee 위원회
Considering all things, the job market **seems to be** pretty **grim**. 모든 것을 고려해보면 취업시장은 매우 **암울해 보인다**.	grim news 암울한 뉴스
His **lassitude** was because of his working the night overtime continuously. 그의 **피곤**은 계속해서 오랫동안 야근을 했기 때문이었다.	physical lassitude 육체적 피로
The designs are luxurious, but more than that, they **are sensual**. 그 디자인은 고급스럽다. 하지만 무엇보다도 그것들은 **관능적이다**.	sensually 육감적으로
You need to relax a **contracted** muscle with some stretches. 당신은 스트레칭을 해서 **수축된** 근육을 풀어줄 필요가 있습니다.	contraction 수축, 축소, 진통

☐ humble _____ ☐ obese _____ ☐ whit _____ ☐ arable _____ ☐ imbecile _____

NO.	Entry Word	Definition	Near-Synonym
0151	**extract** [ikstrǽkt]	뽑아내다, 빼어내다, 발췌하다	pull out, take out, draw
0152	**drawback** [drɔ́:bæ̀k]	단점, 약점	weakness, disadvantage
0153	**prove** [pru:v]	증명하다, 검증하다	testify, verify, attest
0154	**pandemonium** [pæ̀ndəmóuniəm]	대혼란, 지옥, 아수라장	chaos, inferno
0155	**facsimile** [fæksíməli]	복사, 모사	reproduction, replica, duplication, copy
0156	**seduce** [sidjú:s]	유혹하다, 속이다, 부추기다	entice, lure, tempt
0157	**flay** [flei]	벗기다, 뜯어내다	skin, peel, pare
0158	**conduct** [kándʌkt	kɔ́:n-]	행동, 품행, 지도, 지휘	behavior, action
0159	**grovel** [grʌ́vəl]	굽실거리다, 굴복하다, 기다	crawl, succumb, surrender
0160	**ascribe** [əskráib]	~의 탓으로 돌리다, ~에 기인하는 것으로 하다	attribute, impute

□ unlawful _____ □ misdemeanor _____ □ articulate _____ □ multiplication _____ □ luminous _____

Example Sentence	Relation / Meaning
I **can extract** a decayed tooth very slowly if you want to. 원하시면 충치를 천천히 **뽑아낼 수** 있습니다.	extraction 추출 extracted 추출된, 발췌된
This is the major **drawback** of the new system. 이것이 그 새 시스템의 주요한 **단점**이다.	draw back ~에서 물러나다
It is expected that no methods the company are planning to take **will prove** ineffective. 그 회사가 계획하고 있는 어떤 방법도 효과가 없는 것으로 **증명될** 것이라고 예상되고 있습니다.	proven 증명된
Pandemonium broke out when the news of his resignation was announced. 그의 사임소식이 발표되자 **대혼란**이 벌어졌다.	pandemic 전 세계적인 유행병
That work is only a **facsimile** of the original painting. 그 작품은 원본 그림의 **복사**판일 뿐입니다.	make a facsimile 복사하다
It is natural that illegal businesses that **seduce** runaway youths be punished. 가출 청소년들을 **유혹하는** 불법 업소들이 처벌받아야 하는 것은 당연합니다.	seduction 유혹
There some were executed, others **flayed**, mutilated, tortured or tormented. 그곳에서 몇 명은 처형되었고 다른 사람들은 가죽이 **벗겨지거나** 사지가 절단되는 고통 또는 고문을 당했다.	flay a flint 인색하게 굴다
His recent **conduct** has made many of his friends disappointed with him. 그의 최근 **행동**은 많은 친구들에게 실망을 주었다.	conductor 지휘자 conductibility 전도성
The reason he **grovel** in the dust to her is that he made a huge mistake. 그가 그녀에게 **굽실거리는** 이유는 그가 큰 실수를 했기 때문이다.	groveler 아첨꾼
She **ascribed** her successful life to hard work as well as her talents. 그녀는 그녀의 성공적인 삶을 재능뿐 아니라 열심히 노력한 **탓으로 돌렸다**.	ascription 기인, 의미 부여

DAY 01
DAY 02
DAY 03
DAY 04
DAY 05
DAY 06
DAY 07

□ commit _____   □ grim _____   □ lassitude _____   □ sensual _____   □ contracted _____

NO.	Entry Word	Definition	Near-Synonym
0161	**effect** [ifékt]	결과, 효과	consequence, result, outcome
0162	**animosity** [ænəmásəti]	반감, 악의, 원한	hostility, antagonism, antipathy
0163	**gormandize** [gɔ́ːrməndàiz]	폭식하다, 많이 먹다	gorge, glut, overeat, stuff
0164	**compunction** [kəmpʌ́ŋkʃən]	후회, 양심의 가책	sense of guilt, the pang of conscience
0165	**factitious** [fæktíʃəs]	가짜의, 인위적인	sham, artificial, unreal
0166	**genius** [dʒíːnjəs]	특징, 천재	characteristic, feature
0167	**grotesque** [groutésk]	괴상한, 우스꽝스러운	dreadful, monstrous
0168	**peremptory** [pərémptəri]	단호한, 독단적인	imperative
0169	**intrepid** [intrépid]	두려움을 모르는, 용맹스러운	fearless, valiant
0170	**gradient** [gréidiənt]	경사, 기울기	slope

□ extract _____   □ drawback _____   □ prove _____   □ pandemonium _____   □ facsimile _____

Example Sentence	Relation / Meaning
The **effect** of this test is much better than we expected. 이번 실험의 **결과**는 우리가 기대했던 것보다 훨씬 더 좋다.	have an effect on ~에 영향을 미치다
The **animosity** regarding the issue is increasing in our country. 그 문제에 대한 **반감**이 우리나라에 커지고 있다.	religious animosity 종교적 반감
To gormandize in just 10 minutes or so is so harmful to your health. 불과 10분 내외로 **폭식하는 것**은 당신의 건강에 매우 해롭습니다.	gormandizer 대식가
The boy wrote an apology letter **with compunction** and called on him in person. 그 소년은 **후회하며** 사과 편지를 썼고 그를 직접 찾아갔다.	compunctious 후회되는
No one will believe **factitious** stories about his past. 그의 과거에 대한 **가짜** 이야기들을 믿을 사람은 아무도 없다.	factitiousness 인위적임
He thought the **genius** of his works is the complexity of language. 그는 자기 작품의 **특징**이 언어의 복잡함에 있다고 생각했다.	ingenious 기발한
This movie is about a **grotesque** serial murder case. 이 영화는 **괴상한** 연쇄 살인 사건에 대한 이야기이다.	grotesquerie 괴상한 것
We have to deal with the problem in the **peremptory** way. 우리는 그 문제를 **단호한** 방법으로 대처해야 합니다.	peremptorily 독단적으로
The main character of the novel is the most **intrepid** explorer. 그 소설의 주인공은 가장 **두려움을 모르는** 탐험가입니다.	intrepidity 대담, 용맹
The road with **a steep gradient** is especially dangerous to drivers. **급경사**를 가진 그 도로는 운전자들에게 특히 위험하다.	a steep gradient 급경사

DAY 01
DAY 02
DAY 03
DAY 04
DAY 05
DAY 06
DAY 07

□ seduce _____   □ flay _____   □ conduct _____   □ grovel _____   □ ascribe _____

NO.	Entry Word	Definition	Near-Synonym
0171	**acclimatize** [əkláimətàiz]	적응하다, 익숙하게 하다	accustom, acclimate
0172	**drastic** [drǽstik]	강렬한, 격렬한	thoroughgoing
0173	**degrade** [digréid]	저하시키다, 지위를 낮추다	abase
0174	**aggressive** [əgrésiv]	공격적인, 호전적인	belligerent, warlike
0175	**abject** [ǽbdʒekt]	비참한, 비열한	wretched
0176	**vociferous** [vousífərəs]	시끄러운, 소란한	clamorous
0177	**inject** [indʒékt]	주입하다, 주사하다	introduce
0178	**obsequious** [əbsí:kwiəs]	아첨하는, 비굴한	servile, flattering
0179	**conjecture** [kəndʒéktʃər]	억측, 추측	guess, assumption, presumption
0180	**project** [prádʒekt | prɔ́:dʒ-]	기획, 계획, 설계	scheme, plan

□ effect ＿＿＿　□ animosity ＿＿＿　□ gormandize ＿＿＿　□ compunction ＿＿＿　□ factitious ＿＿＿

Example Sentence	Relation / Meaning
The players left for London early **to acclimatize** themselves. 선수들은 **적응하기 위해** 런던으로 일찍 출발했다.	acclimatize oneself to 〜에 익숙해지다
To solve this situation, we need to take **drastic** measure. 이 상황을 해결하려면 우리는 **강렬한** 조치를 취할 필요가 있습니다.	drastically 과감하게, 철저하게
Loud noise **can degrade** children's hearing ability. 소음은 아이들의 청력을 **저하시킬 수 있다**.	degradation 비하, 수모
The drunken man exhibited **aggressive** and violent behavior. 술에 취한 남자가 **공격적**이고 폭력적인 행동을 보였다.	aggression 공격성
In a slum, many people still live in **abject** poverty. 빈민가에서는 여전히 많은 사람들이 **비참한** 빈곤 속에 살고 있다.	abjection 비열, 비굴
During the meeting, **vociferous** objections have been raised to the plan. 회의 중에, 그 계획에 대해 **시끄러운** 반대 의견들이 제기되었다.	vociferate 호통 치다 vociferation 시끄러움
We need **to inject** the notion of self-reliance to all the teenagers. 우리는 모든 10대들에게 자립의 개념을 **주입할** 필요가 있습니다.	injection 주사, 주입
She **is** almost always **obsequious** to anyone in authority. 그녀는 권력자라면 아무한테나 거의 항상 **아첨한다**.	obsequiously 비굴하게
There is a lot of **conjecture** about the fate of the team. 그 팀의 운명에 대한 많은 **억측들**이 있다.	conjectural 추측의, 확정되지 않은
Some difficult problems allowed the new **project** to be canceled. 몇몇 복잡한 문제들 때문에 새로운 **기획**이 취소되었다.	projected 예상된

DAY 01 DAY 02 DAY 03 DAY 04 DAY 05 DAY 06 DAY 07

□ genius _____ □ grotesque _____ □ peremptory _____ □ intrepid _____ □ gradient _____

NO.	Entry Word	Definition	Near-Synonym
0181	**pellucid** [pəlú:sid]	투명한, 맑은, 명료한	perspicuous, clear, lucid
0182	**explain** [ikspléin]	설명하다	elucidate, account for
0183	**luminary** [lú:mənèri]	유명 인사, 발광체	public figure, celebrity
0184	**devastate** [dévəstèit]	파괴하다, 망연자실하게 하다	destroy, ruin, desolate
0185	**dismiss** [dismís]	해고하다, 해산시키다	disperse, dissolve
0186	**delay** [diléi]	연기하다, 미루다	defer, postpone, put off
0187	**remit** [rimít]	보내다, 면제하다	send, transfer
0188	**multifarious** [mʌltəfɛ́əriəs]	다양한, 잡다한	various, miscellaneous
0189	**oral** [ɔ́:rəl]	구두의	verbal, spoken
0190	**multitude** [mʌltətjù:d]	다수, 대중	army, public, mass

□ acclimatize _____ □ drastic _____ □ degrade _____ □ aggressive _____ □ abject _____

Example Sentence	Relation / Meaning
That glass looks so **pellucid** that we need not clean it. 유리가 너무 **투명해서** 청소할 필요가 없습니다.	pellucidly 투명하게, 맑게
I would like to know any way **to explain** the phenomenon effectively. 나는 그 현상을 효과적으로 **설명할 수 있는** 방법을 알고 싶습니다.	explanation 설명, 해명
He was an early **luminary** on the field of biological engineering. 그는 생명공학 분야의 초창기 **유명 인사**였다.	luminous 빛을 발하는
Some natural disasters **would devastate** the development of economy. 몇몇 자연 재해가 경제 발달을 **파괴할 것이다**.	devastation 파괴, 손상 devastative 유린하는
The company **dismissed** one-fourth of its employees last year. 그 회사는 작년에 직원 중 4분의 1을 **해고했다**.	dismissal 해고, 묵살
We **must delay** our decision so as to find the best solution. 우리는 최고의 해결책을 찾기 위해 결정을 **연기시켜야 합니다**.	delayed 연기된
The businessman **remitted** 2 million dollars to one of his partner. 그 사업가는 파트너중 한명에게 2백만 달러를 **보냈다**.	remitment(=remittance) 송금, 송금액
His **multifarious** business activities affected many young college students. 그의 **다양한** 사업 활동은 많은 젊은 대학생들에게도 영향을 미쳤다.	multifariousness 다양함, 잡다함
In court, an **oral** agreement was not admitted into evidence in the past. 법정에서 **구두** 합의는 과거에는 증거로 인정되지 않았다.	orally 입을 통해서 oral contract 구두계약
Although he has a **multitude** of friends, he always feels lonely. 그는 친구들이 **다수** 있지만 항상 외로움을 느낀다.	multitudinous 다수의 a multitude of 많은, 다수의

DAY 01 DAY 02 DAY 03 DAY 04 DAY 05 DAY 06 DAY 07

□ vociferous _____ □ inject _____ □ obsequious _____ □ conjecture _____ □ project _____

NO.	Entry Word	Definition	Near-Synonym
0191	**composed** [kəmpóuzd]	침착한, 차분한	calm, self-possessed, tranquil
0192	**proposal** [prəpóuzəl]	제의, 제안	suggestion, proposition, offer
0193	**impose** [impóuz]	강요하다, 부과하다	force, compel, coerce
0194	**computation** [kàmpjutéiʃən]	계산	calculation, numeration, mathematics
0195	**covet** [kʌ́vit]	몹시 탐내다, 바라다	desire, crave
0196	**reputed** [ripjúːtid]	평판이 좋은, 유명한	famous, well-known, famed
0197	**arrogant** [ǽrəgənt]	오만한, 건방진	haughty, impudent, flippant
0198	**force** [fɔːrs]	강요하다, 강제하다	coerce, compel, impose
0199	**describe** [diskráib]	묘사하다, 기술하다	depict, portray
0200	**mission** [míʃən]	임무, 사명, 사절단	assignment, duty

□ pellucid _____ □ explain _____ □ luminary _____ □ devastate _____ □ dismiss _____

Example Sentence	Relation / Meaning
Being **composed** in an emergency is more important than any other thing. 비상시에 **침착함**을 유지하는 것은 다른 어떤 것보다도 중요하다.	composure 침착, 마음의 평정
She regretted refusing my **proposal**, so she called me yesterday. 그녀는 내 **제의**를 거절한 것을 후회해서, 어제 나에게 전화를 했다.	propose 제안하다, 제의하다
I didn't mean **to impose** on you and your family. 저는 당신과 당신 가족에게 **강요하려는** 의도는 아니었습니다.	imposed on ~에 부과된, ~에 강요되는
A computer has been used for complex **computation**. 컴퓨터는 복잡한 **계산**에 사용되어왔다.	compute 계산 [산출]하다
To covet what is not his is to lose his friends. 자기의 것이 아닌 것을 **몹시 탐내는 것**은 친구를 잃는 것과 같다.	covetous 탐내는, 갈망하는
He **is reputed** to be very generous and kind. 그는 아주 관대하고 친절해서 **평판이 좋다**.	reputation 평판, 명성
She **is** too **arrogant** to speak to those who she thinks are not richer than she. 그녀는 너무 **오만해서** 그녀보다 부자가 아니라고 생각하는 사람들에게는 말도 걸지 않는다.	arrogance 오만
He **forced** me to give up my supporting his opposition. 그는 내가 그의 반대파를 지지하는 것을 그만두라고 **강요했다**.	forceful 단호한 force 힘, 권력
The man **described** his work environment as a junk yard. 그 남자는 자신의 작업환경을 쓰레기장으로 **묘사했다**.	description 묘사 descriptive 서술하는
He devoted his life to an important **mission** for his nation. 그는 평생을 국가를 위한 중요한 **임무**를 수행하는 데 다 바쳤다.	missionary 선교사, 선교의

DAY 01 · DAY 02 · DAY 03 · DAY 04 · DAY 05 · DAY 06 · **DAY 07**

☐ delay ＿＿＿ ☐ remit ＿＿＿ ☐ multifarious ＿＿＿ ☐ oral ＿＿＿ ☐ multitude ＿＿＿

NO.	Entry Word	Definition	Near-Synonym
0201	inscribe [inskráib]	적다, 새기다	mark, carve, engrave
0202	contingency [kəntíndʒənsi]	뜻밖의 사고, 우연	coincidence, fluke, accident
0203	luster [lʌ́stər]	광채, 광택, 명예	gloss, sheen
0204	tact [tækt]	재치, 기지	wit, diplomacy, esprit
0205	contagion [kəntéidʒən]	감염, 전염	infection, transmission
0206	tend [tend]	돌보다, ~하는 경향이 있다	nurse, look after, take care of
0207	detention [diténʃən]	구치, 감금, 저지	confinement, imprisonment, custody
0208	banality [bənǽləti]	평범함, 진부한 말	humdrumness, platitude, triteness
0209	contest [kàntést | kɔ́ːntest]	이의를 제기하다, 다투다 / 경쟁	dispute, protest, challenge
0210	detest [ditést]	몹시 싫어하다, 혐오하다	hate, loathe, abhor

□ composed _____ □ proposal _____ □ impose _____ □ computation _____ □ covet _____

Example Sentence	Relation / Meaning
I **inscribed** my name in the first page of the book. 나는 책의 첫 장에 내 이름을 **적었다**.	inscription 글, 명문
Staff were told to be prepared in case of any **contingency**. 직원들은 어떤 **뜻밖의 사고**에 대비하여 준비를 하라는 명령을 받았다.	contingently 우연히, 우발적으로
As soon as she saw the strange man, her eyes lost their **luster**. 그녀가 낯선 사람을 보자마자 그녀의 눈에는 **광채**가 사라졌다.	lustered 광택이 있는
I think that he has enough **tact** to solve the difficulty. 나는 그가 그 문제를 해결할 충분한 **재치**를 가지고 있다고 생각합니다.	tactfully 재치 있게
The doctor said that no risk of **contagion** exists. 그 의사는 어떤 **감염**의 위험도 없다고 말했습니다.	contagious 전염성의
Doctors and nurses **tended** the injured all night. 의사들과 간호사들은 부상자들을 밤새도록 **돌보았다**.	tend to ~하는 경향이 있다
The rumor that soldiers put an enemy captive in a **detention center** is not true. 군인들이 적군 포로를 **구치소**에 감금했다는 소문은 사실이 아닙니다.	detain 구금 [억류]하다
They exchanged **banalities** about their work for a long time in a cafe. 그들은 한참 동안 카페에서 자신의 일에 대해서 **진부한** 말들을 주고받았다.	banal 따분한, 시시한
Some sons **contested** their late father's will. 일부 자녀들은 작고한 선친의 유언장에 대해 **이의를 제기했다**.	contestable 논쟁할 수 있는 contestant 경쟁자
I absolutely **detest** having to attend seminars when I feel sick. 나는 몸이 안 좋을 때 세미나에 참석해야 하는 것이 **몹시 싫다**.	detestable 혐오 [가증]스러운

DAY 01 DAY 02 DAY 03 DAY 04 DAY 05 DAY 06 DAY 07

□ reputed _____ □ arrogant _____ □ force _____ □ describe _____ □ mission _____

Level 02

공무원 영어시험
10회 이상 출제단어
0211 - 0420

NO.	Entry Word	Definition	Near-Synonym
0211	**protest** [próutest]	항의하다, 이의를 제기하다	dispute, challenge, contest
0212	**testimony** [téstəmòuni]	증언, 증거	testament, proof, evidence
0213	**attraction** [ətrǽkʃən]	끌어당김, 매력, 유혹	pull, gravitational force
0214	**detract** [ditrǽkt]	주의를 돌리다, 떨어뜨리다	divert, advert
0215	**claim** [kleim]	주장하다, 요구하다	insist, charge, demand
0216	**retract** [ritrǽkt]	취소하다, 철회하다	withdraw, recant, call off
0217	**controvert** [kántrəvə̀ːrt]	부인하다, 논쟁하다	contradict, refute, rebut
0218	**vortex** [vɔ́ːrteks]	소용돌이	whirlpool, eddy, maelstrom
0219	**envisage** [invízidʒ]	예상하다, 마음에 그리다	visualize, expect, anticipate
0220	**visualize** [víʒuəlàiz]	마음에 그려보다, 시각화하다	imagine, picture, conceive

□ inscribe _____   □ contingency _____   □ luster _____   □ tact _____   □ contagion _____

Example Sentence	Relation / Meaning
A lot of people were gathered **to protest** his dictatorship. 그의 독재에 **항의하기 위해** 많은 사람들이 모였다.	protestation 주장, 항변 protester 시위자
They suspected his **testimony** because he had lied many times. 그들은 그가 여러 번 거짓말을 했었기 때문에 그의 **증언**을 의심했다.	testify 증언 [진술]하다
I learned that the magnet has **attraction** for iron. 나는 자석은 철을 **끌어당긴다**고 배웠다.	attract 마음을 끌다
My parents tried **to detract** my attention from politics. 부모님들은 내 관심을 정치에서 주의를 **돌리려고** 했다.	detraction 비방, 욕설
People **claim** that this film is full of violent scenes and sexual descriptions. 사람들은 이 영화가 폭력적인 장면과 성적인 묘사가 너무 많다고 **주장한다**.	claimable 요구할 수 있는
They tried to persuade me into **retracting** my contract. 그들은 내 계약을 **취소하도록** 나를 설득하려 했다.	retractation 취소, 철회
The managers have not **controverted** my advice about advertising. 경영진은 광고에 대한 내 조언을 **부인하지** 않았다.	controversy 논란
The characters of the movie were sucked into a **vortex** of hopelessness. 그 영화의 주인공들은 절망의 **소용돌이**에 빨려 들어갔다.	vortices vortex 의 복수형
Some experts **envisage** a bigger future for these players. 일부 전문가들은 이 선수들에게 더 멋진 미래가 있을 것으로 **예상하고 있다**.	envisaged 예상된, 상상이 되는
I **could** easily **visualize** a beautiful scene when I saw the movie. 내가 그 영화를 보았을 때 어떤 아름다운 장면을 쉽게 **마음에 그릴 수 있었다**.	visualization 시각화, 구상화

□ tend _____ □ detention _____ □ banality _____ □ contest _____ □ detest _____

NO.	Entry Word	Definition	Near-Synonym
0221	**depose** [dipóuz]	면직하다, 물러나게 하다	dismiss, oust
0222	**gradation** [greidéiʃən]	단계적 변화, 순서, 등급	progressive change, gradual transition
0223	**divert** [divə́:rt]	전환하다, 우회시키다	turn aside, deflect
0224	**invert** [invə́:rt]	뒤집다, 거꾸로 하다	reverse, overturn
0225	**promenade** [prὰmənéid]	산책, 행렬, 거닐다	walk, stroll
0226	**myriad** [míriəd]	무수함, 무수히 많음	multitude, numerosity
0227	**tolerance** [tálərəns]	관대, 관용, 포용력	generosity, magnanimity
0228	**decade** [dékeid]	10년	ten years
0229	**parade** [pəréid]	과시하다, 퍼레이드를 하다	boast, brag, flaunt
0230	**natural** [nǽtʃərəl]	자연스러운, 당연한	spontaneous, unaffected

□ protest _____ □ testimony _____ □ attraction _____ □ detract _____ □ claim _____

Example Sentence	Relation / Meaning
They are pushing for a public referendum **to depose** the prime minister. 그들은 수상을 **물러나게 하기 위해** 국민투표를 추진하고 있습니다.	deposition 퇴위
I expected that my score would be improved **by gradation**. 나는 점수가 **단계적으로** 나아질 거라고 예상했었습니다.	gradational 단계적인
You had better **divert** the negative thought. 너는 그 부정적인 생각을 **전환하는** 게 좋겠다.	diversion 전환, 기분전환 diverting 즐거운, 여흥의
Place a book on the table and, if you hear my voice, **invert** it. 책 한 권을 테이블에 올려놓고 내 목소리를 듣게 되면 그것을 **뒤집어라**.	inversion 도치, 전도 inverted 반대의, 반전된
On the **promenade** were many strollers talking with each other. 그 **산책로**에는 서로 대화를 하는 많은 산책하는 사람들이 있었다.	promenader 산책하는 사람
He has a **myriad** of enemies as well as friends. 그는 친구들뿐 아니라 적도 **무수히** 있다.	a myriad of 많은 myriadly 무수하게, 아주 많이
I have no **tolerance** for people who commit child abuse. 나는 아동을 학대하는 사람에게 **관대할** 수 없다.	tolerant 관대한, 아량 있는 tolerate 용인하다
I have kept on doing business for a **decade**. 저는 **10년** 동안 사업을 계속 해왔습니다.	decadal 10(년간)의
He seldom **parades** his good ability in front of others. 그는 다른 사람들 앞에서 그의 좋은 능력을 좀처럼 **과시하지** 않는다.	parader 행진자
For me, writing a letter with a pen **is more natural**. 나에게는 펜으로 편지를 쓰는 것이 더 **자연스럽다**.	nature 자연, 천성

DAY 08
DAY 09
DAY 10
DAY 11
DAY 12
DAY 13
DAY 14

□ retract _____ □ controvert _____ □ vortex _____ □ envisage _____ □ visualize _____

NO.	Entry Word	Definition	Near-Synonym
0231	**cerebral** [səríːbrəl]	지적인, 이지적인	intellectual, thinking
0232	**reprisal** [ripráizəl]	보복, 앙갚음	revenge, retaliation
0233	**defiance** [difáiəns]	도전, 반항, 무시	insubordination, disobedience, rebellion
0234	**attendance** [əténdəns]	참석자, 출석, 참석	participant, attendee
0235	**abrogate** [ǽbrəgèit]	폐지하다, 취소하다	repeal, abolish, revoke
0236	**relevance** [réləvəns]	관련, 적절	affinity, correspondence, connection
0237	**endurance** [indjúərəns]	지구력, 인내	stamina, patience, persistence
0238	**depository** [dipázətɔ̀ːri]	보관소, 보관인, 수탁자	storage, repository
0239	**deprecatory** [déprəkətɔ̀ːri]	비난의, 반대의, 변명하는	condemnatory, damnatory, dyslogistic
0240	**stationary** [stéiʃənèri]	고정된, 정지된	static, fixed, immovable

☐ depose _____ ☐ gradation _____ ☐ divert _____ ☐ invert _____ ☐ promenade _____

LEVEL 2

DAY 08

DAY 09

DAY 10

DAY 11

DAY 12

DAY 13

DAY 14

Example Sentence	Relation / Meaning
I don't think of her as a very **cerebral** woman. 나는 그녀가 매우 **지적인** 여자라고 생각하지 않습니다.	cerebral palsy 뇌성마비
Hundreds of people have been killed in **reprisal** attacks. **보복** 공격 때문에 수백 명의 사람들이 목숨을 잃었다.	make reprisal 보복하다
His **defiance** toward his father made him kicked out from his hometown. 아버지에 대한 **반항** 때문에 그는 고향에서 쫓겨나게 되었다.	defiant 반항 [저항]하는 defy 반항 [저항]하다
The meeting was cancelled due to scanty **attendance**. 그 회의는 **참석자**가 적어서 취소되었다.	attend 참석하다 attendee, attendant 참석자
There are many people who think that congress must **abrogate** the new tax law. 의회가 새로운 조세 법안을 **폐지해야** 한다고 생각하는 사람이 많다.	abrogation 폐기
The report he submitted has no **relevance** to the subject. 그가 제출한 보고서는 그 주제와는 **관련** 없는 것이다.	relevant 관련 있는, 적절한
Physical skill, strength and **endurance** are required to win the game. 그 경기에서 이기려면 신체적 기술, 힘, **지구력**이 필요하다.	endure 참다, 인내하다 endurability 내구력
The Tower of London is the **depository** for the crown and jewels which are used in British coronations. 런던탑은 영국왕의 대관식에서 쓰이는 왕관과 보석을 **보관하는 곳**이다.	deposit 맡기다
His self-**deprecatory** remarks made me much surprised. 그의 자기 **비난** 발언은 나를 매우 놀라게 했다.	deprecate 반대하다, 비난하다
Many books are on the bookshelf which **is stationary**. **고정되어 있는** 그 책장에는 많은 책들이 있다.	station 정거장 stationary state 정지 상태

□ myriad _____ □ tolerance _____ □ decade _____ □ parade _____ □ natural _____

NO.	Entry Word	Definition	Near-Synonym
0241	**obligatory** [əblígətɔ̀:ri]	의무적인	compulsory, mandatory
0242	**putrefy** [pjú:trəfài]	부패시키다, 곪게 하다	rot, decompose, decay
0243	**pose** [pouz]	~인 체하다, 문제를 제기하다	pretend, assume, feign
0244	**vivify** [vívəfài]	활기를 띄게 하다, 생명을 주다	vitalize, animate
0245	**diversify** [divə́:rsəfài]	다양화하다, 다채롭게 하다	vary
0246	**ascertain** [æsərtéin]	입증하다, 확인하다	verify, substantiate, prove
0247	**indifferent** [indífərənt]	무관심한, 냉담한	apathetic, aloof
0248	**testify** [téstəfài]	증언하다, 증명하다	prove, demonstrate, attest
0249	**irenic** [airénik]	평화적인, 협조적인	peaceful
0250	**native** [néitiv]	토착의, 고유의	indigenous, endemic

□ cerebral _____   □ reprisal _____   □ defiance _____   □ attendance _____   □ abrogate _____

Example Sentence	Relation / Meaning
It's not **obligatory** to submit research task by this month. 이번 달까지 연구 과제를 제출하는 것이 **의무적이지** 않다.	obligate 의무를 지우다, 강요하다 obligation 의무
The river is badly polluted and full of **putrefying** garbage. 강이 심하게 오염되었고 **부패하는** 쓰레기들로 가득 차있다.	putrefaction 부패
They **posed** as man and wife whenever they met with other people. 그들은 다른 사람을 만날 때마다 부부인 **체했다**.	posture 자세 position 위치, 자세
Vivified, the town opened up new possibilities. **활기를 띈** 그 마을은 새로운 가능성을 열게 되었다.	vivid 생생한, 선명한
We need **to diversify** our products so as to win the competition. 경쟁에서 이기기 위해서 우리는 제품을 **다양화할** 필요가 있다.	diversified 변화가 많은, 다각적인 diversification 다양화, 다양성
The police are trying **to ascertain** who stole the money. 경찰은 누가 그 돈을 훔쳤는지를 **입증하기 위해** 애를 쓰고 있다.	ascertainment 확인, 탐지
He **is** utterly **indifferent** to sports events. 그는 스포츠 행사에는 전혀 **무관심하다**.	indifference 무관심
She refused **to testify** on the grounds that she was in hospital. 그녀는 입원해있다는 이유로 **증언하는 것을** 거부했다.	testimony 증언, 입증
Irenic cooperation with the nation is needed for our progress. 우리의 발전을 위해 그 나라와 **평화적인** 협력이 필요하다.	irenic spirit 평화의 정신
I know that the grain is **native** to North America. 저는 그 곡식의 **원산지**가 북미라고 알고 있습니다.	natively 선천적으로, 천연적으로

DAY 08
DAY 09
DAY 10
DAY 11
DAY 12
DAY 13
DAY 14

☐ relevance _____ ☐ endurance _____ ☐ depository _____ ☐ deprecatory _____ ☐ stationary _____

NO.	Entry Word	Definition	Near-Synonym
0251	**prosaic** [prouzéi-ik]	지루한, 재미없는	tedious, dull, flat
0252	**fertile** [fə́ːrtl]	비옥한, 풍부한	rich, fruitful
0253	**brittle** [brítl]	깨지기 쉬운, 부서지기 쉬운	fragile, vulnerable, flimsy
0254	**versatile** [və́ːrsətl]	다재다능한, 다용도의	well rounded, all-round
0255	**contact** [kɑ́ntækt]	접촉하다 / 연락, 교제	touch, contingence
0256	**caustic** [kɔ́ːstik]	신랄한, 통렬한	sharp, sarcastic, pungent
0257	**inducement** [indjúːsmənt]	유도, 권유, 장려	enticement, incentive
0258	**impute** [impjúːt]	~의 탓으로 하다, ~에게 돌리다	ascribe, attribute
0259	**barren** [bǽrən]	불모지, 메마른	arid, infertile, sterile
0260	**objective** [əbdʒéktiv]	목표, 목적	purpose, aim, target

☐ obligatory _____ ☐ putrefy _____ ☐ pose _____ ☐ vivify _____ ☐ diversify _____

Example Sentence	Relation / Meaning
The movie seemed **to be** getting increasingly **prosaic** as time went by. 그 영화는 시간이 지나면서 점점 **지루해지는 것** 같았다.	prose 산문(체)
The family kept moving to find a **fertile** place. 그 가족은 **비옥한** 땅을 찾아 계속 이사를 했다.	fertility 비옥함, 생식력
Thin glasses **are brittle**, so we have to replace them with others. 얇은 유리는 **깨지기 쉬워서**, 우리는 다른 것으로 교체해야 합니다.	brittleness 불안정함
He is regarded as an extremely **versatile** writer. 그는 매우 **다재다능한** 작가로 간주되고 있다.	versatility 다재다능함
He seemed to try to shun **contact** with us. 그는 우리와 **접촉**을 피하려는 것 같이 보였다.	contactual 접촉의, 접촉하고 있는
His **caustic** criticism made him known to many people in the field of public art. 그의 **신랄한** 비판은 그를 대중예술 분야의 많은 사람들에게 알려지게 만들었다.	caustically 신랄하게
The company had no **inducement** to make its workers return to the workplace. 그 회사는 직원들을 근무지로 돌아오게 할 만한 어떤 **권유**도 없었다.	induce 설득 [유도]하다 induction 인도, 유도분만, 귀납법
It is difficult **to impute** a decrease in output to any one factor. 생산량 감소를 어느 한 요소**의 탓으로 보기는** 어렵다.	imputation 전가
Some deserts I visited were **barren** with no life. 내가 가보았던 몇몇 사막은 생명체가 전혀 없는 **불모지**였다.	barrenness 불모임, 무력함
My only **objective** is to make a contract with the company. 제 유일한 **목표**는 그 회사와 계약을 성사시키는 것입니다.	objectiveness 객관성

DAY 08 DAY 09 DAY 10 DAY 11 DAY 12 DAY 13 DAY 14

□ ascertain _____ □ indifferent _____ □ testify _____ □ irenic _____ □ native _____

Day 09

NO.	Entry Word	Definition	Near-Synonym
0261	notarize [nóutəràiz]	인증하다, 증명하다	authenticate, validate
0262	scrutinize [skrú:tənàiz]	자세히 조사하다	inspect, examine
0263	volatile [válətail]	휘발성의, 변덕스러운	explosive
0264	mesmerize [mézməràiz]	매혹시키다, 최면술을 걸다	enthrall, fascinate
0265	derogate [dérəgèit]	훼손하다, 떨어뜨리다	detract, sully, defame
0266	prerogative [prirágətiv]	특권, 특전	privilege, perquisite
0267	spiteful [spáitfəl]	심술궂은, 악의 있는	malevolent, despiteous, malicious
0268	similar [símələr]	유사한, 비슷한	comparable, cognate, analogous
0269	depute [dipjú:t]	위임하다, 대리자로 삼다	delegate, entrust, commission
0270	dispute [dispjú:t]	논쟁하다 / 논의	argument, refute

□ prosaic _____ □ fertile _____ □ brittle _____ □ versatile _____ □ contact _____

Example Sentence	Relation / Meaning
I had my signature on the contract **notarized** by an authorities. 나는 어떤 관계기관이 **인증한** 계약서에 서명했다.	notarization 공증
A new team of scientists went abroad **to scrutinize** the disease. 새로운 한 팀의 과학자들이 그 질병을 **자세히 조사하기 위해** 해외로 출국했다.	scrutiny 정밀 조사
Volatile materials should not be kept near our factory. **휘발성** 물질들은 우리 공장 근처에서 보관되어서는 안 됩니다.	volatility 휘발성; 변덕
He **was mesmerized** by her beautiful eyes and her tone of voice. 그는 그녀의 아름다운 두 눈과 목소리 톤에 **매혹되었다**.	mesmerized 매혹된 mesmerizer 최면술사
Such a criticism **cannot derogate** the value of our product. 그러한 비판이 우리 제품의 가치를 **훼손할 수 없다**.	derogatory 경멸하는, 비판하는
Those who have **prerogatives** are not always happy or respected by others. **특권**을 가진 사람들이 항상 행복하거나 타인에게 존경을 받는 것은 아니다.	the prerogative of mercy 사면권
Finally, he decided to get divorced to her because of her **spiteful** personality. 결국 그는 그녀의 **심술궂은** 성격 때문에 그녀와 이혼하기로 결심했다.	spitefully 심술궂게 spitefulness 심술궂음
My theories **are** very **similar** to yours, with one important difference. 내 이론은 당신의 이론과 매우 **유사하며**, 단 하나의 중요한 차이점만 있습니다.	similarly 비슷하게 similarity 유사성
I would like **to depute** him to take charge of the important contract. 나는 그 중요한 계약의 책임자로 그를 **위임하고** 싶습니다.	deputize 대행하다
Critics **have disputed** the official unemployment figures. 비평가들은 실업에 대한 공식적인 수치에 대해 **논쟁하고 있다**.	disputation 논쟁 disputatious 논쟁적인

DAY 08
DAY 09
DAY 10
DAY 11
DAY 12
DAY 13
DAY 14

□ caustic _____ □ inducement _____ □ impute _____ □ barren _____ □ objective _____

NO.	Entry Word	Definition	Near-Synonym
0271	**cautious** [kɔ́ːʃəs]	신중한, 조심성 있는	discreet, prudent, careful
0272	**copious** [kóupiəs]	풍부한, 매우 많은	plentiful, abundant, ample
0273	**fortitude** [fɔ́ːrtətjùːd]	불굴의 용기, 꿋꿋함	tenacity, adamancy, indomitableness
0274	**contiguous** [kəntígjuəs]	인접한, 접촉하는	adjacent, neighboring
0275	**vicissitude** [visísətjùːd]	변화, 변천	change, transition, alteration
0276	**multiply** [mʌ́ltəplài]	증가시키다, 번식시키다	increase, augment, proliferate
0277	**verisimilitude** [verəsimílətjùːd]	그럴 듯함, 있을 법함	likelihood, credibility, reliability
0278	**declaim** [dikléim]	열변을 토하다, 낭독하다	rave, enthuse, perorate
0279	**solitude** [sálətjùːd]	고독, 외로움	loneliness, isolation, reclusion
0280	**tenacity** [tənǽsəti]	끈기, 고집	persistence, obstinacy, insistence

☐ notarize _____ ☐ scrutinize _____ ☐ volatile _____ ☐ mesmerize _____ ☐ derogate _____

Example Sentence	Relation / Meaning
He took a **cautious** attitude about spending fund. 그는 그 기금을 쓰는 데 있어서 **신중한** 태도를 취했다.	caution 주의
He has **copious** knowledge about both physics and chemistry. 그는 물리학과 화학 두 분야에 대한 **풍부한** 지식을 가지고 있다.	copiously 풍부하게 copiousness 풍성함
The **fortitude** of the player impressed all the spectators. 그 선수의 **불굴의 용기**가 모든 관중들을 감동시켰다.	with fortitude 의연하게
The two countries **are contiguous** for a few miles. 두 나라는 몇 마일을 **인접해 있다.**	contiguity 접근, 접촉, 인근
The **vicissitude** of life may suddenly make a millionaire poor. 삶의 **변화**는 백만장자를 갑자기 가난뱅이로 만들 수 있다.	vicissitudinous 변화무쌍한
He told me that cares **multiply** as one gets older. 그는 사람들이 나이를 먹을수록 근심도 **증가한다**고 나에게 말했다.	multiplication 증식
Critics praised her for the **verisimilitude** of her performance. 평론가들은 그녀의 공연을 **그럴 듯하게** 꾸민 것에 대해 찬사를 보냈다.	verisimilar 정말인 듯한
She **declaimed** about certain issues to many attendants. 그녀는 어떤 문제에 대해 많은 참석자들에게 **열변을 토했다.**	declaimer 연설자
My daughter likes company and hates **solitude**. 내 딸은 어울리기를 좋아하고 **고독**을 싫어합니다.	solitary 고독한, 혼자 하는
You need **tenacity** when you learn to swim. 당신이 수영을 배울 때에는 **끈기**가 필요합니다.	tenacious 집요한, 완강한

DAY 08
DAY 09
DAY 10
DAY 11
DAY 12
DAY 13
DAY 14

□ prerogative _____ □ spiteful _____ □ similar _____ □ depute _____ □ dispute _____

Day 10

NO.	Entry Word	Definition	Near-Synonym
0281	**primary** [práimeri]	첫째의, 주요한	first, prime, main
0282	**scribe** [skraib]	필기자, 서기, 작가	secretary, clerk
0283	**adulation** [ædʒuléiʃən]	아첨, 과찬	flattery, overpraise
0284	**munificence** [mju:nífəsns]	관대함, 선심, 아낌없이 줌	generosity, largess
0285	**disputatious** [dìspju:téiʃəs]	논쟁을 좋아하는, 논쟁적인	argumentative, contentious, quarrelsome
0286	**bravado** [brəváːdou]	허세, 허장성세	bluff, swagger, bluster
0287	**rapine** [rǽpin]	약탈, 강탈	depredation, plunder, pillage
0288	**intransigent** [intrǽnsədʒənt]	비타협적인, 양보하지 않는	uncompromising, unyielding
0289	**captious** [kǽpʃəs]	트집 잡는, 까다로운	carping, quibbling, faultfinding
0290	**inviolate** [inváiələt]	침범되지 않은, 신성한	sacred, divine

□ cautious _____ □ copious _____ □ fortitude _____ □ contiguous _____ □ vicissitude _____

Example Sentence	Relation / Meaning
The welfare of the citizens is our **primary** concern. 시민들의 복지가 우리의 **첫번째** 관심사이다.	prime 주된, 주요한 primarily 주로
She has worked as a **scribe** at our company for 3 years. 그녀는 우리 회사에서 **서기**로 3년간 일했다.	scribble 낙서하다 script 대본을 쓰다
He thrived on the **adulation** of his henchmen. 그는 추종자들의 **아첨**으로 행복에 젖었다.	adulate 아첨하다 adulatory 아첨하는
His **munificence** had a very positive effect on the team. 그의 **관대함**은 그 팀에 매우 긍정적인 영향을 미쳤다.	munificent 대단히 후한
People avoided discussing some problems with him because of his **disputatious** manners. 사람들은 그의 **논쟁을 좋아하는** 태도 때문에 그와 어떤 문제를 토론하는 것을 피했다.	dispute 논쟁
Bravado isn't part of his normal behavior. **허세**가 그의 정상적인 태도의 일부는 아닙니다.	brave 용기
The enemy aggressor pursued a course of murder and **rapine**. 그 적군은 계속되는 살인과 **약탈**을 일삼았다.	plunderer 약탈자
The strike settlement has collapsed because both sides **are intransigent**. 파업 타결은 양측이 **비타협적이기** 때문에 붕괴되었다.	intransigently 고집스럽게
His criticisms were always **captious** and frivolous. 그의 비판들은 늘상 **트집 잡는** 하찮은 것이었다.	captiousness 까다로움, 심술궂음 captiously 까다롭게
The issue of sovereignty is regarded as **inviolate**. 주권 문제는 **침범되지 않은** 것으로 간주된다.	inviolately 침범되지 않고 inviolateness 잘 지켜짐

DAY 08　DAY 09　DAY 10　DAY 11　DAY 12　DAY 13　DAY 14

□ multiply ＿＿＿　□ verisimilitude ＿＿＿　□ declaim ＿＿＿　□ solitude ＿＿＿　□ tenacity ＿＿＿

71

NO.	Entry Word	Definition	Near-Synonym
0291	ebullient [ibʌ́ljənt]	패기만만한, 열광적인	enthusiastic, zealous
0292	conduce [kəndjúːs]	도움이 되다, 이바지하다	contribute, tend
0293	stultify [stʌ́ltəfài]	어리석어 보이게 하다, 망쳐버리다	make ~ look silly
0294	attendant [əténdənt]	수반하는 / 참석자	accompanying, concomitant
0295	intended [inténdid]	의도된, 고의의	meant, aimed
0296	rapacious [rəpéiʃəs]	탐욕스러운, 강탈하는	greedy, avaricious, covetous
0297	carnal [kɑ́ːrnl]	육욕적인, 세속적인	fleshly, amatory, sensual
0298	expedite [ékspədàit]	신속히 처리하다, 진척시키다	dispatch
0299	commandeer [kɑ̀məndíər]	강제로 빼앗다, 징발하다	requisition, enlist, draft
0300	blot out [blat aut]	지우다, 말소하다	erase, expunge

□ primary _____   □ scribe _____   □ adulation _____   □ munificence _____   □ disputatious _____

Example Sentence	Relation / Meaning
All the players of the team were in an **ebullient** mood. 그 팀의 선수들은 모두 **열광적인** 분위기였다.	an ebullient mood 열광적인 분위기
Managers must take any measures which will **conduce** to a better working environment. 경영자들은 좀 더 나은 작업 환경에 **도움이 되는** 어떤 조치를 취해야 한다.	contribution 공헌
It is derivative, **stultifying** and a pointless waste of resources. 이것은 독창적이지도 않고 **어리석어 보이며** 무의미한 자원의 낭비일 뿐이다.	stultifying 멍청하게 만드는
We had many problems **attendant** upon starting the business. 우리는 그 사업이 시작될 때 **수반하는** 여러 문제들을 겪었다.	attend 수행하다, 참석하다
A biography is primarily **intended** to recount a person's life. 전기는 주로 한 사람의 인생을 설명하기 위해 **의도된** 것이다.	intend 의도하다 intention 의도, 목적 intentional 의도적인
The dictator **was** so **rapacious** that all people detested him. 그 독재자는 너무나 **탐욕스러워서** 모든 국민들이 그를 혐오했다.	rapacity 탐욕
Excessive **carnal desires** eventually ruined his life. 과도한 **욕정**이 결국 그의 삶을 파멸로 이끌었다.	carnally 세속적으로
We hope something can be done **to expedite** action on our request. 우리의 요청에 대해 **신속히 처리되도록** 조치해주시기 바랍니다.	expedition 탐험
The policeman **commandeered** the car and ordered the driver to go to the nearest hospital. 경찰은 그 차를 **강제로 빼앗아** 가장 가까운 병원에 가도록 운전수에게 명령했다.	commandeered 징발된
The clergy said that his sins **were** all **blotted out**. 그 성직자는 그의 죄가 완전히 **말소되었다고** 말했다.	obliteration 말소

□ bravado _____ □ rapine _____ □ intransigent _____ □ captious _____ □ inviolate _____

NO.	Entry Word	Definition	Near-Synonym
0301	**flaunt** [flɔːnt]	과시하다, 자랑하다	parade, show off
0302	**raze** [reiz]	파괴하다, 없애다	devastate, wipe out
0303	**extreme** [ikstríːm]	극심한, 극단적인	drastic, severe
0304	**prate** [preit]	수다를 떨다, 재잘거리다	chatter, gabble, babble
0305	**derision** [diríʒən]	조소, 조롱	ridicule, derision, mockery
0306	**invective** [invéktiv]	비난, 독설, 악담	criticism, attack, reproach
0307	**voracity** [vɔːrǽsəti]	탐욕, 집착, 폭식	greed, avarice, cupidity
0308	**dour** [duər]	뚱한, 음울한, 시무룩한	sullen, morose, gloomy
0309	**many-sided** [méni-sáidid]	다방면의, 재주가 많은	all-round, versatile
0310	**asseverate** [əsévərèit]	단언하다, 증언하다	affirm, assure, assert

☐ ebullient _____ ☐ conduce _____ ☐ stultify _____ ☐ attendant _____ ☐ intended _____

Example Sentence	Relation / Meaning
She is not one of those actresses who **flaunt** their charms. 그녀는 자신의 매력을 **과시하는** 그러한 여배우들 중 한 명은 아닙니다.	flaunting 과시하는 flauntily 의기양양하게
The village **was razed** to the ground in the severe battle. 그 마을은 심한 전투로 완전히 **파괴되었다**.	razed 파괴된
The region **is subject to extreme** climatic change. 그 지역은 기후 변화가 **극심하다**.	extremely 극단적으로, 지나치게
We should not **prate** about our qualities. 우리는 우리 특징에 대해 **수다를 떨어서는** 안 된다.	talkative 수다스러운
Contrary to expectations, his idea was met with **derision**. 예상과 달리 그의 아이디어는 **조롱**만 받았다.	deride 조롱하다
He had expected criticism but not the **invective** which greeted his proposal. 그는 그의 제안에 대한 비평은 예상했지만 **비난**은 예상하지 못 했었다.	invectively 비난하여
The man indulged in base desires such as sex, drinking and **voracity**. 그 사람은 섹스, 음주, **탐욕**과 같은 기본적 욕구를 탐닉했다.	voracious 게걸스러운
It is not surprising that she got so annoyed and **dour**. 그녀가 화나고 **똥하게** 된 것은 놀랄만한 것이 아니다.	dourly 뿌루퉁하게 dourness 뚱함
To discuss such a **many-sided** problem is good for you. 그러한 **다방면의** 문제를 토론하는 것은 여러분들에게 유익합니다.	one-sided 한쪽으로 치우친, 편파적인
I **asseverate** my conviction that he is guilty. 나는 그가 유죄라는 내 확신을 **단언합니다**.	asseveration 단언, 확언

☐ rapacious _____ ☐ carnal _____ ☐ expedite _____ ☐ commandeer _____ ☐ blot out _____

Day 11

NO.	Entry Word	Definition	Near-Synonym
0311	actuate [ǽkʃuèit]	행동시키다, (기계를) 작동시키다	motivate, incentivize
0312	tension [ténʃən]	긴장, 불안, 팽창력	strain, nerve, stress
0313	countermand [kàuntərmǽnd]	취소하다, 철회하다	cancel, retract, withdraw
0314	berate [biréit]	질책하다, 호되게 꾸짖다	scold, reprimand, rebuke
0315	demagogue [déməgɑ̀g]	선동 정치가, 선동가	agitator, rabble-rouser
0316	expropriate [ekspróuprièit]	(토지 등을) 빼앗다, 징발하다	dispossess, commandeer
0317	impregnable [imprégnəbl]	난공불락의, 확고한	invincible, unbeatable, unconquerable
0318	inglorious [inglɔ́ːriəs]	불명예스러운, 창피한	dishonorable, stigmatic, shameful
0319	inalterable [inɔ́ːltərəbl]	불변의, 바꿀 수 없는	immutable, unvarying, immutable
0320	providence [prάvədəns]	섭리, 신의	the divine will

□ flaunt _____ □ raze _____ □ extreme _____ □ prate _____ □ derision _____

Example Sentence	Relation / Meaning
A great man **is actuated** by love of his country, not by love of power. 훌륭한 사람은 권력이 아니라 조국을 사랑하기 때문에 **행동한다**.	actuation 발동, 작동
The constant **tension** did me not harm but good. 계속된 **긴장**은 나에게 해가 아니라 이익이 되었다.	tensioned 긴장된 tensional 긴장의
He **countermanded** the orders issued in his absence. 그는 자신의 부재 시에 내려진 명령들을 **취소했다**.	countermandable 철회할 수 있는
He feared she **would berate** him for his forgetfulness. 그녀가 그에게 건망증이 있다고 **질책할까봐** 그는 두려웠다.	berated 꾸중을 들은, 질책을 들은
The **demagogue** incited the mob to take action into his own hands. **선동 정치가**는 군중을 선동해서 직접 조치를 취하도록 했다.	demagogic 선동적인 demagoguery 민중 선동, 악선전
The king **expropriated** much land for his own power. 왕은 그 자신의 권력을 위해 많은 땅을 **빼앗았다**.	expropriation 징발, 몰수
The fort was considered **to be impregnable**. 그 요새는 **난공불락으로** 간주되었다.	pregnable 점령하기 쉬운
He wouldn't have accepted such an **inglorious** outcome. 그는 그러한 **불명예스러운** 결과를 받아들이지 않았을 것이다.	ingloriousness 불명예 ingloriously 수치스럽게
It's an **inalterable** fact that he wrote the novel. 그가 그 소설을 썼다는 것은 **불변의** 사실이다.	alterable 고칠 수 있는
He said that all of these things are due to divine **providence**. 그는 이 모든 것이 신의 **섭리** 때문이라고 말했다.	provident 앞날에 대비하는

□ invective _____ □ voracity _____ □ dour _____ □ many-sided _____ □ asseverate _____

NO.	Entry Word	Definition	Near-Synonym
0321	**duress** [djuərés]	감금, 구속, 협박	confinement, imprisonment, detention
0322	**astound** [əstáund]	깜짝 놀라게 하다, 경악시키다	astonish, stagger, shock
0323	**mild** [maild]	온화한, 포근한, 관대한	temperate, warm, balmy
0324	**arduous** [ɑ́ːrdʒuəs]	힘든, 고된	tough, hard, laborious
0325	**append** [əpénd]	첨부하다, 추가하다	attach, affix, add
0326	**abolish** [əbáliʃ]	폐지하다	do away with, abrogate, repeal
0327	**abruptly** [əbrʌ́ptli]	갑자기, 뜻밖에	suddenly, all of a sudden, all at once
0328	**abstract** [æbstrǽkt]	추상적인, 관념적인, 심오한	notional, ideational
0329	**absurd** [æbsɔ́ːrd]	터무니없는, 불합리한, 부조리한	ridiculous, laughable, ludicrous
0330	**adequate** [ǽdikwət]	적합한, 적절한	appropriate, suitable, apposite

□ actuate _____ □ tension _____ □ countermand _____ □ berate _____ □ demagogue _____

Example Sentence	Relation / Meaning
He said that he signed the confession under **duress**. 그는 **감금** 상태에서 자백에 서명을 했다고 말했다.	under duress 협박당하여
For short periods, they appear in **astounding** numbers. 단기간에 그들은 **깜짝 놀랄만한** 숫자로 불어난다.	astounded 몹시 놀란 astounding 경악스러운, 믿기 어려운
The climate in spring and fall **is mild** and comfortable here. 이곳의 봄과 가을의 기후는 **온화하고** 쾌적합니다.	mildly 가볍게 mildness 온후, 온난
He was tired from an **arduous** task and stress. 그는 **힘든** 일과 스트레스로 피곤했다.	arduously 정열적으로 arduousness 끈기
I would like **to append** this chart to my report. 나는 보고서에 이 도표를 **첨부하고** 싶습니다.	appendant 부가의 appendage 부속물
I insist that the death penalty **be abolished**. 나는 사형이 **폐지되어야** 한다고 주장합니다.	abolition 폐지
He **abruptly** returned to his hometown. 그는 **갑자기** 고향으로 돌아왔다.	abrupt 갑작스런
His notion was neither concrete nor **abstract**. 그의 개념은 구체적이지도 **추상적**이지도 않았다.	abstraction 관념, 추상적 개념 abstractly 추상적으로
His **absurd** behavior made many people laugh at him. 그의 **터무니없는** 행위 때문에 많은 사람들이 그를 비웃었다.	absurdness 모순, 부조리 absurdly 터무니없이
He demanded **adequate** remuneration for his work. 그는 그의 일에 대해 **적합한** 보수를 요구했다.	adequately 적절히

DAY 08 | DAY 09 | DAY 10 | DAY 11 | DAY 12 | DAY 13 | DAY 14

☐ expropriate _____   ☐ impregnable _____   ☐ inglorious _____   ☐ inalterable _____   ☐ providence _____

NO.	Entry Word	Definition	Near-Synonym
0331	adjacent [ədʒéisnt]	인접한, 부근의	adjoining, contiguous, neighboring
0332	admirable [ǽdmərəbl]	존경할 만한, 훌륭한	laudable, approvable, praiseworthy
0333	adorn [ədɔ́:rn]	장식하다, 꾸미다	decorate, embellish
0334	adversely [ǽdvə:rsli]	불리하게, 반대로	detrimentally, unfavorably, disadvantageously
0335	advocate [ǽdvəkèit | ǽdvəkit]	지지하다 / 지지자	support, endorse, espouse
0336	affluent [ǽfluənt]	부유한, 풍부한	wealthy, opulent, prosperous
0337	ambitious [æmbíʃəs]	야망을 가진, 패기에 가득 찬	treacherous, aspiring, adventurous
0338	consternate [kánstərnèit]	놀라게 하다, 대경실색하다	dismay, astound
0339	ambivalent [æmbívələnt]	양면 가치의, 반대 감정이 병존하는	conflicting[mixed] feelings
0340	affable [ǽfəbl]	상냥한, 공손한	sociable, benign, genial

□ duress _____　□ astound _____　□ mild _____　□ arduous _____　□ append _____

Example Sentence	Relation / Meaning
The house **adjacent** to the church is mine. 교회 옆에 **인접한** 그 집이 제 집입니다.	adjacency 인접, 이웃 adjacently 이웃에
No one would regard violent behavior as **admirable**. 어느 누구도 폭력적 행위를 **존경할 만한** 것이라고 여기지 않을 것이다.	admire 감탄하다, 칭찬하다 admiration 감탄, 존경
The walls of the church **were adorned** with sculpture. 그 교회의 벽은 조각으로 **장식되어 있었다.**	adorned 장식이 된 adornment 장식품, 꾸미기
Diminished U.S. sales **adversely** affect the entire U.S. economy. 줄어든 미국의 매출은 미국 경제 전반에 **불리하게** 영향을 미친다.	adverse 반대의, 불리한
He **advocated** the withdrawal of the American presence in the Lebanon. 그는 미군의 레바논 철수를 **지지했다.**	advocative 옹호하는 advocacy 옹호, 지지
As people **become** more **affluent**, so their standard of living improve. 사람들이 더 **부유해지면서**, 생활수준이 향상되고 있다.	affluence 풍족, 부 affluential 재력을 갖춘
He is a very **ambitious** young man who is trying to marry into wealth. 그는 돈 많은 여자와 결혼하려고 애쓰는 아주 **야망을 가진** 젊은이다.	ambition 야망, 포부 ambitionless 야망 없는
His sudden remark **consternated** the audience. 그의 갑작스런 발언이 청중들을 **놀라게 했다.**	consternation 놀람, 당황
She seems to feel **ambivalent** about her new work. 그녀는 새로운 일에 대해 **양면적** 감정을 가진 것처럼 보인다.	ambivalently 상반되는 감정으로 ambivalence 양면 가치, 반대되는 감정
Although he held a position of responsibility, he **was** very **affable**. 비록 그는 책임자의 위치에 있었지만 매우 **상냥했다.**	affableness 싹싹함, 상냥함

DAY 08
DAY 09
DAY 10
DAY 11
DAY 12
DAY 13
DAY 14

□ abolish _____ □ abruptly _____ □ abstract _____ □ absurd _____ □ adequate _____

NO.	Entry Word	Definition	Near-Synonym
0341	hatred [héitrid]	증오, 적의	hate, enmity, animosity
0342	armistice [ά:rməstis]	휴전	truce, ceasefire
0343	belligerent [bəlídʒərənt]	호전적인, 교전 중인 / 교전국	bellicose, warlike, pugnacious
0344	blunder [blʌ́ndər]	실수, 실책	mistake, error, gaffe
0345	benediction [bènədík∫ən]	축복, 축복의 기도	blessing
0346	audacity [ɔ:dǽsəti]	대담함, 무모함, 뻔뻔함	boldness, daringness, intrepidness
0347	quarrel [kwɔ́:rəl]	말다툼, 언쟁	argument, altercation, contention
0348	apprehensive [æprihénsiv]	걱정하는, 염려하는	fearful, worrying, anxious
0349	commotion [kəmóu∫ən]	소동, 동요	fuss, uproar, riot
0350	complacent [kəmpléisnt]	현실에 안주하는, 자기만족의	self-satisfied

□ adjacent _____ □ admirable _____ □ adorn _____ □ adversely _____ □ advocate _____

Example Sentence	Relation / Meaning
Human emotions are things like **hatred**, anger, sadness and happiness. 인간이 느끼는 감정은 **증오**, 분노, 슬픔, 행복 같은 것들이다.	hate 싫어하다
The two nations finally signed an **armistice**. 두 나라는 마침내 **휴전**에 사인했다.	make an armistice 휴전하다
His **belligerent** attitude made it difficult to support him. 그의 **호전적인** 태도 때문에 그를 지지하기가 어려웠다.	belligerence 호전성, 교전 belligerently 호전적으로
The accident was the gravest **blunder** in his life. 그 사고가 그의 일평생의 가장 큰 **실수**였다.	blundering 실수하는, 서투른
The appearance of the sun after the many rainy days was like a **benediction**. 여러 날 동안 비가 내린 뒤의 해의 출현은 마치 **축복**과도 같았다.	benedictory 축복의
All the people there were embarrassed at his **audacity**. 그곳의 모든 사람들이 그의 **대담함**에 당황했다.	audacious 대담한
In a false **quarrel** there is no true valour. 엉터리 **언쟁**에 진짜 용기는 필요하지 않다.	quarrelsome 걸핏하면 싸우려 드는
He **was apprehensive** about the results of the exams. 그는 시험 결과에 대해 **걱정했다.**	apprehension 우려, 불안
The class was in **commotion** at alarm bells. 교실이 비상벨 소리에 **소동**이 생겼다.	commotional 격동의
He has a **complacent** attitude toward life. 그는 인생에 대해 **안주하는** 태도를 가지고 있다.	complacently 만족스러운 듯이

DAY 08 · DAY 09 · DAY 10 · DAY 11 · DAY 12 · DAY 13 · DAY 14

□ affluent _____ □ ambitious _____ □ consternate _____ □ ambivalent _____ □ affable _____

NO.	Entry Word	Definition	Near-Synonym
0351	**congest** [kəndʒést]	혼잡하게 하다, 붐비다	jam up, overcrowd
0352	**compulsory** [kəmpʌ́lsəri]	의무적인, 강제적인, 필수의	mandatory, obligatory
0353	**clandestine** [klændéstin]	은밀한, 비밀의	covert, secret, confidential
0354	**concise** [kənsáis]	간결한, 간명한	succinct, terse
0355	**corporeal** [kɔːrpɔ́ːriəl]	육체적인, 물질적인	fleshly, physical, glandular
0356	**stubborn** [stʌ́bərn]	고집이 센, 완고한	obstinate, obdurate, thrawart
0357	**quell** [kwel]	진압하다, 억누르다, 누그러뜨리다	subdue, suppress, quash
0358	**shackle** [ʃǽkl]	구속하다, 속박하다, 족쇄를 채우다	fetter, manacle, enchain
0359	**toil** [tɔil]	고생, 수고 / 고되게 일하다	effort, labor, travail
0360	**uncanny** [ʌnkǽni]	신비로운, 초자연적인	supernatural, psychic, occult

□ hatred ＿＿＿ □ armistice ＿＿＿ □ belligerent ＿＿＿ □ blunder ＿＿＿ □ benediction ＿＿＿

Example Sentence	Relation / Meaning
This street **is** always **congested** by people and cars. 그 거리는 사람들과 차량 때문에 항상 **혼잡하다**.	congestion 혼잡 congested 붐비는, 혼잡한
Education is **compulsory** in my country. 우리나라에서는 교육이 **의무적**이다.	compulsion 강요
The religious group held weekly **clandestine** meetings. 그 종교 집단은 매주 **은밀한** 집회를 가졌다.	clandestinely 비밀리에, 남몰래
His essay **is** so **concise** that I can understand easily. 그의 수필은 **간결해서** 내가 쉽게 이해할 수 있다.	concisely 간결하게 conciseness 간명, 간결
He thinks that **corporeal** needs are not the most important thing. 그는 **육체적인** 욕구가 가장 중요한 것은 아니라고 생각한다.	corporeally 물질[육체]적으로 corporeality 물질성, 유체
He **was stubborn** in his refusal to listen to our complaints. 우리의 불만을 듣는 것에 대한 그의 거절은 **완고했다**.	stubbornly 완강하게 stubbornness 완강함
Many soldiers were sent **to quell** the riot. 많은 군인들이 폭동 **진압하기 위해** 투입되었다.	quellable 진압할 수 있는
I don't want to live my life **shackled** to my failure in the past. 나는 과거의 실패에 **구속되어** 살고 싶지 않다.	shackler 속박하는 사람 shackles 족쇄, 구속
Fortune waits an honesty **toil** and honesty endeavor. 정직한 **수고**와 정직한 노력에 행운이 뒤따른다.	toilsome 고된 toilsomely 고되게
You have the **uncanny** knack of reading my inner thoughts. 당신은 내 생각을 읽을 줄 아는 **신비로운** 비결을 가진 것 같다.	uncannily 이상하게, 초자연적으로

DAY 08 | DAY 09 | DAY 10 | DAY 11 | DAY 12 | DAY 13 | DAY 14

□ audacity _____ □ quarrel _____ □ apprehensive _____ □ commotion _____ □ complacent _____

NO.	Entry Word	Definition	Near-Synonym
0361	**underwrite** [ʌndərráit]	서명하다, 보험에 들다	ink, sign
0362	**verdant** [vəːrdnt]	푸릇푸릇한, 초록색의, 순진한	green, leafy, grassy
0363	**arid** [ǽrid]	건조한, 무미건조한, 지루한	dry, barren, infertile
0364	**pseudonym** [súːdənim]	가명, 필명, 익명	anonym, incognito, pen name
0365	**brawl** [brɔːl]	싸움, 소동	fray, broil, shindy
3660	**equivocal** [ikwívəkəl]	애매한, 두 가지 뜻으로 해석되는	ambiguous, vague
0367	**reverberate** [rivə́ːrbərèit]	파문을 불러일으키다, 반향하다	reflect, delucidate, create a stir
0368	**veracity** [vərǽsəti]	진실성, 정직함	honesty, authenticity
0369	**vex** [veks]	괴롭히다, 짜증나게 하다	torment, annoy, harass
0370	**remedy** [rémədi]	개선하다, 교정하다, 치료하다	correct, redress, improve

☐ congest _____   ☐ compulsory _____   ☐ clandestine _____   ☐ concise _____   ☐ corporeal _____

Example Sentence	Relation / Meaning
The insurance agent refused **to underwrite** the venture. 그 보험 대리점은 벤처(사업) 계약서에 **서명하기를** 거부했다.	underwriting 보험업, 인수 underwriter 보험사, 채권 인수인
The **verdant** meadows in the spring are always an inspiring sight. 봄의 **초록** 풀밭은 항상 감동을 주는 풍경이다.	verdantly 푸릇푸릇하게, 미숙하게
This plant usually grows well in **arid** regions. 이 식물은 주로 **건조한** 지역에서 잘 자란다.	arid land 메마른 땅 arid discussion 무미건조한 토론
There are journalists who are writing under **pseudonyms**. **가명**으로 글을 쓰는 저널리스트들이 있다.	pseudonymous 익명[필명]의
The policeman stopped the **brawl** in the bar and arrested two men. 경찰관이 술집에서 **싸움**을 제지시켰고 두 명을 체포했다.	brawling 시끄러운, 떠들썩한
His speech about political reform **was** somewhat **equivocal**. 정치 개혁에 대한 그의 설교는 다소 **애매모호했다**.	equivocalness 불분명함 equivocality 다의성, 모호
Repercussions of the case **reverberated** through the financial world. 그 재판의 영향이 재계 전반에 계속 **파문을 불러일으켰다**.	reverberation 반향, 울려 퍼짐
I questioned the **veracity** of her testimony. 나는 그녀 진술의 **진실성**에 의문을 가졌다.	veracious 정직한 veraciousness 정직함
These problems **have vexed** my mind for the last 3 years. 이 문제들이 지난 3년 동안 내 마음을 **괴롭혀왔습니다**.	vexation 성가심, 짜증
There is something you can do **to remedy** the situation. 그 상황을 **개선하기 위해** 네가 할 수 있는 뭔가가 있다.	remedial 교정하기 위한 remediation 교정, 개선

DAY 08　DAY 09　DAY 10　DAY 11　DAY 12　DAY 13　DAY 14

□ stubborn _____　□ quell _____　□ shackle _____　□ toil _____　□ uncanny _____

Day 13

NO.	Entry Word	Definition	Near-Synonym
0371	**stipend** [stáipend]	소득, 수입, 봉급	pay, salary, wage
0372	**obtuse** [əbtjúːs]	둔감한, 우둔한	bovine, unintelligent
0373	**profane** [prəféin]	불경스러운, 신성을 더럽히는	blasphemous, irreverent, impious
0374	**craven** [kréivn]	비겁한, 겁 많은	cowardly, recreant
0375	**onerous** [ánərəs]	부담스러운, 아주 힘든	burdensome, demanding
0376	**pacify** [pǽsəfài]	달래다, 진정시키다	placate, soothe, mollify
0377	**death** [deθ]	사망, 죽음, 종말	demise, decease
0378	**jubilation** [dʒùːbəléiʃən]	환희, 축제	pleasure, delight, exultation
0379	**prospect** [práspekt]	전망, 가능성, 기대	outlook, promise
0380	**despise** [dispáiz]	경멸하다, 얕보다	scorn, disdain

□ underwrite _____ □ verdant _____ □ arid _____ □ pseudonym _____ □ brawl _____

Example Sentence	Relation / Meaning
We paid her tuition and gave her a monthly **stipend**. 우리는 그녀에게 수업료를 지불하고 그녀에게 매달 **소득**을 안겨주었다.	stipendiary 유급의 stipendless 봉급이 없는
Because he **was** so **obtuse**, he could not follow the teacher's explanation. 그는 너무 **둔감하여** 선생님의 설명을 이해할 수 없었다.	obtusely 둔감하게 obtuseness 무딤
The worker uses too much **profane** language. 그 직원은 **불경스러운** 말을 지나치게 많이 쓴다.	profanely 불경스럽게 profaneness 불경스러움, 신성 모독
When the enemy troops advanced, he had a **craven** impulse to run for his life. 적군이 진격해오자 그는 자신의 목숨을 위해 도망가려는 **비겁한** 충동을 느꼈다.	cravenly 겁쟁이 같이 cravenness 소심함, 비겁함
He asked for an assistant because his work load **was** too **onerous**. 그는 작업 할당량이 너무 **부담스러워서** 조수에게 도움을 청했다.	onerously 성가시게 onerousness 번거로움
She tried **to pacify** the frightened children. 그녀는 놀란 아이들을 **달래려고** 애썼다.	pacific 평화로운
Seat belts reduce the risk of **death** or injury in an accident. 안전벨트는 사고에서 **사망**이나 부상의 위험을 줄여준다.	deathful 죽음의 die 죽다, 소멸하다
This coming Monday will be a day of **jubilation** for our team. 다가오는 월요일은 우리 팀의 **축제**의 날이 될 것이다.	jubilate 환희 [환호]하다 jubilant 승리감에 넘치는
Prospects for the coming year look bright. 다가올 해의 **전망**은 밝은 것 같다.	prospective 장래의, 유망한
The rich should not **despise** the poor. 부자들은 가난한 사람들을 **경멸해서는** 안 된다.	despiteful 악의에 찬

□ equivocal _____ □ reverberate _____ □ veracity _____ □ vex _____ □ remedy _____

NO.	Entry Word	Definition	Near-Synonym
0381	**viewpoint** [vjú:pɔint]	관점, 견해	standpoint, angle, perspective
0382	**auditory** [ɔːditɔ́ːri]	청각의, 귀의	acoustic, auditive
0383	**fragile** [frǽdʒəl]	부서지기 쉬운, 가냘픈	frail, brittle
0384	**notify** [nóutəfài]	통보하다, 발표하다	inform, announce, report
0385	**immunize** [ímjunàiz]	예방 접종하다, 면역되게 하다	inoculate, vaccinate
0386	**galore** [gəlɔ́ːr]	많은, 풍부한	profuse, plentiful, bountiful
0387	**excursion** [ikskə́ːrʒən]	소풍, 여행	trip, picnic, outing
0388	**figure** [fígjər]	인물, 수치 / 판단하다, 계산하다	person, personage
0389	**change** [tʃeindʒ]	바꾸다, 변화시키다, 고치다	alter, convert, transmute
0390	**all-round** [ɔːl-raund]	다재다능한, 다방면의	versatile, all-faceted

☐ stipend _____ ☐ obtuse _____ ☐ profane _____ ☐ craven _____ ☐ onerous _____

Example Sentence	Relation / Meaning
From an objective **viewpoint**, his argument was far from being rational. 객관적 **관점**에서 볼 때 그의 주장은 전혀 이치에 맞지 않았다.	from the viewpoint of ~의 관점에서 보면
We act as if we have only one sense, either visual or **auditory**. 우리는 마치 시각 혹은 **청각**이라는 한 가지 감각 밖에 없는 것처럼 행동한다.	auditorily 청각 [청력]에 의하여
The dish **is fragile**, so you must be careful. 그 접시는 **부서지기 쉬우니** 조심해야 한다.	fragilely 깨지기 쉽게 fragileness 가냘픔
We will **notify** you when the airline tickets are ready for delivery. 우리는 비행기 티켓 배달 준비가 되면 **통보해** 드릴 것입니다.	notification 통고, 통지
The authorities launched to **immunize** more than one million earthquake survivors. 당국은 100만 명 이상의 지진 피해 이재민들에게 **예방 접종을** 시작했습니다.	immune 면역성이 있는 immunity 면역력
I will be able to win prizes **galore** next year. 저는 내년에는 **많은** 상을 탈 수 있을 것입니다.	flowers galore 많은 꽃들
The pupils are looking forward to the upcoming **excursion**. 제자들은 곧 다가올 **소풍을** 기대하고 있다.	excurse 소풍가다
Martha Graham, a leading **figure** in modern dance, made her debut in 1920. 현대 무용에서의 뛰어난 **인물**인 Martha Graham은 1920년에 데뷔를 했다.	prominent figure 명사, 저명한 사람
I **changed** my cellular phone to the vibration mode during the class. 나는 수업 중에는 핸드폰을 진동으로 **바꾸었다.**	changeability 가변성, 불안정 changeable 바뀔 수도 있는
He wanted to play in a **all-round** team. 그는 **다재다능한** 팀에서 경기하기를 원했다.	all year round 일 년 내내

□ pacify _____ □ death _____ □ jubilation _____ □ prospect _____ □ despise _____

NO.	Entry Word	Definition	Near-Synonym
0391	condemn [kəndém]	비난하다, 나무라다, 선고를 내리다	reproach, blame, criticize
0392	condense [kəndéns]	(글, 정보 등을) 압축하다, 농축시키다	abridge, summarize
0393	confess [kənfés]	자백하다, 고백하다	admit, own up
0394	casualty [kǽʒuəlti]	사상자, 희생자	victim, fatality
0395	veneration [vènəréiʃən]	존경, 숭배	reverence, admiration, respect
0396	perspective [pərspéktiv]	통찰력, 관점, 원근법	insight, perception, perspicacity
0397	transient [trǽnziənt]	일시적인, 순간의	temporary, ephemeral, fugitive
0398	term [təːrm]	용어, 말, 학기, 기간	terminology, phraseology
0399	contract [kɑntrǽkt]	수축시키다, 줄어들다, 계약하다	constrict, shrink, retract
0400	digress [daigrés]	(주제를) 벗어나다, 빗나가다	deviate, stray from

□ viewpoint _____ □ auditory _____ □ fragile _____ □ notify _____ □ immunize _____

Example Sentence	Relation / Meaning
I dislike those who **condemn** the sincere efforts. 나는 진실한 노력을 **비난하는** 사람들이 싫다.	condemnatory 비난의, 처벌의 condemnation 비난
I tried **to condense** ten pages into one page. 나는 10페이지를 1페이지로 **압축해보려고** 노력했다.	condensed 응축한 condenser 응축기
Caught in the act, he had no alternative but **to confess**. 범행 현장에서 붙잡혔기 때문에 그는 **자백할** 수 밖에 없었다.	confession 고백, 고해 confessional 고해실
It was fortunate that there were no serious **casualties** on the bus. 다행히도 그 버스에는 심각한 **사상자**는 없었다.	road casualties 교통사고 사상자
Many other cultures observe the **veneration** of ancestors. 많은 다른 문화권에서는 조상에 대한 **존경**을 준수한다.	venerate 공경 [숭배]하다
National leaders need a wider **perspective** than any other one. 국가 지도자들은 누구보다도 더 넓은 **통찰력**이 필요하다.	prospect 전망, 가망, 예상
He teaches that material things **are transient**, while spiritual values are eternal. 그는 물질적인 것들은 **일시적인** 반면에, 정신적인 가치는 영원하다고 가르친다.	transiently 일시적으로 transitory 일시적인, 덧없는
He thinks that I used the **term** improperly. 그는 내가 그 **용어**를 부적절하게 사용했다고 생각한다.	in terms of ~에 관해서
Heating and cooling can cause matter to expand and **contract**. 가열과 냉각은 물질을 팽창하고 **수축시킬** 수 있다.	contracting 수축성이 있는 contraction 수축, 진통
My criticism is that you **digressed** from your main theme. 내가 비판하고자 하는 것은 네가 주제에서 **벗어났다는** 것이다.	digressive 본론을 떠난, 지엽적인 digression 탈선, 여담

DAY 08　DAY 09　DAY 10　DAY 11　DAY 12　DAY 13　DAY 14

□ galore _____　□ excursion _____　□ figure _____　□ change _____　□ all-round _____

NO.	Entry Word	Definition	Near-Synonym
0401	degree [digríː]	정도, 도(度), 단계	extent, level, grade
0402	apathy [ǽpəθi]	무관심, 냉담	indifference, nonchalance
0403	ambience [ǽmbiəns]	분위기, 환경	atmosphere, mood, air
0404	offspring [ɔ́ːfspriŋ]	자손, 자식	posterity, progeny, descendant
0405	interaction [ìntərǽkʃən]	상호작용	interplay, coaction
0406	snatch [snætʃ]	강탈하다, 잡아채다	deprive, strip, ramp
0407	intervene [ìntərvíːn]	개입하다, 간섭하다, 중재하다	interfere, meddle, intrude
0408	subside [səbsáid]	가라앉다, 진정되다, 침몰하다	wane, slacken, settle
0409	underlying [ʌ́ndərlàiiŋ]	내재하는, 기초가 되는, 근본적인	immanent, intrinsic, inherent
0410	insight [ínsàit]	통찰력, 인식	perception, penetration

□ condemn _____ □ condense _____ □ confess _____ □ casualty _____ □ veneration _____

Example Sentence	Relation / Meaning
A **high degree** of accuracy is needed. **고도**의 정확성이 요구된다.	to the degree ~정도로
I could not understand the **apathy** of people who never want to vote. 나는 결코 투표하는 것을 원하지 않는 사람들의 **무관심**을 이해할 수 없었다.	apathetic 무관심한
He liked the unique **ambience** of the restaurant. 그는 그 식당의 독특한 **분위기**를 좋아했다.	ambient 주위[주변]의 ambiance 환경
These legends should be handed down to our **offspring**. 이 전설들은 우리 **자손들**에게 전해져야 한다.	produce offspring 자식을 낳다
Our behavior, our ideas and our emotions are shaped through such **interactions** with other people. 우리의 행동, 사고, 정서는 타인들과의 그런 **상호작용**을 통하여 형성되는 것이다.	interact 소통하다, 교류하다 interactive 상호적인
I **had** my handbag **snatched** on the subway. 나는 지하철 안에서 핸드백을 **강탈 당했다**.	snatchable 잡아챌 수 있는 snatcher 날치기꾼
He didn't try **to intervene** or stop them. 그는 그들에게 **개입하거나** 그만두게 하려 하지 않았다.	intervention 조정, 중재
The doctor assured us that the fever would eventually **subside**. 의사는 우리에게 열이 결국 **가라앉을** 것이라고 확신을 주었다.	subsidence 침하 subsidecibility 침하율
Critical thinkers can recognize **underlying** assumptions and evaluate evidence. 비판능력이 있는 사상가들은 **내재하는** 가정들을 인식하고 증거를 평가할 수 있다.	underlie 기초를 이루다
He has the **insight** to recognize people's talents. 그에게는 사람들의 재능을 알 수 있는 **통찰력**이 있다.	insightful 통찰력 있는

DAY 08 DAY 09 DAY 10 DAY 11 DAY 12 DAY 13 **DAY 14**

☐ perspective _____ ☐ transient _____ ☐ term _____ ☐ contract _____ ☐ digress _____

NO.	Entry Word	Definition	Near-Synonym
0411	**accord** [əkɔ́ːrd]	일치하다, 부합하다 / 조화	agree, correspond, coincide
0412	**circumscribe** [sə́ːrkəmskraib]	제한하다, 억제하다	limit, restrict, infringe
0413	**discharge** [distʃáːrdʒ]	석방하다, 해고하다, 방출하다	release, unprison, set free
0414	**accumulate** [əkjúːmjulèit]	모으다, 축적하다	amass, collect, gather
0415	**stigma** [stígmə]	불명예, 오명, 치욕	disgrace, obloquy, ignominy
0416	**illegal** [ilíːgəl]	불법의, 위법의	illicit, unlawful, illegitimate
0417	**fidget** [fídʒit]	안절부절못하다, 안달하다	jitter, fidget
0418	**phlegmatic** [flegmǽtik]	무관심한, 침착한, 냉정한	unmindful, indifferent, apathetic
0419	**distort** [distɔ́ːrt]	왜곡하다, 비틀다, 일그러뜨리다	twist, pervert, contort
0420	**deprive** [dipráiv]	박탈하다, 빼앗다, 파면하다	forfeit, strip, abridge

☐ degree _____ ☐ apathy _____ ☐ ambience _____ ☐ offspring _____ ☐ interaction _____

Example Sentence	Relation / Meaning
His behavior does not **accord** with his principles. 그의 행동은 그의 원칙과 **일치하지** 않는다.	accordance 일치, 합치, 조화 according to~에 따르면
Monopolization **was circumscribed** by the new law. 새로운 법률에 의해 독점이 **제한되었다.**	circumscribed 국한된, 제한된
He was found guilty and **was** not **discharged**. 그는 유죄로 밝혀져서 **석방되지** 못했다.	discharged 방출된, 해방된
He is continuing to try **to accumulate** evidence. 그는 계속 증거를 **모으려고** 노력하는 중이다.	accumulated 축적된 accumulative 누적되는 accumulation 축적, 누적
Most societies have attached a **stigma** to abortion 대부분의 사회는 낙태를 **불명예로** 간주했다.	stigmatic 불명예스러운 stigmatize 오명을 씌우다, 낙인 찍다
Use of **illegal** drugs can lead to death. **불법** 약품의 사용은 죽음에 이르게 할 수 있다.	illegally 불법적으로
The children tend to **fidget** and lose focus easily. 그 아이들은 **안절부절못하거나** 쉽게 초점을 잃습니다.	fidgetiness 안절부절 못함
The **phlegmatic** woman didn't say a word to me yet. 그 **무관심한** 여성은 나에게 아직 말 한 마디도 하지 않았다.	phlegmatically 침착하게, 냉정 하게
The newspaper gave a **distorted** account of what had happened. 그 신문은 발생했던 사건에 대해 **왜곡된** 보도를 했다.	distorted 왜곡된 distortion 왜곡, 찌그러짐
This law **will deprive** us of our most basic rights. 이 법률은 우리들에게서 우리의 가장 기본적인 권리를 **박탈할 것이다.**	deprived of 궁핍한, ~을 빼앗긴

DAY 08 | DAY 09 | DAY 10 | DAY 11 | DAY 12 | DAY 13 | DAY 14

□ snatch _____ □ intervene _____ □ subside _____ □ underlying _____ □ insight _____

Level 03

공무원 영어시험
5회 이상 출제단어
0421 – 0630

NO.	Entry Word	Definition	Near-Synonym
0421	**deter** [ditə́:r]	막다, 단념시키다	dissuade, discourage
0422	**right** [rait]	특권, 권리, 정의	droit, claim, favor
0423	**signify** [sígnəfài]	의미하다, 나타내다	denote, represent
0424	**magnitude** [mǽgnətjùːd]	크기, 규모, 중요함	scale, size, proportion
0425	**maxim** [mǽksim]	격언, 금언	saying, adage, dictum
0426	**zealous** [zéləs]	열성적인, 열심인	eager, ardent, enthusiastic
0427	**insane** [inséin]	제정신이 아닌, 미친	nuts, mad, frantic
0428	**outlive** [autlív]	~보다 오래 살다, ~보다 오래 지속하다	live long, survive, outlast
0429	**overlook** [óuvərluk]	간과하다, 눈감아주다	disregard, ignore,
0430	**supervise** [súːpərvàiz]	감독하다, 관리하다	oversee, superintend

□ accord _____ □ circumscribe _____ □ discharge _____ □ accumulate _____ □ stigma _____

Example Sentence	Relation / Meaning
Nothing can **deter** him from going abroad. 어떤 일도 그가 해외에 가는 것을 **막지** 못할 것이다.	deterred 금지된, 방해를 받은
His **right** was forfeited of his wrong behavior. 그의 **권리**는 잘못된 행동에 의해 상실됐다.	rightful 정당한
The accident does not **signify** much. 그 사건은 많은 것을 **의미하지** 않는다.(그 사건은 대수로운 일이 아니다.)	signification 의미 significative 의미 있는, 표시하는
It is difficult to figure out the **magnitude** of the planet. 그 행성의 **크기**를 계산하는 것은 어렵다.	magnitudinous 광대한, 위대한
Benjamin Franklin was the author of many **maxims**. 벤자민 플랭클린은 많은 **격언**을 만들어낸 사람이었다.	a moral maxim 도덕적인 격언
No one was more **zealous** than her in the work. 그 일에 있어서 그녀보다 **열성적인** 사람은 없었다.	zealously 열광적으로
She was driven almost **insane** by grief at his death. 그녀는 그의 죽음에 대한 비통함으로 거의 **제정신이 아니었다.**	insanely 비이성적으로 insaneness 미침
Because of her severe illness, her parents **outlived** her. 그녀의 심한 지병 때문에 그녀의 부모가 그녀**보다 더 오래 살았다.**	be survived by ~보다 먼저 죽다
We shouldn't **overlook** the importance of vote. 우리는 투표의 중요성을 **간과해서는** 안 된다.	overlooking 내려다보는 oversee 감독하다
He **supervised** the workers loading the truck. 그는 일꾼들이 트럭에 짐을 싣는 것을 **감독했다.**	supervisor 감독관 supervision 관리, 감독

DAY 16

DAY 17

DAY 18

DAY 19

DAY 20

DAY 21

☐ illegal _____ ☐ fidget _____ ☐ phlegmatic _____ ☐ distort _____ ☐ deprive _____

NO.	Entry Word	Definition	Near-Synonym
0431	**superficial** [sù:pərfíʃəl]	피상적인, 표면적인, 깊이 없는	cursory, shallow
0432	**give up** [gív ʌp]	포기하다, 그만두다, 단념하다	renounce, forgo, relinquish
0433	**compassion** [kəmpǽʃən]	동정심, 연민	sympathy, feeling
0434	**complement** [kámpləmənt]	보완, 보충 / 보완 · 보충하다	supplement, replenishment
0435	**premise** [prémis]	전제, 가정, 토지	hypothesis, presupposition, speculation
0436	**legislation** [lèdʒisléiʃən]	법률, 법령, 입법	law, act, enactment
4370	**perfect** [pə́:rfikt]	완전한, 이상적인, 완벽한	flawless, complete, absolute
0438	**recess** [risés]	휴식, 은거지, 구석	break, respite, intermission
0439	**souvenir** [sù:vəníər]	기념품, 선물	memento, keepsake
0440	**hallucination** [həlù:sənéiʃən]	환각, 환영, 망상	illusion, alusia

□ deter _____ □ right _____ □ signify _____ □ magnitude _____ □ maxim _____

Example Sentence	Relation / Meaning
The documentary of the war was very **superficial**. 전쟁을 다룬 그 기록물은 매우 **피상적**이었다.	superficially 피상적으로, 천박하게 superficiality 천박, 피상
Despite all these discouragements, she refused **to give up**. 이 모든 장애에도 불구하고 그녀는 **포기하길** 거부했다.	give-up 포기, 단념
Usually when we are concerned about a close friend, we call this **compassion**. 가까운 친구에 대해 염려할 때, 보통 우리는 그것을 **동정심**이라고 부른다.	compassionate 연민 어린, 동정하는 compassionless 측은지심이 없는
The new furniture is a beautiful **complement** to the room. 그 새 가구는 그 방에 아름다운 **보완물**이다.	complementary 상호보완적인 complementation 보완성, 보어
Life is the art of drawing sufficient conclusions from insufficient **premises**. 인생이란 불충분한 **전제**로부터 충분한 결론을 끌어내는 기술이다.	premised ~을 전제로 한
Existing **legislation** does not take diversity of races into account. 현행 **법률**은 인종의 다양성을 고려하지 않고 있다.	legislate 법률을 제정하다 legislative 입법(부)의
The two races have lived in **perfect** harmony. 그 두 부족은 **완전한** 융화를 이루며 살아왔다.	perfection 완벽, 완전
Our company has an hour's **recess** at noon. 우리 회사는 정오에 한 시간의 **휴식**을 갖는다.	recede 물러나다, 멀어지다 recession 물러남, 후퇴
I promised to buy a **souvenir** for my sons. 나는 아이들에게 **기념품**을 사다 주기로 약속했다.	a souvenir shop 기념품 가게
If sleep deprivation continues, **hallucinations** and mood swings may develop. 만약 수면 부족이 계속된다면, **환각**과 감정의 동요가 커지게 될 것이다.	hallucinative 환각의, 환상의

DAY 15 DAY 16 DAY 17 DAY 18 DAY 19 DAY 20 DAY 21

□ zealous _____   □ insane _____   □ outlive _____   □ overlook _____   □ supervise _____

NO.	Entry Word	Definition	Near-Synonym
0441	**discomfiture** [diskʌ́mfəʃər]	당황, (계획 등) 실패	flustration, discomposure, puzzledness
0442	**consummate** [kʌ́nsəmèit]	완료하다, 성취하다	complete, perfect
0443	**misgiving** [misɡíviŋ]	불안, 의심, 염려	anxiety, doubt, peradventure
0444	**courtesy** [kə́ːrtəsi]	정중, 공손함, 호의	politeness, civility, reverence
0445	**aptitude** [ǽptətjùːd]	적성, 소질, 재능	talent, bent, faculty
0446	**adulate** [ǽdʒəlèit]	아첨하다, ~에게 알랑거리다	flatter, fawn, toady
0447	**frugalness** [frúːɡəlnis]	검소, 절약	thrift, prudence
0448	**pecuniary** [pikjúːnièri]	금전적인, 금전상의	monetary, financial
0449	**wander** [wʌ́ndər]	돌아다니다, 방랑하다, 헤매다	roam, rove, nomadize
0450	**credo** [kríːdou]	신조	creed, doctrine, dogma

☐ superficial _____ ☐ give up _____ ☐ compassion _____ ☐ complement _____ ☐ premise _____

Example Sentence	Relation / Meaning
They seem to have enjoyed her **discomfiture**. 그들은 그녀의 **당황**을 즐겼던 것 같다.	discomfit 당황하게 만들다
We **have to consummate** his approval by the end of the month. 우리는 이달 말까지 그의 승인을 **완료해야 한다**.	consummated 완성된, 완료된
Despite her **misgiving**, she hired the stranger. 그녀는 **불안**했지만, 그 낯선 사람을 고용했다.	misgivingly 걱정하여, 불안하여
He replied with promptness and **courtesy**. 그는 신속하게 그리고 **정중**하게 대답했다.	courteous 공손한, 정중한
He was satisfied with his **aptitude** test record. 그는 **적성** 검사결과에 대해 만족을 했다.	be apt to ~하는 경향이 있다
He always **adulates** the rich. 그는 항상 부자들에게 **아첨한다**.	adulation 과찬
Frugalness is a virtue which everyone should practice. **검소**는 모든 사람이 실천해야 하는 하나의 미덕이다.	frugal 절약하는 frugality 절약, 검소
When I helped them, I expected no **pecuniary** reward. 나는 그들을 도울 때 어떤 **금전적인** 보상도 기대하지 않았다.	pecuniarily 금전상으로
The travelers **wandered** from country to country. 그 여행자들은 이 나라 저 나라를 정처 없이 **돌아다녔다**.	wandering 방랑하는, 헤매는 wanderer 방랑자
Those who believe in the religion have the same **credo**. 그 종교를 믿는 사람들은 같은 **신조**를 가지고 있다.	keep credo 신조를 지키다

DAY 15 · DAY 16 · DAY 17 · DAY 18 · DAY 19 · DAY 20 · DAY 21

□ legislation ___ ___ □ perfect _____ □ recess _____ □ souvenir _____ □ hallucination _____

NO.	Entry Word	Definition	Near-Synonym
0451	malignant [məlígnənt]	악성인, 불치의, 악의 있는	vicious, virulent, incurable
0452	avow [əváu]	맹세하다, 공언하다, 자백하다	declare, proclaim
0453	reparation [rèpəréiʃən]	보상, 배상, 배상금	compensation, recompense, indemnification
0454	interrogate [intérəgèit]	심문하다, 질문하다	examine, question
0455	perpetual [pərpétʃuəl]	영속적인, 끊임없는	everlasting, permanent
0456	petition [pətíʃən]	~에게 청원하다, 진정하다 / 청원서, 진정서	solicit, entreat
0457	charitable [tʃǽritəbl]	자선의, 자비로운, 관대한	philanthropic, benevolent
0458	vaunt [vɔːnt]	자랑하다, 뽐내다, 허풍	boast, brag, show off
0459	prudent [prúːdnt]	신중한, 세심한, 현명한	discreet, cautious, careful
0460	weighty [wéiti]	중요한, 중대한, 무거운	significant critical, vital

□ discomfiture _____ □ consummate _____ □ misgiving _____ □ courtesy _____ □ aptitude _____

Example Sentence	Relation / Meaning
This is **malignant** disease; we have to use drastic measures. 이것은 **악성** 질병이다. 우리는 중대한 조치를 취해야만 한다.	malignity 악성, 불치
He **avowed** himself to be a Christian before her. 그는 그녀 앞에서 기독교인이 되기로 **맹세했다.**	avowed 공언한 avowedness 공공연함
They gave him much money as **reparation** for his sacrifice. 그들은 그의 희생에 대한 **보상**으로 그에게 많은 돈을 줬다.	reparative 배상의
He **interrogated** me as though he were a district attorney. 그가 마치 지방검사인양 나를 **심문했다.**	interrogation 질문, 심문 interrogative 질문하는
There is a **perpetual** friction between the two nations. 두 나라 사이에는 마찰이 **끊임없는** 마찰이 있다.	perpetually 영속적으로 perpetuate 영속시키다
The group intends to **petition** Parliament for reform of the law. 그 단체는 의회에 그 법률을 개정해 달라는 **청원할** 작정이다.	petitioner 탄원인 petitionary 청원의
They were devoted largely to **charitable** work. 그들은 주로 **자선** 활동에 전념했다.	charity 자선 단체
He sometimes **vaunted** his success to his friends. 그는 가끔 자신의 성공을 친구들에게 **자랑했다.**	vauntful 자랑하는 vauntingly 자랑스럽게
In a **prudent** way we must deal with the problem. **신중한** 방법으로 우리는 그 문제에 대처해야 한다.	prudently 신중하게
Nuclear power is a **weighty** subject for every country. 원자력은 나라마다 **중요한** 사안이다.	weight 중요성, 무게

DAY 15 DAY 16 DAY 17 DAY 18 DAY 19 DAY 20 DAY 21

□ adulate _____ □ frugalness ____ _ □ pecuniary _____ □ wander _____ □ credo _____

NO.	Entry Word	Definition	Near-Synonym
0461	**voluble** [vɑ́luəbl]	열변을 토하는, 수다스러운	declamatory, eloquent
0462	**homely** [hóumli]	검소한, 편안한, 아늑한	thrifty, frugal
0463	**skillful** [skílfəl]	능숙한, 숙련된	adept, adroit, tactful
0464	**stratagem** [strǽtədʒəm]	책략, 술수, 계략	trick, plot, scheme
0465	**revoke** [rivóuk]	취소하다, 폐지하다, 무효화하다	retract, withdraw
0466	**verdict** [və́ːrdikt]	평결, 판결, 의견	ruling, judgment, adjudication
0467	**clamor** [klǽmər]	소란, 외침, 소동	disturbance, fuss, uproar
0468	**conspiracy** [kənspírəsi]	음모, 모의	plot, scheme, intrigue
0469	**abdicate** [ǽbdəkèit]	버리다, 포기하다	renounce, abandon
0470	**despot** [déspət]	폭군, 독재자	tyrant

□ malignant _____ □ avow _____ □ reparation _____ □ interrogate _____ □ perpetual _____

Example Sentence	Relation / Meaning
Serena was very **voluble** on the subject of taxation reform. 세레나는 세제 개혁이라는 주제에 대해 아주 **열변을 토했다.**	volubility 유창, 다변; 수다
I like those who have **homely** lifestyles. 나는 **검소한** 생활방식을 지닌 사람들이 좋다.	homeliness 검소함, 가정적임
Skillful diplomacy to avert war is needed. 전쟁을 피하기 위해 **능숙한** 외교가 필요합니다.	skillfully 솜씨 있게
Many people were deceived by his **stratagem**. 많은 사람들이 그의 **책략**에 속아 넘어갔다.	a wily stratagem 교활한 책략
Because of public resentment, the king **had to revoke** his order. 대중의 분노 때문에 왕은 명령을 **취소해야만 했다.**	revocation 폐지, 철회 revocative(=revocatory) 폐지의
He admitted he was disappointed by the **verdict**. 그는 **판결**에 낙담했었다고 인정했다.	majority verdict 과반수 판결
The **clamor** awakened the whole neighborhood. 그 **소란**이 모든 이웃의 잠을 깨웠다.	clamorous 떠들썩한, 시끄러운
There was some terrible **conspiracy** against the foreign policy. 그 외교 정책에 대한 무시무시한 **음모**가 도사리고 있었다.	conspire 음모를 꾸미다
When he **abdicated** the British throne, he surprised the entire world. 그가 영국 왕위를 **포기했을** 때, 온 세상 사람들은 깜짝 놀랐다.	abdication 퇴위, 포기, 기권
The **despot** made them have life such as slave. 그 **폭군**은 그들을 노예와 같은 삶을 살게 했다.	despotic 독재적인 despoticalness 절대군주임

DAY 15
DAY 16
DAY 17
DAY 18
DAY 19
DAY 20
DAY 21

☐ petition _____ ☐ charitable _____ ☐ vaunt _____ ☐ prudent _____ ☐ weighty _____

NO.	Entry Word	Definition	Near-Synonym
0471	precocious [prikóuʃəs]	조숙한, 어른스러운	premature
0472	docile [dásəl]	유순한, 순진한, 다루기 쉬운	benign, gentle, mild
0473	congregate [káŋgrigèit]	모이다, 군집하다, 모으다	gather, flock, assemble
0474	iota [aióutə]	조금, 소량	trace, scintilla
0475	flimsy [flímzi]	부서지기 쉬운, 연약한, 얄팍한	frail, fragile, brittle
0476	procrastinate [proukrǽstənèit]	지체하다, 연기하다	delay, postpone, defer
0477	altercation [ɔ̀ːltərkéiʃən]	말다툼, 언쟁, 논쟁	quarrel, argument, dispute
0478	avarice [ǽvəris]	탐욕	cupidity, greed
0479	vehement [víːəmənt]	격렬한, 맹렬한, 열정적인	intense, fierce, violent
0480	antagonize [æntǽgənàiz]	～의 반감을 사다, 반대하다	draw the crabs, rouse antipathy

□ voluble _____ □ homely _____ □ skillful _____ □ stratagem _____ □ revoke _____

Example Sentence	Relation / Meaning
The child **is** too **precocious** for her age. 그 아이는 나이에 비해 **조숙하다**.	precociously 조숙하게 precociousness 조숙
The teacher likes an intelligent and **docile** pupil. 그 교사는 총명하고 **유순한** 학생을 좋아한다.	docilely 양순하게
Young people often **congregate** in the street in the evenings. 젊은이들은 저녁이면 그 거리에 자주 **모인다**.	congregation 모임, 집회
It seems that she has not an **iota** of common sense. 그녀는 아주 **조금**의 상식도 없는 것 같다.	not an iota 조금도 ~하지 않는
There was a **flimsy** little fort on the hill. 그 언덕에는 매우 **부서지기 쉬운** 작은 요새 하나만 있었다.	flimsily 박약하게 flimsiness 박약함
It is wise not **to procrastinate** what you have to do. 네가 해야 하는 일을 뒤로 **연기하지** 않는 것이 현명하다.	procrastinative 질질 끄는, 미루는 procrastination 지연, 연기
Throughout the entire **altercation**, not one sensible word was uttered. 모든 **언쟁** 중에 의미 있는 말은 한 마디도 없었다.	altercate 언쟁하다
Driven by **avarice**, he swindled people out of money. **탐욕**에 눈이 멀어 그는 사람들에게 사기를 쳤다.	avaricious 탐욕스러운
He **was vehement** in his opposition to the idea. 그는 그 생각에 반대하는 데 있어서 **격렬했다**.	vehemence 격렬함, 맹렬함
He began to **antagonize** to the other players. 그는 다른 선수들**의 반감을 사기** 시작했다.	antagonism 적의, 적대감

□ verdict _____　□ clamor _____　□ conspiracy _____　□ abdicate _____　□ despot _____

NO.	Entry Word	Definition	Near-Synonym
0481	autopsy [ɔ́:tɑpsi]	부검, 실지 검증	postmortem, necropsy
0482	inundation [ìnəndéiʃən]	범람, 침수, 충만, 쇄도	flooding, overflow, deluge
0483	emancipate [imǽnsəpèit]	해방시키다, 석방하다	liberate, disencumber
0484	protagonist [proutǽgənist]	주인공, 주역, 지도자	goodie, leading role
0485	collusion [kəlú:ʒən]	공모, 결탁	conspiracy, complicity, plot
0486	gregarious [grigɛ́əriəs]	사교적인, 군집성의, 무리의	sociable, outgoing
0487	swerve [swə:rv]	방향을 틀다, 빗나가다	turn, veer, swing
0488	candor [kǽndər]	솔직함, 담백함, 허심탄회	honesty, openness
0489	bolster [bóulstər]	북돋우다, 강화하다	encourage, hearten
0490	audacious [ɔːdéiʃəs]	용감한, 대담한, 무례한	bold, fearless, daring

□ precocious _____ □ docile _____ □ congregate _____ □ iota _____ □ flimsy _____

Example Sentence	Relation / Meaning
The **autopsy** result showed that she died from killing. **부검** 결과 그녀는 살해된 것으로 드러났다.	make(carry out) an autopsy 부검을 실시하다
What is most serious is the **inundation** by the sea. 가장 심각한 것은 바다에 의한 **범람**이다.	inundate 침수시키다
It is up to all of us **to emancipate** ourselves from prejudices. 편견에서 우리 자신을 **해방시키는 것**이 우리 모두의 책임이다.	emancipated 해방된 emancipation 해방
Hamlet is his favorite Shakespearean **protagonist**. 햄릿은 그가 좋아하는 셰익스피어극의 **주인공**이다.	antagonist 적대자
The merchants were found guilty of **collusion**. 그 상인들은 **공모**하여 유죄판결을 받았다.	collude 공모하다
She has an outgoing and **gregarious** personality. 그녀는 외향적이고 **사교적인** 성격을 가지고 있다.	gregariousness 군거성, 사교성
I **had to swerve** to avoid a approaching car. 다가오는 차량을 피하기 위해 내가 **방향을 틀어야 했다**.	swerve from ~에서 벗어나다
She spoke **with candor** about her experiences. 그녀는 자신의 경험들에 대해 **솔직하게** 이야기했다.	candid 솔직한
She needs a friend to console her and **bolster** her spirits. 그녀는 위로해주고 기분을 **북돋아** 줄 친구가 필요하다.	bolstered 강화된, 지지된
The boy **was audacious** in rescuing the drowning man. 그 소년은 물에 빠진 사람을 구할 때 **용감했었다**.	audacity 뻔뻔함

DAY 15
DAY 16
DAY 17
DAY 18
DAY 19
DAY 20
DAY 21

□ procrastinate _____ □ altercation _____ □ avarice _____ □ vehement _____ □ antagonize _____

NO.	Entry Word	Definition	Near-Synonym
0491	**wane** [wein]	약해지다, 줄어들다, 이지러지다	dwindle, diminish, decline
0492	**impetuous** [impétʃuəs]	성급한, 충동적인, 격렬한	hasty, festinate, impatient
0493	**friendly** [fréndli]	친절한, 우호적인, 친숙한	amiable, hospitable, courteous
0494	**brusque** [brʌsk]	퉁명스러운, 무뚝뚝한	curt, abrupt, gruff
0495	**forgery** [fɔ́:rdʒəri]	모조, 위조, 날조	imitation, fake, counterfeit
0496	**aggravate** [ǽgrəvèit]	악화시키다, 괴롭히다, 화나게 하다	worsen, inflame, exacerbate
0497	**culminate** [kʌ́lmənèit]	절정에 달하다, 끝이 나다	climax, peak
0498	**sluggish** [slʌ́giʃ]	부진한, 나태한	slack, dull, stagnant
0499	**reiterate** [ri:ítərèit]	반복하다, 되풀이하다	repeat, ingeminate
0500	**obnoxious** [əbnɑ́kʃəs]	불쾌한, 싫은, 역겨운	offensive, unkind, unpleasant

□ autopsy _____   □ inundation _____   □ emancipate _____   □ protagonist _____   □ collusion _____

Example Sentence	Relation / Meaning
The popularity of the movie is on the **wane**. 그 영화의 인기는 **하락세다**.	waney(=wany) 쇠퇴해진
He is so **impetuous** that he often makes the same mistake. 그는 너무 **성급해서** 종종 같은 실수를 한다.	impetuously 충동적으로, 성급하게
He is very funny and **friendly** to all people. 그는 매우 재미있고 모든 사람들에게 **친절하다**.	environmentally friendly 환경 친화적인
She was always **brusque** and frowned. 그녀는 항상 **퉁명스럽고** 인상을 썼다.	brusquely 퉁명스럽게
The expert said that the picture to be a **forgery**. 전문가는 그 그림이 **모조품**이라고 말했다.	forge 위조하다
Improper solutions **will aggravate** the situation. 부적절한 해결책은 그 상황을 **악화시킬 것입니다**.	aggravation 악화 aggravative 악화시키는
His career **could culminate** at the age of 30. 그의 경력은 30세에 **절정에 달할 수 있었다**.	culmination 정점, 최고조 culminating 궁극의
I am afraid that the economy remains **sluggish**. 저는 경제가 계속 **부진한** 것이 걱정됩니다.	slug 강타하다, 세게 치다
I **will reiterate** this message until all have understood it. 나는 모든 사람이 이해할 때까지 이 메시지를 **반복할 것이다**.	reiterative 반복어 reiteration 반복, 중언부언
I found their behavior very **obnoxious**. 나는 그들의 행동에 심한 **불쾌감**을 느꼈다.	obnoxiously 불쾌하게, 역겹게 obnoxiousness 불쾌함, 역겨움

DAY 15
DAY 16
DAY 17
DAY 18
DAY 19
DAY 20
DAY 21

□ gregarious _____   □ swerve _____   □ candor _____   □ bolster _____   □ audacious _____

NO.	Entry Word	Definition	Near-Synonym
0501	aberration [æbəréiʃən]	탈선, 일탈	deviation, departure
0502	jail [dʒeil]	투옥, 교도소 / 투옥하다	prison, penitentiary
0503	relinquish [rilíŋkwiʃ]	그만두다, 포기하다, 버리다	renounce, forgo, waive
0504	detriment [détrəmənt]	피해, 손상, 유해한 것	damage, mutilation, damnification
0505	gingerly [dʒíndʒərli]	조심스럽게, 신중하게	carefully, attentively, guardedly
0506	faint [feint]	기절하다, 실신, 희미한, 미약한	swoon, pass out, black out
0507	entice [intáis]	유치하다, 유도하다, 유혹하다	attract, seduce, lure
0508	inflammatory [inflǽmətɔ̀ːri]	선동적인, 격양시키는, 염증의	incendiary, agitative, demagogic
0509	ornate [ɔːrnéit]	화려하게 장식된, 화려한	fancy, gorgeous, posh
0510	bizarre [bizáːr]	기이한, 별난, 특이한	idiosyncratic, peculiar, eccentric

□ wane _____ □ impetuous _____ □ friendly _____ □ brusque _____ □ forgery _____

Example Sentence	Relation / Meaning
There is no proper way to explain his **aberration**. 그의 **탈선**에 대해 해명할 적절한 방법이 없다.	aberrational 상궤를 벗어난
The authorities put her in **jail** for putting fake bills in circulation. 당국은 위조지폐를 유통시킨 혐의로 그녀를 **투옥**하였다.	jailer 교도소장 jailor 간수
I had to **relinquish** my claims to this property. 나는 이 재산에 대한 청구를 **포기해야**만 했다.	relinquishment 포기, 양도
The loss gave a **detriment** to workers' morale. 그 손실은 직원들의 사기에 **손상**을 주었다.	detrimental 해로운 detrimentally 불리하게
She translated her works in English **gingerly**. 그녀는 **조심스럽게** 자기 작품을 영어로 번역했다.	ginger 생강
He **fainted** with hunger and fatigue on the street. 그는 허기와 피로로 길 위에서 **기절했다**.	faintish 기절할 것 같은 faintishness 기절할 것 같음, 희미함
To entice more shoppers, they decided to make new items. 더 많은 쇼핑객을 **유치하기 위해서** 그들은 새로운 아이템을 만들기로 결정했다.	enticement 유혹
I detest the **inflammatory** TV program. 나는 그 **선동적인** TV 프로그램을 매우 싫어한다.	inflame 흥분시키다, 악화시키다
Furniture of the Baroque period can be recognized by its **ornate** carvings. 바로크 시대의 가구는 **화려하게 장식된** 조각으로 알아볼 수 있다.	ornately 꾸며서, 장식하여 ornateness 꾸밈, 장식
The story has a **bizarre** world of miniature creatures. 그 이야기에는 난쟁이들의 **기이한** 세계가 나온다.	bizarrerie 괴기(한 것)

DAY 15 DAY 16 DAY 17 DAY 18 DAY 19 DAY 20 DAY 21

□ aggravate _____ □ culminate _____ □ sluggish _____ □ reiterate _____ □ obnoxious _____

117

NO.	Entry Word	Definition	Near-Synonym
0511	proclaim [proukléim]	선언하다, 나타내다	declare, pronounce
0512	obscurity [əbskjúərəti]	무명, 세상에 알려지지 않음, 애매	namelessness, unrenowned
0513	consecutive [kənsékjutiv]	연속적인, 잇따른, 일관된	successive, continuous, continual
0514	impede [impíːd]	방해하다, 훼방 놓다	hinder, disturb, hamper
0515	turbulent [tə́ːrbjulənt]	난기류의, 요동치는, 사나운	rough, tempestuous
0516	stature [stǽtʃər]	신장, 수준, 재능	height
0517	unravel [ʌnrǽvəl]	풀다, 풀리다, 해결하다	settle, solve, resolve
0518	paranormal [pærənɔ́ːrməl]	과학적으로 알 수 없는, 초자연적인	supernatural, occult, mysterious
0519	delineate [dilínièit]	묘사하다, 서술하다	describe, portray, depict
0520	agonize [ǽgənàiz]	고민하다, 몹시 괴롭히다	assail, distress, torment

☐ aberration ＿＿＿ ☐ jail ＿＿＿ ☐ relinquish ＿＿＿ ☐ detriment ＿＿＿ ☐ gingerly ＿＿＿

Example Sentence	Relation / Meaning
Abraham was the first **to proclaim** his belief in monotheism. 아브라함은 그의 유일신에 대한 믿음을 **선언한** 최초의 사람이었다.	proclamatory 선언적인 proclamation 선언서, 성명서; 선포
She was plucked from **obscurity** and made a star. 그녀는 **무명**에서 벗어나서 일약 스타가 되었다.	obscure 잘 알려져 있지 않은, 모호한
The prices are on the increase for three **consecutive** months. 3개월 간 **연속해서** 물가가 오르고 있다.	consecutively 연속하여 consecutiveness 일관성
He gave a bribe to a policeman **to impede** the investigation. 그는 조사를 **방해하기 위해** 경찰관에게 뇌물을 주었다.	impediment 장애(물)
The plane lost its stability in the **turbulent air**. 비행기는 **난기류** 속에서 균형을 잃었다.	turbulence 격동, 격변
The basketball player was a man of ordinary **stature**. 그 농구선수는 평범한 **신장**의 남자였다.	statured 물건의 높이가 ~한
They tried to **unravel** the mystery of the missing children. 그들은 미아들에 대한 수수께끼를 **풀려고** 애썼다.	unraveled 해결된, 풀린
To explain the **paranormal** phenomenon, he did an experiment. **과학적으로 알 수 없는** 현상을 설명하기 위해 그는 실험을 했다.	paranomally 초자연적으로, 불가사의하게
He is a powerful storyteller, but he is weakest when he attempts **to delineate** character. 그는 능력 있는 소설가이지만 인물을 **묘사하려** 할 때는 너무 약해 보인다.	delineative 서술적인
Many workers **agonize** over poor work condition. 많은 직원들이 열악한 근무 환경 때문에 **고민하고 있다**.	agony 극도의 고통 [괴로움]

DAY 15 DAY 16 DAY 17 DAY 18 DAY 19 DAY 20 DAY 21

□ faint _____ □ entice _____ □ inflammatory _____ □ ornate _____ □ bizarre _____

119

NO.	Entry Word	Definition	Near-Synonym
0521	ample [ǽmpl]	충분한, 넓은, 거대한	sufficient, enough
0522	remedial [rimí:diəl]	치료의, 개선의, 보수하는	corrective, reformative
0523	demise [dimáiz]	멸종, 죽음, 계승	desition, end, grave
0524	truncate [tráŋkeit]	줄이다, 짧게 하다	abbreviate, shorten
0525	viable [váiəbl]	실행 가능한, 생존 가능한	feasible, workable
0526	ambush [ǽmbuʃ]	매복, 잠복 / 기습하다	stakeout, latency
0527	staple [stéipl]	주요한, 주된, 주성분	primary, chief, principal
0528	mundane [mʌndéin]	세속적인, 현세의, 일상적인	earthly, secular, worldly
0529	lavish [lǽviʃ]	풍요로운, 충분한, 호화로운	abundant, profuse, copious
0530	sumptuous [sʌ́mptʃuəs]	호화로운, 값비싼, 사치스런	luxurious, gorgeous, opulent

☐ proclaim _____ ☐ obscurity _____ ☐ consecutive _____ ☐ impede _____ ☐ turbulent _____

Example Sentence	Relation / Meaning
She received **ample** compensation for her injuries suffered. 그녀는 부상에 대해 **충분한** 보상을 받았다.	amplify 증폭시키다
Comprehensive **remedial** steps by the government are needed. 정부의 종합적인 **치료** 조치가 필요하다.	remedy 치료(약)
The **demise** of the species is due to climate change. 그 종의 **멸종**은 기후 변화 때문이다.	the demise of ~의 계승
He was asked **to truncate** his speech. 그는 연설을 **줄이라고** 요청 받았다.	truncated 끝을 자른 truncation 잘라냄, 절단
If the methods **were viable**, I would choose them. 만일 그 방법이 **실행 가능하다면**, 그것을 선택할 것이다.	viability 실행 가능성, 생존 능력
They waited **in ambush** in order to attack the coming enemy. 그들은 다가오고 있는 적을 공격하기 위해 **매복해서** 기다렸다.	ambushed 매복을 한
Fish and some grain was to be their **staple diet**. 물고기와 일부 곡식이 그들의 **주식**이었다.	staple diet 주식
He was concerned only with **mundane** matters. 그는 **세속적인** 문제들에만 관심이 있었다.	mundanely 속세에 mundaneness 현세, 속세
She was not used to their **lavish** mode of living. 그녀는 그들의 **풍요로운** 삶의 분위기에 익숙하지 않았다.	lavishness 낭비, 헤픔; 풍부함
I didn't expect to go to such a **sumptuous** hotel. 내가 그러한 **호화로운** 호텔에 가게 될 줄은 예상하지 못 했다.	sumptuousity 호화스러움

DAY 15 · DAY 16 · DAY 17 · DAY 18 · DAY 19 · DAY 20 · DAY 21

□ stature _____ □ unravel _____ □ paranormal _____ □ delineate _____ □ agonize _____

NO.	Entry Word	Definition	Near-Synonym
0531	**affluence** [ǽfluəns]	부유, 유복, 풍부, 유입	richness, abundance, plenty
0532	**benevolent** [bənévələnt]	자애로운, 유순한, 박애의	benign, tender, merciful
0533	**empty** [émpti]	비우다, 없어지게 하다	drain, vacate
0534	**lenient** [líːniənt]	관대한, 너그러운	generous, tolerant, magnanimous
0535	**malevolent** [məlévələnt]	악의적인, 악의 있는	malicious, spiteful, sinister
0536	**futile** [fjúːtl | fjúːtail]	헛된, 쓸모없는, 시시한	inconducive, useless, worthless
0537	**brevity** [brévəti]	짧음, 간결함	briefness, shortness
0538	**infidelity** [ìnfədéləti]	부정, 불의, 배신	unrighteousness, injustice
0539	**chronic** [kránik]	만성적인, 습관적인	confirmed, inveterate
0540	**impiety** [impáiəti]	신성모독, 경건치 못함, 불효	blasphemy, sacrilege

□ ample _____ □ remedial _____ □ demise _____ □ truncate _____ □ viable _____

Example Sentence	Relation / Meaning
Foreigners are amazed by the **affluence** and luxury of the American way of life. 외국인들은 미국 생활 방식의 **부유**와 사치에 의해 놀란다.	affluent 부유한
His **benevolent** nature prevented him from refusing any beggar who accosted him. 그의 **자애로운** 성품 때문에 그는 자신에게 구걸하는 거지를 거절하지 못 했다.	benevolence 자비심, 박애
He **emptied** the water out of the vase. 그는 꽃병의 물을 **비웠다**.	emptiness 텅 비어 있음, 공허함
The accused pleaded for **lenient** punishment. 그 피고는 **관대한** 처벌을 간청했다.	leniently 관대하게
We must prevent his **malevolent** schemes. 우리는 그의 **악의적인** 음모를 막아야 한다.	malevolence 악의 malevolently 사악하게
It **is futile** for me to try to get any work done in a hurry. 내가 어떤 일을 서둘러서 끝내려 하는 것은 **헛된 일이다**.	futilely 무익하게 futileness 무익함; 시시함
Ambiguity resulted from the extreme **brevity** of the message. 그 메세지는 매우 **짧아서** 애매했다.	brief 간단한 briefly 간단하게
She felt guilty about her untold **infidelity**. 그녀는 숨기고 있는 **부정**에 대해 죄의식을 느꼈다.	infidel 신앙심 없는, 부정한
Chronic stress can lead to serious illnesses such as heart disease. **만성적인** 스트레스는 심장질환과 같은 심각한 질병을 유발할 수 있다.	chronicity 만성 chronically 만성적으로
The church accused him of **impiety** and had all his family members arrested. 교회는 그의 **신성모독**을 비난하고 그의 모든 가족들을 붙잡아 들였다.	impious 불경한

DAY 15 DAY 16 DAY 17 DAY 18 DAY 19 DAY 20 DAY 21

□ ambush _____ □ staple _____ □ mundane _____ □ lavish _____ □ sumptuous _____

123

Day 19

NO.	Entry Word	Definition	Near-Synonym
0541	**austere** [ɔːstíər]	엄격한, 엄숙한, 소박한	stern, rigid, rigorous
0542	**cumbersome** [kʌ́mbərsəm]	방해가 되는, 귀찮은, 번거로운	bothersome, troublesome, inconvenient
0543	**sagacious** [səgéiʃəs]	현명한, 영리한, 기민한	sapient, wise, sensible
0544	**vigilant** [vídʒələnt]	조심성 있는, 경계하고 있는	alert, wary, lidless
0545	**tedious** [tíːdiəs]	지루한, 지겨운	irksome, dull, wearisome
0546	**lukewarm** [lúːkwɔ̀ːrm]	미지근한, 열의 없는	tepid, hypothermal
0547	**contempt** [kəntémpt]	경멸, 멸시, 모욕	disdain, scorn, sneer
0548	**spurious** [spjúəriəs]	가짜의, 위조의, 그럴싸한	counterfeit, false, fake
0549	**rudimentary** [rùːdəméntəri]	초보의, 기본의, 발육 부진의	basic, fundamental, ground
0550	**strident** [stráidnt]	귀에 거슬리는, 공격적인, 단호한	raucous, discordant, brittle

□ affluence _____ □ benevolent _____ □ empty _____ □ lenient _____ □ malevolent _____

Example Sentence	Relation / Meaning
I recall that my father was an **austere** man. 나는 아버지가 **엄격한** 분이셨던 것으로 기억한다.	austerely 준엄하게 austerity 엄격함
It's quite **cumbersome** to wire money abroad. 해외로 송금하는 것은 매우 **귀찮은** 일이다.	cumbersomely 성가시게 cumbersomeness 성가심
Her **sagacious** handling of the situation saved many people. 그녀의 **현명한** 상황 대처가 많은 사람들을 구해냈다.	sagaciously 빈틈없이, 영리하게 sagaciousness 영리함
We worked under the **vigilant** eye of the director. 우리는 감독관의 **조심성 있는** 감시 하에서 일을 했다.	vigilantly 조심스럽게, 방심하지 않고
I was tired of his long **tedious** talk. 나는 그의 **지루한** 이야기에 아주 지쳤다.	tediously 지루하게
You had better wait until the milk **is lukewarm**. 우유가 **미지근해질** 때까지 기다리는 게 좋겠다.	lukewarmly 미적지근하게
The man glanced at the gangster with hatred and **contempt**. 그 남자는 증오와 **경멸**의 시선으로 깡패를 흘낏 쳐다보았다.	contemptuous 경멸하는 contemptible 경멸을 받을 만한
He managed to create the **spurious** products. 그는 **가짜** 제품들을 그럭저럭 만들어냈다.	spuriously 부정하게, 가짜로 spuriousness 가짜, 위조
Her knowledge in this field is still only **rudimentary**. 그녀의 이 분야에 대한 지식은 여전히 **초보적**일 뿐이다.	rudimentariness 기초, 기본
He turned out to be a **strident** demonstrator. 그는 **공격적인** 시위 대원으로 판명되었다.	stridently 귀에 거슬리게

DAY 15
DAY 16
DAY 17
DAY 18
DAY 19
DAY 20
DAY 21

□ futile _____ □ brevity _____ □ infidelity _____ □ chronic _____ □ impiety _____

NO.	Entry Word	Definition	Near-Synonym
0551	ominous [ámənəs]	불길한, 조짐이 나쁜, 전조가 되는	sinister, doomy, inauspicious
0552	unnerve [ʌnnə́ːrv]	불안하게 만들다, 낙담시키다	unsettle, psych
0553	forage [fɔ́ːridʒ]	먹이를 찾다, 찾다	predate
0554	paramount [pǽrəmàunt]	중요한, 최고의, 탁월한	significant, crucial, critical
0555	intimidate [intímədèit]	위협하다, 협박하다	threaten, menace
0556	feeble [fíːbl]	연약한, 약한, 미미한	delicate, vulnerable, frail
0557	ephemeral [ifémərəl]	수명이 짧은, 덧없는	short-lived
0558	dispensary [dispénsəri]	조제실, 약국, 진료소	drugstore, pharmacy, chemist
0559	recuperate [rikjúːpərèit]	회복하다, 되찾다, 만회하다	recover, restore, regain
0560	sloth [slɔːθ]	게으름, 태만	indolence, acedia

□ austere _____ □ cumbersome _____ □ sagacious _____ □ vigilant _____ □ tedious _____

Example Sentence	Relation / Meaning
Ancient people thought that these clouds **were ominous**. 옛날 사람들은 이러한 구름은 **불길하다고** 생각했다.	ominously 불길하게 ominousness 불길함
You drive so recklessly it**'s unnerving** just to ride with you. 너는 위험하게 운전해서 같이 타기가 **불안하다**.	unnerving 무기력하게 하는, 걱정되게 하는
The ants **forage** for food and give it to colony members of both species. 그 개미들은 **먹이를 찾아온다**. 그리고 그것을 그 집단에 사는 두 종의 개미들에게 공급한다.	foraging 수렵 채집의
Good service **will be paramount** in your store. 당신의 가게에서는 좋은 서비스가 가장 **중요할 것입니다**.	paramountcy 우월, 탁월; 최고; 주권
To intimidate their opponents, they scream and drum on something. 적들을 **위협하기 위해서** 그들은 소리를 지르고 무엇인가를 두드린다.	intimidating 겁을 주는 intimidation 협박, 위협
The **feeble** patient is suffering from stomach cancer. 그 **연약한** 환자는 위암으로 괴로워하고 있다.	feebleness 무력함, 미약함
The mayfly is an **ephemeral** creature. 하루살이는 **수명이 짧은** 생물이다.	ephemerality 단명, 덧없음
I went to the hospital **dispensary** to buy pills. 나는 약을 구입하기 위해 병원 **조제실**로 갔다.	dispense (약을) 조제하다
The doctors were worried because the patient did not **recuperate** rapidly. 의사들은 그 환자가 빠르게 **회복되지** 않아서 걱정하였다.	recuperation 회복, 만회 recuperative 회복을 돕는
Such **sloth** in a young person is deplorable. 젊은이들의 그러한 **게으름은** 통탄할 만하다.	slothful 나태한

DAY 15 DAY 16 DAY 17 DAY 18 DAY 19 DAY 20 DAY 21

□ lukewarm _____ □ contempt _____ □ spurious _____ □ rudimentary _____ □ strident _____

NO.	Entry Word	Definition	Near-Synonym
0561	jeopardy [dʒépərdi]	위험, 위태로움	peril, danger, risk
0562	oblique [əblíːk]	애매모호한, 완곡한, 간접적인	indirect, euphemistic, circumlocutory
0563	deteriorate [ditíəriərèit]	악화되다, 더 나쁘게 하다	worsen, deepen, degenerate
0564	euphemistic [jùːfəmístik]	완곡한, 완곡어법의	oblique, circumlocutory, periphrastic
0565	pallid [pǽlid]	창백한, 흐릿한	wan, pale, peaky
0566	nebulous [nébjuləs]	모호한, 흐릿한	ambiguous, vague, equivocal
0567	clemency [klémənsi]	자비, 인자, 관용	mercy, lenity
0568	bribe [braib]	뇌물 / 뇌물을 주다, 매수하다	kickback, backhander
0569	immaculate [imǽkjulət]	결점 없는, 흠 없는, 결백한	untainted, stainless, fair
0570	hush [hʌʃ]	침묵시키다, 조용히 하다	silence, clamor

□ ominous _____ □ unnerve _____ □ forage _____ □ paramount _____ □ intimidate _____

Example Sentence	Relation / Meaning
Doctors said her life was not in **jeopardy**. 의사들은 그녀의 생명에는 **위험**이 없다고 밝혔습니다.	jeopardize 위태롭게 하다
His statement in court **was so oblique**. 법정에서의 그의 진술은 너무 **애매모호했다**.	obliquely 간접으로, 비스듬히 obliqueness 경사
This policy will not make a financial condition **deteriorated**. 그 정책 재정상황을 **악화시키지** 않을 것입니다.	deteriorative 악화하는 경향이 있는, 타락 deterioration 악화, 하락
In a euphemistic way, he told me to study harder. **완곡한 방식으로** 그는 나에게 더 열심히 공부하라고 말했다.	euphemism 완곡 어구[표현]
Yesterday, he had an exceptionally **pallid** complexion. 어제, 그는 특히 **창백한** 안색을 보였다.	pallidly 창백하게, 활기 없이 pallidness 창백함
His statement **was too nebulous** to understand. 그의 진술은 너무 **모호해서** 이해할 수 없었다.	nebulously 희미하게, 안개가 끼어 nebulousness 희미함, 모호함
The judge ignored his pleas for **clemency**. 판사는 **자비**를 베풀어 달라는 그의 간청을 무시했다.	clement 온화한, 관대한
The prime minister was accused of taking a **bribe**. 총리는 **뇌물**을 받아서 기소되었다.	bribery 뇌물 수수 briber 뇌물 주는 사람
They **were immaculate** as they lined up for inspection. 그들은 사열을 받기 위해 줄을 섰을 때 **흠 잡을 데가 없었다**.	immaculately 티 없이 immaculateness 청결함, 티 없음
He tried **to hush** us about his secrets. 그는 비밀들에 대해 우리를 **침묵시키기 위해** 노력했다.	hushed 조용한

DAY 15　DAY 16　DAY 17　DAY 18　DAY 19　DAY 20　DAY 21

□ feeble _____ □ ephemeral _____ □ dispensary _____ □ recuperate _____ □ sloth _____

NO.	Entry Word	Definition	Near-Synonym
0571	courier [kə́ːriər]	배달원, 운반원, 택배회사	messenger
0572	intrinsic [intrínzik]	본질적인, 본래 갖추어진, 고유한	inherent, intimate
0573	venomous [vénəməs]	악의에 찬, 남을 해치는, 유독의	malignant
0574	foment [foumént]	조장하다, 선동하다	aggravate, incite, instigate
0575	presumptuous [prizʌ́mptʃuəs]	뻔뻔스러운, 건방진, 주제넘은	nervy, barefaced, presuming
0576	insolent [ínsələnt]	오만한, 건방진, 무례한	haughty, arrogant, snobbish
0577	travesty [trǽvəsti]	희화화, 우스꽝스러운 것, 가짜	caricature
0578	rabid [rǽbid]	열렬한, 광적인, 폭력적인	fanatical, wild
0579	embitter [imbítər]	비참하게 만들다, 괴롭히다, 해치다	distress, distress, afflict
0580	engender [indʒéndər]	생기게 하다, 발생시키다	ingenerate, raise

□ jeopardy _____ □ oblique _____ □ deteriorate _____ □ euphemistic _____ □ pallid _____

Example Sentence	Relation / Meaning
I asked a **courier** if he could collect the documents. 나는 그 **배달원**에게 그 서류를 모아서 가져다 줄 수 있는지 물어보았다.	diplomatic courier 외교특사
The novel was of little **intrinsic** interest. 그 소설은 **본질적인** 흥미 요소가 거의 없었다.	intrinsically 본질적으로
She hurled **venomous** words at them, most of whom were young children. 그녀는 그들에게 **악의에 찬** 말을 퍼부어댔는데, 그들 중 대부분이 어린아이들이었다.	venom 독(액)
The general decided **to foment** insurrection. 그 장군이 반란을 **조장하기로** 결심했다.	fomentation 조장, 유발
He **is** so **presumptuous** that I think that I will never meet him. 그는 너무나 **뻔뻔스러워서** 나는 그를 다시 만나지 않을 것이라 생각한다.	presumptuously 주제넘게
The **insolent** boss slammed the door and went out in his workers' face. 그 **오만한** 사장은 직원들 앞에서 문을 쾅 닫아버리고 나갔다.	insolence 건방짐, 오만
The reporter said that the legal system is a **travesty**. 그 기자는 그 법체계가 **우스꽝스러운 것**이라고 말했다.	make a travesty of ~을 희화화하다
He was obviously a **rabid** worker, but he was dismissed not long before. 그는 분명 **열렬한** 직원이었지만 얼마 전에 해고당했습니다.	rabidly 맹렬히 rabidity 맹렬, 과격
The news of his death **embittered** his poor sons and wife. 그의 사망 소식은 그의 가난한 아이들과 부인을 더욱 **비참하게 만들었다**.	embittered 적의를 품은
The new pay system is designed **to engender** workers' loyalty. 그 새로운 급여체계는 직원들의 충성도를 **생기게 하도록** 설계되었다.	engenderment 초래, 야기

DAY 15　DAY 16　DAY 17　DAY 18　DAY 19　DAY 20　DAY 21

□ nebulous _____　□ clemency _____　□ bribe _____　□ immaculate _____　□ hush _____

NO.	Entry Word	Definition	Near-Synonym
0581	**attenuate** [əténjuèit]	약화시키다, 줄이다	weaken, undermine, diminish
0582	**evince** [ivíns]	나타내다, 명시하다	manifest, indicate, present
0583	**implement** [impləmént]	실행하다, 이행하다 / 도구	execute, fulfill, carry out
0584	**haphazard** [hæphǽzərd]	무작위의, 무계획적인, 되는 대로의	random, schemeless
0585	**meticulous** [mətíkjuləs]	꼼꼼한, 신중한, 소심한	precise, scrupulous, fastidious
0586	**voracious** [vɔːréiʃəs]	탐욕스러운, 열렬한, 게걸스럽게 먹는	greedy, avaricious, covetous
0587	**dejected** [didʒéktid]	낙심한, 풀이 죽은	disappointed, despondent, discouraged
0588	**desuetude** [déswitjùːd]	무용 (지물), 폐용, 폐지	futility, excretion, deadwood
0589	**impenetrable** [impénətrəbl]	관통할 수 없는, 불가해한	impervious, impermeable
0590	**alleviate** [əlíːvièit]	완화시키다, 경감하다, 덜다	mitigate, allay, obtund

☐ courier _____ ☐ intrinsic _____ ☐ venomous _____ ☐ foment _____ ☐ presumptuous _____

Example Sentence	Relation / Meaning
His rude remarks **attenuated** the merit of his achievement. 그의 무례한 발언은 오히려 그의 성공의 가치를 **약화시켰다.**	attenuated 약화된
When he tried to answer the questions, he **evinced** his ignorance of the subject matter. 그가 질문에 답하려 할 때, 그 주제에 대한 자신의 무지를 **나타냈다.**	evincive 명시적인 evincible 증명할 수 있는
I am unwilling **to implement** this plan until it has the full approval of your officials. 나는 당신 직원들이 완전히 찬성할 때까지 이 계획을 **실행하고** 싶지 않다.	implemental 도구가 되는 implementation 이행
His **haphazard** reading left him unacquainted with the authors of the book. 그의 **마구잡이식** 독서 때문에 책의 저자들에게 익숙해지지 못했다.	haphazardness 우연함, 무계획적임
He **was meticulous** in planning up to a murder. 그는 살인을 계획할 때 매우 **꼼꼼했다.**	meticulously 꼼꼼하게
The wolf is a **voracious** animal, its hunger never satisfied. 늑대는 **탐욕스러운** 동물이어서, 허기가 결코 채워지는 법이 없다.	voraciously 탐욕스럽게 voraciousness 탐욕스러움
He became totally **dejected** because his business failed. 그는 사업 실패 때문에 완전히 **낙심했다.**	dejected 실의에 빠진, 낙담한 dejection 실의, 낙담
The machinery in the factory was in a state of **desuetude**. 그 공장의 기계는 **무용지물** 상태였다.	fall into desuetude 폐지되다
The fort was shut tight like an **impenetrable** fortress. 그 요새는 **난공불락의** 성처럼 굳게 닫혀 있었다.	penetrate 깊이 침투하다, 관통하다
This **should alleviate** the pain; if it does not, we shall have to use stronger drugs. 이것은 통증을 **완화시켜 줄 것이다.** 만약 그렇지 않으면 더 강력한 약을 사용해야 할 것이다.	alleviation 경감, 완화

DAY 15　DAY 16　DAY 17　DAY 18　DAY 19　DAY 20　DAY 21

☐ insolent _____　☐ travesty _____　☐ rabid _____　☐ embitter _____　☐ engender _____

NO.	Entry Word	Definition	Near-Synonym
0591	**philanthropic** [filənθrǽpik]	자선의, 박애의, 인정이 많은	charitable, benevolent
0592	**drudgery** [drʌ́dʒəri]	고된 일	grind, slavery, taskwork
0593	**clog** [klag]	막다, 방해하다, 괴롭히다	obstruct, congest, impede
0594	**perspicuous** [pərspíkjuəs]	명료한, 명백한, 말이 분명한	evident, unequivocal, certain
0595	**blanch** [blæntʃ]	표백하다, 희게 하다, 핼쑥해지다	bleach
0596	**ferocious** [fəróuʃəs]	사나운, 맹렬한, 잔인한	furious, violent, fierce
0597	**epitomize** [ipítəmàiz]	~의 전형이다, 요약이다	typify
0598	**disparage** [dispǽridʒ]	깔보다, 얕보다, 헐뜯다	belittle, disprize, disesteem
0599	**frail** [freil]	부서지기 쉬운, 약한, 덧없는	feeble, infirm, fragile
0600	**hoarse** [hɔːrs]	목이 쉰, 귀에 거슬리는	husky

□ attenuate _____ □ evince _____ □ implement _____ □ haphazard _____ □ meticulous _____

Example Sentence	Relation / Meaning
Donation should be regarded as a **philanthropic** act. 기부는 **자선** 행위로 간주되어야 한다.	philanthropy 자선 활동
It **was drudgery** to wash dishes in the hot kitchen. 더운 부엌에서 접시를 닦는 것은 **고역이었다.**	drudge 힘들고 단조로운 일을 오랫동안 하는 사람
The street **is clogged** with a lot of cars. 그 거리는 많은 차량들로 **막혀 있다.**	cloggy 방해가 되는, 막히기 쉬운 clogginess 방해가 됨
Perspicuous writing is one of the characteristics of his works. **명료한** 글쓰기는 그의 작품의 특성들 중 하나이다.	perspicuously 알기 쉽게 perspicuousness 명료함
The **blanching** effect of this product is superior to others. 이 제품의 **표백** 효과는 다른 것들보다 우수하다.	blancher 표백제
By late morning **ferocious** winds are roaring past the peaks. 늦은 아침, **사나운** 바람이 산봉우리를 지나 울부짖고 있습니다.	ferociously 사납게 ferocity 흉포함, 흉포한 행동
These paintings seem to **epitomize** the 1950s. 이 그림들은 1950년대를 **전형적으로** 보여주는 것 같다.	epitome 완벽한 (본)보기, 전형
His tendency **to disparage** other workers got him fired. 다른 직원들을 **얕잡아 보는** 성향 때문에 그는 해고되었다.	disparagement 경멸, 얕봄
The cups seemed too **frail** to carry to another room. 그 컵들은 너무 **부서지기 쉬워서** 다른 방으로 옮길 수 없는 듯하다.	frailty 허약함, 노쇠함
The crowd at the stadium **was hoarse** from yelling. 그 경기장의 관중들은 소리를 질러 **목이 쉬었다.**	hoarsen 목쉬게 하다 hoarseness 목이 쉼, 귀에 거슬림

DAY 15 DAY 16 DAY 17 DAY 18 DAY 19 DAY 20 DAY 21

☐ voracious _____ ☐ dejected _____ ☐ desuetude _____ ☐ impenetrable _____ ☐ alleviate _____

NO.	Entry Word	Definition	Near-Synonym
0601	**helm** [helm]	조종하다, 지휘하다, ~의 키를 잡다	steer, manage, maneuver
0602	**avert** [əvə́:rt]	피하다, 방지하다, 외면하다	avoid, evade, duck
0603	**auspicious** [ɔ:spíʃəs]	상서로운, 운이 좋은	lucky, propitious, charmed
0604	**furious** [fjúəriəs]	격렬한, 격노한, 사나운	fierce, fierce, vehement
0605	**archipelago** [à:rkəpéləgòu]	군도, 섬들, 다도해	group of islands
0606	**traumatic** [trəmǽtik]	외상성의, 외상 치료의, 충격적인	affecting, shocking, impactive
0607	**tyranny** [tírəni]	독재정치, 폭정, 압제	dictatorship, autocracy, monocracy
0608	**astute** [əstjú:t]	빈틈없는, 기민한, 교활한	shrewd, alert, agile
0609	**tenacious** [tənéiʃəs]	완강한, 집요한, 끈기 있는	stubborn, thrawart
0610	**flub** [flʌb]	실수, 실패 / 실수 · 실패하다	mistake, error, blunder

□ philanthropic _____   □ drudgery _____   □ clog _____   □ perspicuous _____   □ blanch _____

Example Sentence	Relation / Meaning
The captain **helmed** the ship which his father had left. 선장은 그의 아버지가 물려 준 배를 **조종했다**.	helmsman 조타수, 키잡이
Thanks to their constant vigilance, a crisis was **averted**. 그들의 지속인 경계 덕분에 위기를 **피했다**.	averting 회피 avertible 피할 수 있는
With favorable weather conditions, it was an **auspicious** moment to set sail. 기상 조건이 좋아서 항해하기 **상서로운** 순간이었다.	auspiciously 순조롭게 auspiciousness 순조로움
She drove off at a **furious** speed. 그녀는 **무서운** 속도로 차를 몰고 가버렸다.	furiously 미친 듯이 노하여
Bali is located in an **archipelago** country of Indonesia. 발리는 인도네시아 **군도**에 위치해 있다.	archipelagic 군도의
He kept on recalling the **traumatic** experience of being wounded in battle. 그는 전쟁에서 부상당한 **외상성** 경험을 계속 떠올렸다.	trauma 정신적 외상 traumatize 정신적 외상을 주다
This **tyranny** was the antithesis of all that he had hoped for. 이런 **독재 정치**는 그가 원하던 모든 것들과는 정반대였다.	tyrannical 폭군의, 압제적인
Their **astute** sales strategy made their business successful. 그들의 **빈틈없는** 판매 전략은 사업을 성공으로 이끌었다.	astutely 빈틈없이
They were forced to retreat by a **tenacious** foe. 그들은 **완강한** 적 때문에 퇴각해야만 했다.	tenaciously 끈덕지게
They kept on criticizing him for his **flub**. 그들은 그의 **실수** 때문에 그를 계속해서 비난했다.	flub-up 실수, 실패; 멍청이

□ ferocious _____   □ epitomize _____   □ disparage _____   □ frail _____   □ hoarse _____

137

NO.	Entry Word	Definition	Near-Synonym
0611	**streamline** [strí:mlain]	간소화시키다, 능률화하다, 유선형으로 하다	simplify, facilitate
0612	**intractable** [intrǽktəbl]	고집불통의, 다루기 어려운	wayward, refractory, unruly
0613	**chaos** [kéias]	혼돈, 혼란, 무질서	disorder, confusion
0614	**reimburse** [rì:imbə́:rs]	배상하다, 갚다, 상환하다	indemnify, compensate, recompense
0615	**serendipity** [sèrəndípəti]	뜻밖의 행운 · 기쁨, 우연한 발생	luck, fortuity, chance
0616	**nuisance** [njú:sns]	성가신 것, 불쾌한 사람, 소란	annoyance, scourge, bane
0617	**libel** [láibəl]	명예훼손, 모욕 / 비방하다	defamation, slander, denigration
0618	**acrimonious** [ækrəmóuniəs]	신랄한, 험악한, 지독한	pungent, acerbic, harsh
0619	**incorrigible** [inkɔ́:ridʒəbl]	구제불능의, 고질적인	incurable, terminal, unsaved
0620	**munificent** [mju:nífəsnt]	후한, 아낌없이 주는	generous, princely, unsparing

□ helm _____　□ avert _____　□ auspicious _____　□ furious _____　□ archipelago _____

Example Sentence	Relation / Meaning
The new controls will provide a **streamlined** system. 새로운 규제는 **간소화된** 시스템을 제공을 할 것이다.	streamlined 유선형의, 날씬한
The horse **was intractable** and refused to enter the gate. 그 말은 **고집불통이어서** 문으로 들어가길 거부했다.	intractable disease 난치병
The political situation of the country was in **chaos**. 그 나라의 정국은 **혼돈** 상태였다.	chaotic 혼란 상태인
Are you ready **to reimburse** us for our damages? 귀사는 우리의 손해를 **배상해 줄** 준비가 되었습니까?	reimbursable 배상할 수 있는
The invention didn't happen through **serendipity**. 그 발명은 **우연**을 통해 일어나지 않았다.	serendipitous 우연히 발견하는
Mosquitoes are a great **nuisance** around here in summer. 여름의 모기는 이곳에서 참으로 **성가신** 존재다.	public nuisance 공적 방해
He will bring an action of **libel** against a blogger. 그는 어떤 블로거 한 명을 **명예훼손**으로 고소할 것이다.	libellous 명예를 훼손하는
His tendency to utter **acrimonious** remarks alienated his audience. 그는 **신랄한** 발언을 하는 경향이 있기 때문에 청중은 그를 멀리했다.	acrimoniously 신랄하게
Because he was an **incorrigible** criminal, he was sentenced to life imprisonment. 그는 **구제불능의** 범죄자였기 때문에 종신형을 선고받았다.	corrigible 교정할 수 있는
The **munificent** gift was presented to me by my friends. 친구들이 나에게 **후한** 선물을 주었다.	munificently 아낌없이, 후하게

DAY 15　DAY 16　DAY 17　DAY 18　DAY 19　DAY 20　**DAY 21**

☐ traumatic ＿＿＿　☐ tyranny ＿＿＿　☐ astute ＿＿＿　☐ tenacious ＿＿＿　☐ flub ＿＿＿

139

NO.	Entry Word	Definition	Near-Synonym
0621	**skim** [skim]	훑어보다, 스치듯 지나가다, 걷어내다	scan, look over
0622	**sober** [sóubər]	술 취하지 않은, 냉철한, 진지한	undrunk, unintoxicated
0623	**maul** [mɔ:l]	상처를 입히다, 서투르게 다루다, 혹평하다	injure, inflict, knacker
0624	**pensive** [pénsiv]	수심이 가득한, 골똘히 생각하는	sorrowful, pitiful
0625	**carping** [kά:rpiŋ]	잔소리 많은, 트집 잡는	quibbling, faultfinding, nitpicking
0626	**insidious** [insídiəs]	교활한, 음험한, 방심할 수 없는	sly, crafty, sneaky
0627	**thrift** [θrift]	절약, 성장, 번영, 성공	frugality, economy, saving
0628	**mayhem** [meihem]	신체 상해, 폭력, 대혼란	violence, dint, aggro
0629	**retreat** [ritrí:t]	후퇴하다, 물러서다, 철수	recede, withdraw, fall back
0630	**topple** [tɑpl]	몰락시키다, 쓰러지다	overturn, collapse, subvert

□ streamline _____ □ intractable _____ □ chaos _____ □ reimburse _____ □ serendipity _____

Example Sentence	Relation / Meaning
Before the teacher came in, I **skimmed** through the notebook. 선생님이 오기 전에, 나는 노트를 대충 **훑어보았다.**	thorough reading 통독
I have never seen him **sober** since last year. 나는 작년부터 그가 **술 취하지 않은** 모습을 본 적이 없다.	sobriety 맨 정신
He **was** badly **mauled** by the fighters in the affray. 그는 싸움에서 싸움꾼들에 의해 심하게 **상처를 입었다.**	mauler 손, 주먹
When I saw him yesterday, he looked **pensive**. 내가 어제 그를 보았을 때, 그는 **수심이 가득해** 보였다.	pensiveness 수심에 잠김
She **is** always **carping** at her staff. 그녀는 항상 부하직원들에게 **잔소리를 한다.**	carping criticism 독설
The man **is insidious** because he works secretly within our territory. 그 남자는 우리의 영역 내에서 은밀히 일하기 때문에 **교활하다.**	insidiously 교활하게 insidiousness 음흉함
We cannot bring about prosperity by discouraging **thrift**. 우리는 **절약**하지 않고서 번영을 가져 올 수 없다.	thriftiness 절약함 thriftless 돈을 헤프게 쓰는, 낭비하는
She insisted that her husband had committed **mayhem**. 그녀는 남편이 **신체 상해**를 가했다고 주장했다.	commit mayhem 상해를 저지르다
Finally, Napoleon **retreated** toward Poland through mud and snow. 마침내 나폴레옹은 진흙과 눈 속을 헤치며 폴란드로 **후퇴했다.**	retreat to ~로 퇴각하다
The talk of moving militarily **to topple** Saddam Hussein continued to grow. 사담 후세인 정권을 무력으로 **몰락시키려는** 움직임에 대한 논의가 계속 불거져 나왔다.	toppled 넘어진, 무너진

□ nuisance _____ □ libel _____ □ acrimonious _____ □ incorrigible _____ □ munificent _____

Level 04

공무원 영어시험
3회 이상 출제단어
0631 – 0840

NO.	Entry Word	Definition	Near-Synonym
0631	curse [kəːrs]	욕하다, 악담하다 / 저주	imprecate, swear, flite
0632	cite [sait]	인용하다, 소환하다, 표창하다	quote, adduce
0633	fortify [fɔ́ːrtəfài]	요새화하다, 강화하다, 기운을 돋우다	munite, reinforce, strengthen
0634	extraneous [ikstréiniəs]	관련이 없는, 이질적인	separate, unrelated
0635	vagary [vəgέəri]	변덕, 일시적인 기분, 예측 불허	whim, caprice
0636	plight [plait]	처지, 역경, 궁상	predicament, trouble, difficulty
0637	buttress [bʌ́tris]	(사람, 계획 등을) 지지하다, (주장 을) 강화하다	support, bolster, reinforce
0638	demolish [dimάliʃ]	파괴하다, 허물다, 먹어 치우다	destroy, devastate, wreck
0639	apathetic [æpəθétik]	무관심한, 냉담한, 무감동의	indifferent, uninterested, careless
0640	decorate [dékərèit]	꾸미다, 장식하다	adorn, embellish

☐ skim _____ ☐ sober _____ ☐ maul _____ ☐ pensive _____ ☐ carping _____

Example Sentence	Relation / Meaning
The man savagely **cursed** a player of the team. 그 남자는 그 팀의 선수 한 명에게 심하게 **욕했다**.	cursed 저주 받은 cursing 저주, 악담
I **will cite** one example of natural disasters. 저는 자연재해에 대한 한 예를 **인용하겠습니다**.	citation 인용구(문)
The fortress had massive walls and a heavily **fortified** gateway. 그 요새는 거대한 벽과 단단히 **요새화된** 문이 있었다.	fortification 방어 시설
His point **was extraneous** to the argument. 그의 논지는 그 주장과는 **관련이 없었다**.	extraneously 외부적으로
Her decision to leave school was pure **vagary**. 자퇴를 하겠다는 그녀의 결심은 단순한 **변덕**이었다.	vagarious 상식을 벗어난, 엉뚱한
The writer was in a miserable **plight** at that time. 그 당시에 그 작가는 비참한 **처지**에 있었다.	plight oneself to ~와 약혼하다
These changes **buttress** the new measures to support small and medium sized companies. 이러한 변화는 중소기업을 지원하는 새로운 대책을 **지지하고 있다**.	buttressed 지지를 받은, 강화된
The rainstorm **demolished** many residential houses. 폭풍우는 지역의 많은 집들을 **파괴했다**.	demolition 파괴, 타파
He seems to be **apathetic** to my feelings. 그는 내 기분에 대해서는 **무관심한** 것 같다.	apathy 무관심 pathetic 불쌍한, 애처로운
To refresh myself, I **decorated** a room with flowers. 나는 기분전환을 위해 꽃들로 방을 **장식했다**.	decorative 장식용의 decoration 장식

DAY 22 DAY 23 DAY 24 DAY 25 DAY 26 DAY 27 DAY 28

□ insidious _____ □ thrift _____ □ mayhem _____ □ retreat _____ □ topple _____

Day 22

NO.	Entry Word	Definition	Near-Synonym
0641	**deride** [diráid]	경멸하다, 비웃다	scoff, sneer
0642	**counterfeit** [káuntərfit]	위조의, 가짜의 / 위조하다	forged, spurious, bogus
0643	**scrupulous** [skrú:pjuləs]	양심적인, 꼼꼼한	conscientious, honest
0644	**paralysis** [pərǽləsis]	마비, 무력, 무능	numbness, palsy
0645	**surrender** [səréndər]	항복하다, 포기하다 / 양도	capitulate, succumb, yield
0646	**encumbrance** [inkÁmbrəns]	방해물, 골칫거리, 부양가족	disturbance, obstruction, hindrance
0647	**horrid** [hɔ́:rid]	무서운, 지겨운, 지긋지긋한	ghastly hideous, unsightly
0648	**nurture** [nɔ́:rtʃər]	보살피다, 양육하다, 양성하다	tend, nurse, look after
6490	**impromptu** [imprÁmptju:]	즉흥적인, 즉석의	spontaneous, extempore, improvised
0650	**slipshod** [slípʃad]	엉성한, 대충하는, 단정치 못한	casual, sloppy, cursory

□ curse _____ □ cite _____ □ fortify _____ □ extraneous _____ □ vagary _____

Example Sentence	Relation / Meaning
The people **derided** his grandiose schemes. 국민들은 그의 과장된 계획을 **경멸했다**.	derision 조롱, 조소
He was arrested on a false charge of **counterfeiting**. 그는 문서 **위조**라는 허위 죄목으로 체포되었다.	counterfeiter 위조범
He **was** so **scrupulous** as to give back the money. 그는 너무 **양심적이어서** 그 돈을 돌려주었다.	scrupulously 양심적으로
The accident caused a **paralysis** of his legs. 그 사고 때문에 그의 다리가 **마비**되었다.	paralyze(=paralyse) 마비시키다
The next morning, the few remaining **had to surrender**. 다음날 아침, 남아있던 소수도 **항복해야만 했다**.	self-surrender 몰두; 자기 포기
I felt I was being an **encumbrance** to her. 나는 그녀에게 **방해**가 되고 있다는 느낌이 들었다.	encumber 지장을 주다
The gigantic structure I saw yesterday was the city's **horrid thing**. 내가 어제 보았던 그 대형 조형물은 도시의 **흉물**이었다.	horridly 무섭게 horridity 끔찍함
My grandmother stays at our home and **nurture** me. 할머니는 우리 집에 머무르면서 나를 **보살펴 주신다**.	nurture 양육하다, 보살피다
I was amazed that such a thorough presentation could be made in an **impromptu** speech. 나는 그런 완전한 발표가 **즉흥** 연설에 의한 만들어졌다는 것에 놀랐다.	an impromptu speech 즉흥 연설
Since he sometimes does **slipshod** work, I seldom rely on him. 그가 가끔 **엉성한** 일을 했기 때문에 나는 좀처럼 그를 믿지 않는다.	slipshod methods 엉성한 방법

DAY 22 DAY 23 DAY 24 DAY 25 DAY 26 DAY 27 DAY 28

□ plight _____ □ buttress _____ □ demolish _____ □ apathetic _____ □ decorate _____

NO.	Entry Word	Definition	Near-Synonym
0651	childish [tʃáildiʃ]	유치한, 아이와 같은	infantile, immature
0652	obsolete [àbsəlíːt]	진부한, 구식의	superannuated, outdated
0653	remorse [rimɔ́ːrs]	죄책감, 양심의 가책, 후회	compunction, conscience
0654	precipitate [prisípitèit]	촉진시키다, 거꾸로 떨어뜨리다	hasten, expedite
0655	mordant [mɔ́ːrdənt]	신랄한, 부식성의	sarcastic, cutting, acid
0656	exalt [igzɔ́ːlt]	숭배하다, 칭찬하다	laud, extol
0657	indigenous [indídʒənəs]	토착의, 타고난	native, autochthonous
0658	vanish [vǽniʃ]	사라지다, 소멸하다	disappear, dissipate, disperse
0659	dormant [dɔ́ːrmənt]	잠복 중인, 휴면 상태에 있는	inactive, latent
0660	profound [prəfáund]	심오한, 깊은	deep, deep-seated

☐ deride _____ ☐ counterfeit _____ ☐ scrupulous _____ ☐ paralysis _____ ☐ surrender _____

Example Sentence	Relation / Meaning
It is not our duty to gratify all his **childish** whims and desires. 그의 모든 **유치한** 변덕과 욕망을 충족시키는 것이 우리의 의무는 아니다.	childishness 어린애 같음, 철없음 childlike 아이 같은, 순진한
An **obsolete** regime must collapse in a couple of years. **진부한** 정권은 틀림없이 몇 년 못 가서 붕괴할 것이다.	obsolete weapon 구식무기
He was beside himself with **remorse**. 그는 **죄책감**으로 제정신이 아니었다.	remorseful 후회하는 remorsefulness 깊이 뉘우침
His selfishness **will precipitate** a tragedy. 그의 이기심은 비극을 **촉진시킬 것이다**.	precipitous 가파른 precipice 벼랑
Actors feared the critic's **mordant** pen. 배우들은 비평가들의 **신랄한** 비평을 두려워했다.	mordantly 신랄하게
Many critics **exalt** the young musician to the skies. 많은 비평가들이 그 젊은 음악가를 극구 **칭찬한다**.	exaltation 승격, 격상
Tobacco is one of the **indigenous** plants which the early explorers found in this country. 담배는 초기 탐험가들이 이 나라에서 발견한 고유한 **토착** 식물들 중 하나다.	indigenously 토착하여, 자연적으로
The cargo vessel **vanished** in the Mediterranean Sea without trace. 그 화물선은 지중해에서 흔적도 없이 **사라졌다**.	vanishing 사라지는 vanishment 소멸
There are other animals that hibernate, or become **dormant**, daily. 매일 동면하거나 **휴면(발육 정지)하는** 다른 동물들도 있다.	dormancy 휴면, 비활동 상태
The audience was impressed by his **profound** lecture. 청중은 그의 **심오한** 강연에 의해 감명을 받았다.	profoundly 극심하게

DAY 22
DAY 23
DAY 24
DAY 25
DAY 26
DAY 27
DAY 28

☐ encumbrance _____ ☐ horrid _____ ☐ nurture _____ ☐ impromptu _____ ☐ slipshod _____

NO.	Entry Word	Definition	Near-Synonym
0661	abort [əbɔ́ːrt]	중단시키다, 실패하다, 유산하다	defeat, foil, thwart
0662	rankle [rǽŋkl]	마음을 괴롭히다, 가슴에 맺히다, 곪다	fret, upset, vex
0663	foolproof [fúːlpruːf]	누구나 할 수 있는, 아주 간단한	easy, straightforward, simple
0664	assess [əsés]	평가하다, 가늠하다	estimate, appraise, evaluate
0665	flaw [flɔː]	~에 금이 가게 하다, 망쳐놓다 / 결점	crack, scratch, nick
0666	gratitude [grǽtətjùːd]	감사, 사의	appreciation, thankfulness
0667	evacuate [ivǽkjuèit]	철수하다, 비우다, 대피시키다	withdraw, drain off
0668	secular [sékjulər]	세속적인, 현세의	worldly, earthly, mundane
0669	unconcerned [ʌ̀nkənsə́ːrnd]	무관심한, 흥미 없는, 태평한	indifferent, unconcerned, unmindful
0670	spontaneous [spantéiniəs]	자발적인, 임의의, 무의식적인	impromptu, voluntary, freewill

□ childish _____ □ obsolete _____ □ remorse _____ □ precipitate _____ □ mordant _____

Example Sentence	Relation / Meaning
They're persistent in **aborting** the project. 그들은 집요하게 그 계획을 **중단시키려고** 합니다.	abortion 낙태, 임신 중절
His decision to launch a new business **rankled** with her. 새 사업을 시작하겠다는 그의 결정이 그녀의 **마음을 괴롭혔다.**	rankle 상처가 욱신거리다
The manager said to me that this was a **foolproof** work. 그 관리자는 나에게 이것은 **누구나 할 수 있는** 일이라고 말했다.	fool 바보
Some experts **assessed** the damage caused by a storm. 몇 명의 전문가들이 폭풍에 손상된 피해를 **평가했다.**	assessment 평가
Diamonds are still valuable, even when they **are flawed**. 비록 다이아몬드**에 금이 가 있어도**, 그것은 여전히 가치가 있다.	flawed 결함이 있는 flawless 흠 하나 없는
She felt eternal **gratitude** to him for saving her life. 그녀는 그가 자기 목숨을 구해 준 데 대해 끝없는 **감사**를 느꼈다.	grateful 고마워하는, 감사하는
He is carried to Moscow, then **being evacuated**, where he is found by the police. 그는 당시 **철수 중에** 모스크바로 옮겨져 경찰에게 발견된다.	evacuation 피난, 대피
The composer was devoted to composing **secular** music. 그 작곡가는 **세속적인** 음악을 작곡하는 데 몰두했다.	secularize 세속화하다 secularistic 세속주의의
If I were you, I **would be unconcerned** about his behavior. 내가 너라면 그의 행동에 대해 **무관심할 것이다.**	concerned ~관련 있는, ~을 걱정하는
It is something that **is spontaneous** and unexpected. 그것은 **무의식적이고** 예측하지 못한 일이다.	spontaneously 자발적으로, 자연스럽게

DAY 22
DAY 23
DAY 24
DAY 25
DAY 26
DAY 27
DAY 28

□ exalt _____　□ indigenous _____　□ vanish _____　□ dormant _____　□ profound _____

NO.	Entry Word	Definition	Near-Synonym
0671	**layman** [léimən]	문외한, 비전문가, 평신도	layperson, amateur, nonprofessional
0672	**arcane** [a:rkéin]	비밀의, 난해한, 불가사의한	confidential, secret, hidden
0673	**pompous** [pámpəs]	거만한, 허풍떠는, 과장된	haughty, arrogant, snobbish
0674	**fickle** [fíkl]	변덕스러운, 변하기 쉬운	unpredictable, capricious, temperamental
0675	**eliminate** [ilímənèit]	없애다, 배제하다	withdraw, abolish, get rid of
0676	**litigate** [lítəgèit]	(소송을) 제기하다, 고소하다	sue, file a lawsuit
0677	**conscientious** [kànʃiénʃəs]	꼼꼼한, 성실한, 양심적인	careful, meticulous, scrupulous
0678	**aftermath** [ǽftərmæθ]	여파, 결과, 영향	aftereffect, spillover, backwash
0679	**apparel** [əpǽrəl]	의류, 의상, 복장	clothing, garment, wear
0680	**culprit** [kálprit]	범인, 피고인	suspect, criminal

□ abort _____ □ rankle _____ □ foolproof _____ □ assess _____ □ flaw _____

Example Sentence	Relation / Meaning
His father and brother are politicians but he is a **layman**. 그의 아버지와 형은 정치인인데 그는 **문외한**이다.	layman's terms 비전문가도 알 수 있는 용어
They always did quite an **arcane** business. 그들은 항상 매우 **비밀스러운** 거래를 해왔다.	arcaneness 신비로움, 불가사의
He looks so **pompous** that I don't want to get along with him. 그는 너무 **거만해**보여서 나는 그와 어울리고 싶지 않다.	pomp 장관 pompously 흥감스럽게
He discovered she was **fickle** and went out with many men. 그는 그녀가 **변덕스러워서** 많은 남자들과 사귀었다는 것을 알았다.	fickleness 변덕스러움
Unless Japan **eliminates** those unfair tariffs, the U.S. will impose sanctions. 일본이 그 부당한 관세들을 **없애지** 않으면, 미국은 제재 조치를 취할 것이다.	elimination 제거, 삭제
The case **was litigated** in the normal manner. 그 소송은 정상적인 방법으로 **제기되었습니다**.	litigation 소송
A **conscientious** editor, she checked every definition for its accuracy. **꼼꼼한** 편집자인 그녀는 정확성을 위해 모든 정의(定義)를 점검했다.	conscience 양심
In the **aftermath** of the accident, he had a phobia about flying. 그 사고의 **여파**로 그는 비행 공포증이 생겼다.	in the aftermath ~의 결과로
The firm makes women's and children's **apparel**. 그 회사는 여성**복**과 아동복을 만든다.	ready-to-wear apparel 기성복
I am sure this letter naming the actual **culprit** will exonerate you. 나는 실제 **범인**의 이름이 적힌 이 편지가 당신의 무고함을 밝혀 주리라 확신한다.	harbor a culprit 범죄자를 은닉하다

DAY 22
DAY 23
DAY 24
DAY 25
DAY 26
DAY 27
DAY 28

□ gratitude _____ □ evacuate _____ □ secular _____ □ unconcerned _____ □ spontaneous _____

NO.	Entry Word	Definition	Near-Synonym
0681	atmosphere [ǽtməsfìər]	분위기, 환경, 대기	ambience, mood, air
0682	hackneyed [hǽknid]	진부한, 상투적인	trite, banal, stale
0683	rubicund [rúːbikʌnd]	혈색이 좋은, 불그레한	sanguine, ruddy, rosy
0684	dearth [dəːrθ]	부족, 결핍, 기근	shortage, deficiency, scarcity
0685	assuage [əswéidʒ]	덜어주다, 누그러뜨리다, 진정하다	soothe, appease, pacify
0686	requisite [rékwəzit]	필요조건, 필수품, 필수의	requirement
0687	nascent [nǽsnt]	초기의, 발생기의	incipient, initial, early
0688	composure [kəmpóuʒər]	침착, 평정	equanimity, calmness
0689	fatuous [fǽtʃuəs]	어리석은, 우둔한, 얼빠진	inane, ridiculous, absurd
0690	exonerate [igzánərèit]	면제하다, 무죄로 하다	acquit, absolve

□ layman _____ □ arcane _____ □ pompous _____ □ fickle _____ □ eliminate _____

Example Sentence	Relation / Meaning
We were conscious of the tense **atmosphere** in the office. 우리는 사무실의 긴장된 **분위기**를 알아차렸다.	atmosphered 분위기를 자아낸 atmospheric 대기의
The **hackneyed** metaphor, deployed in countless books about the sport, is that football is war. 스포츠에 관한 수많은 책에서 이미 나왔던 **진부한** 비유이기는 하지만, 축구는 그야말로 전쟁이다.	hackneyism 진부
A **rubicund** man came out to greet me. **혈색이 좋은** 한 남자가 나를 맞이하러 나왔다.	rubicund look 좋은 안색
The **dearth** of skilled labor compelled the employers to open trade schools. 기술 있는 노동력의 **부족** 때문에 사장들은 직업학교를 열게 되었다.	absence and dearth 부재와 결핍
He called us in person **to assuage** our concerns. 우리 걱정을 **덜어주기 위해** 그가 직접 우리에게 전화를 했다.	assuagement 완화, 진정
Health is the first **requisite** to success in life. 건강은 인생에 있어서 성공의 첫 번째 **필요조건**이다.	requisiteness 필수적임
We could identify the truth in its **nascent** state. 우리는 **초기** 단계에서 그 진실을 확인할 수 있었다.	nascence 발생기, 초기
Even the latest work crisis failed to shake her **composure**. 가장 최근의 직장 위기조차도 그녀의 **침착함**을 뒤흔들지 못했다.	compose 구성하다, 가다듬다
Such **fatuous** statements will create the impression that you are an ignorant individual. 그러한 **어리석은** 진술은 네가 무지한 사람이라는 인상만 심어줄 것이다.	fatuously 멍청하게 fatuousness 얼빠짐
The circumstances of his youth could not **exonerate** the man. 젊은 시절의 환경이 그 사람의 죄를 **면제해주는** 것은 아니다.	exoneration 면죄, 면제

DAY 22
DAY 23
DAY 24
DAY 25
DAY 26
DAY 27
DAY 28

□ litigate _____ □ conscientious _____ □ aftermath _____ □ apparel _____ □ culprit _____

Day **24**

NO.	Entry Word	Definition	Near-Synonym
0691	**tenuous** [ténjuəs]	미약한, 연약한, 애매한	feeble, weak, faint
0692	**zeal** [zi:l]	열성, 열심, 열의	ardor, passion, fervor
0693	**fluctuate** [flʌ́kʃuèit]	변동하다, 오르내리다	change, vary
0694	**waive** [weiv]	철회하다, 포기하다, 보류하다	withdraw, retract, recant
0695	**produce** [prədjúːs]	맺게 하다, 생기게 하다, 생산하다	bear, fructify
0696	**perennial** [pəréniəl]	다년생의, 여러 해의, 지속되는	perennating
0697	**savvy** [sǽvi]	정통한, 영리한 / 이해하다	encyclopedic, intimate, sapient
0698	**adamant** [ǽdəmənt]	완고한, 단호한, 요지부동의	stubborn, obstinate, thrawart
0699	**deplore** [diplɔ́ːr]	개탄하다, 한탄하다, 후회하다	lament, bemoan
0700	**calamity** [kəlǽməti]	재난, 재앙	catastrophe, disaster, ruth

□ atmosphere _____ □ hackneyed _____ □ rubicund _____ □ dearth _____ □ assuage _____

156

Example Sentence	Relation / Meaning
Government control **became tenuous** in all areas. 정부의 통제력이 모든 지역에서 **약해졌다**.	tenuously 가느다랗게 tenuity 얇음, 가늠
The new employees must work **with great zeal**. 그 새 직원들은 **매우 열성적으로** 일할 것입니다.	zealous 열성적인 zealless 열의가 없는
His look seems **to fluctuate** from day to day. 그의 표정은 하루하루 **변동하는 것** 같다.	fluctuating 변동이 있는, 동요하는 fluctuation 변동, 오르내림
It is expected tht the U.S. president may **waive** the ban. 미국 대통령은 금지법을 **철회할** 것으로 예상됩니다.	waiver 포기
It takes most fruit trees about 7 years before they are mature enough to **produce** good fruit. 대부분의 유실수들이 훌륭한 열매를 **맺을 만큼** 충분히 자라는 데 7년쯤 걸린다.	product 생산물, 상품 production 생산 productive 생산 [산출]하는
These plants are hardy **perennials** and will bloom for many years. 이 식물들은 내한성을 갖는 **다년생**이어서 여러 해 동안 꽃을 피울 것이다.	perennially 연중 계속되어 perenniality 연중 계속됨, 영속됨
Some in the company are not computer **savvy**. 그 회사의 몇몇 사람들은 컴퓨터에 **정통한** 것은 아닙니다.	political savvy 정치적인 상식
His mother was **adamant** about the importance of education. 그의 모친은 교육의 중요성에 관한 한 **완고한** 사람이었다.	adamantly 단호하게
Although the critics **deplored** his use of mixed metaphors, he continued to write in similitudes. 비평가들은 그의 잡다한 은유법들의 사용을 **개탄했지만**, 여전히 그는 비유적으로 글을 썼다.	deplorable 개탄함 deploration 개탄함
There is little room for the parties to make a political issue of the **calamity**. 정당들이 이번 **재난**을 정치 문제로 삼을 여지는 거의 없다.	man-made calamity 인재(人災)

DAY 22　DAY 23　DAY 24　DAY 25　DAY 26　DAY 27　DAY 28

☐ requisite _____　☐ nascent _____　☐ composure _____　☐ fatuous _____　☐ exonerate _____

NO.	Entry Word	Definition	Near-Synonym
0701	**enthrall** [inθrɔ́ːl]	마음을 사로잡다, 노예로 만들다	fascinate, captive
0702	**poignant** [pɔ́ːinjənt]	가슴 아픈, 저미는, 매서운	moving, sad, pathetic
0703	**folly** [fɑli]	어리석음, 어리석은 행위	inanity, foolishness, stupidity
0704	**elucidate** [ilúːsədèit]	설명하다, 밝히다, 명료하게 하다	clarify, illuminate, explain
0705	**antipathy** [æntípəθi]	반감, 혐오	hostility, antagonism, animosity
0706	**gallop** [gǽləp]	질주하다, 달리다, 전속력	spank, pelt, spin
0707	**drowsy** [dráuzi]	졸린, 졸리게 하는, 조는 듯한	dozy, sleepy
0708	**amorphous** [əmɔ́ːrfəs]	무정형의, 확실한 형태가 없는	incorporeal, intangible, formless
0709	**truculent** [trʌ́kjulənt]	반항적인, 흉포한, 거친	violent, aggressive, wild
0710	**liberate** [líbərèit]	석방하다, 해방시키다	emancipate, disencumber, release

□ tenuous _____ □ zeal _____ □ fluctuate _____ □ waive _____ □ produce _____

Example Sentence	Relation / Meaning
From the moment he saw her picture, he **was enthralled** by her beauty. 그는 그녀의 그림을 본 순간부터 그녀의 아름다움에 **사로잡혔다**.	enthralling 마음을 사로잡는 enthrallment 매혹
It **is** especially **poignant** that he died on the day before the wedding. 그가 결혼식 전날 죽은 것이 아주 **가슴 아프다**.	poignantly 통렬하게; 가슴에 사무치게
He begged forgiveness for his **folly**. 그는 그의 **어리석음**에 대해 용서를 빌었다.	commit a folly 바보 같은 행동을 하다
He was called upon **to elucidate** the disputed points in his article. 그는 자기의 기사에서 논쟁점을 **설명하기 위해** 소환되었다.	elucidation 설명, 해명
His extreme **antipathy** to dispute caused him to avoid argumentative discussions with his friends. 논쟁에 대한 그의 큰 **반감** 때문에 친구와의 논쟁적인 토론을 피했다.	antipathic 서로 맞지 않는
To gallop is a natural characteristic of the animal. **질주하는 것**은 그 동물의 자연스런 특징이다.	galloping 급증하는
Drowsy driving is a major cause of car accident. **졸음** 운전은 자동차 사고의 주요 원인이다.	drowsiness 졸림
She was frightened by the **amorphous** mass which had floated in from the sea. 그녀는 바다에서 떠내려 온 **무정형의** 덩어리를 보고 놀랐다.	amorphously 정형이 없이 amorphousness 무정형
They are somewhat **truculent** when they meet the young. 그들은 젊은 사람들을 만나면 다소 **반항적**이다.	truculently 흉포하게, 신랄하게
He promised **to liberate** all the political prisoners. 그는 모든 정치범을 **석방하기로** 약속했다.	liberated 해방된 liberation 해방, 석방

DAY 22 | DAY 23 | DAY 24 | DAY 25 | DAY 26 | DAY 27 | DAY 28

□ perennial _____ □ savvy _____ □ adamant _____ □ deplore _____ □ calamity _____

159

NO.	Entry Word	Definition	Near-Synonym
0711	**hermit** [hə́:rmit]	은둔자, 속세를 버린 사람	recluse, solitudinarian
0712	**redundant** [ridʌ́ndənt]	불필요한, 쓸모없는, 많은	superfluous, inessential, dispensable
0713	**superfluous** [supə́:rfluəs]	불필요한, 여분의, 남아도는	redundant, unnecessary, gratuitous
0714	**dismal** [dízməl]	우울한, 기분 나쁜, 무서운	gloomy, depressing, dumpish
0715	**earmark** [íərmà:rk]	특징, 특질 / 배정하다, 결정하다	feature, character, peculiarity
0716	**coerce** [kouə́:rs]	강요하다, 강제하다	compel, impose, enforce
0717	**premonition** [priməníʃən]	예감, 예고, 징후	foreboding, presentiment, hunch
0718	**decipher** [disáifər]	해독하다, 판독하다	decode, decrypt, crack
0719	**ovation** [ouvéiʃən]	박수, 갈채	applause, plaudit
0720	**scorn** [skɔ:rn]	경멸하다, 비웃다 / 조롱	disdain, look down on, despise

□ enthrall _____ □ poignant _____ □ folly _____ □ elucidate _____ □ antipathy _____

Example Sentence	Relation / Meaning
We thought **the hermit** was a misanthrope because he shunned our society. 우리는 **그 은둔자**가 사회를 피했기 때문에 사람을 혐오하는 사람이라고 여겼다.	hermitage 은둔처
Your composition is **redundant**; you can easily reduce its length. 당신의 작문은 **불필요한** 말이 너무 많다. 당신은 그 길이를 쉽게 줄일 수 있다.	redundantly 장황하게, 과다하게
Try not to include so many **superfluous** details in your report. 리포트에 그렇게 많은 **불필요한** 세부 사항들을 써넣지 마라.	superfluously 여분으로 superfluousness 여분, 과잉
His reappointment will no doubt lead to **dismal** consequences. 그의 재임은 틀림없이 **우울한** 결과로 이어질 것이다.	dismally 음울하게, dismalness 음울, 쓸쓸
The incident has all the **earmarks** of corruption. 그 사건은 부패의 모든 **특징**을 다 가지고 있다.	earmarked 배정된, 표시된
Also, physical pressure should not be used **to coerce** students in a chaotic classroom to obedience. 또한 소란스러운 교실에서 학생들에게 복종을 **강요하기 위해** 신체적 힘을 사용해서도 안 된다.	coercion 강제, 강압
She had a **premonition** that she would never see him again. 그녀는 그를 다시는 만나지 못할 것이라는 **예감**이 들었다.	premonitory 예고의, 전조의
I **could not decipher** the doctor's handwriting. 나는 그 의사가 쓴 것을 **해독할 수 없었다**.	decipherment 판독성
He walked in the court while receiving a standing **ovation**. 그는 기립 **박수**를 받으며 코트 안으로 걸어 들어왔다.	ovate 크게 박수갈채하다
She **scorned** their views as old-fashioned and useless. 그녀는 그들의 관점을 구식이며 쓸모 없는 것이라고 **경멸했다**.	scornful 경멸 [멸시]하는 scorningly 깔보듯이, 비웃듯이

DAY 22　DAY 23　**DAY 24**　DAY 25　DAY 26　DAY 27　DAY 28

□ gallop _____　□ drowsy _____　□ amorphous _____　□ truculent _____　□ liberate _____

NO.	Entry Word	Definition	Near-Synonym
0721	**headstrong** [hédstrɔ̀(:)ŋ]	고집 센, 완고한	mulish, obstinate, obdurate
0722	**gruff** [grʌf]	퉁명스러운, 거친, 걸걸한	curt, abrupt, brusque
0723	**ingenious** [indʒí:njəs]	영리한, 재주가 있는, 독창적인	clever, nimble, intelligent
0724	**fulfill** [fulfíl]	채우다, 만족시키다, 실행하다	satisfy, meet, fill
0725	**conventional** [kənvénʃənl]	종래의, 전통적인, 관습적인	traditional, old
0726	**shallow** [ʃǽlou]	피상적인, 얄팍한, 얕은	superficial, cursory
0727	**throw up** [θrou ʌp]	그만두다, 토하다, 두드러지게 하다	give up, quit, renounce
0728	**pundit** [pʌ́ndit]	전문가, 권위자	expert, specialist, professional
0729	**burgeon** [bə́:rdʒən]	급성장하다, 급증하다, 싹이 트다	soar, upsurge
0730	**engross** [ingróus]	몰두하게 하다, 독점하다	immerse, absorb

☐ hermit _____ ☐ redundant _____ ☐ superfluous _____ ☐ dismal _____ ☐ earmark _____

Example Sentence	Relation / Meaning
His heart is always heavy because of his **headstrong** wife. 그의 마음은 **고집 센** 아내 때문에 항상 무겁다.	headstrongly 완고하게, 무모하게 headstrongness 완고함, 무모함
Though he looks **gruff**, he's actually a very kind and generous man. 그는 **퉁명스러워** 보이지만 실제로는 매우 친절하고 관대한 사람이다.	gruffly 무뚝뚝하게
Despite adversity, the **ingenious** man achieved worldwide fame. 역경에도 불구하고, 그 **영리한** 남자는 세계적 명성을 얻었다.	ingenuity 기발한 재주, 재간
The evidence was manipulated **to fulfill** what he wanted. 그 증거는 그가 원하는 바를 **채울 수 있게** 조작되었다.	fulfilling 성취감을 주는 fulfil(l)ment 성취, 수행
His invention is superior to **conventional** equipment. 그의 발명품은 **종래의** 장비보다 뛰어나다.	convention 관습, 관례
Your report gives only a **shallow** analysis of the problem. 당신의 보고서는 그 문제에 대한 단지 **피상적인** 분석만 제시하고 있습니다.	shallowly 얕게, 천박하게
He tells me that it is high time I **threw up** everything. 그는 이제는 내가 모든 것을 **그만둘** 때라고 말합니다.	throw out ~을 내뱉다, 내뱉다
Though he acts as if he **were a pundit**, no one wants to consult with him. 비록 그는 **전문가인양** 행동하지만 어떤 사람도 그와 상담하길 원하지 않습니다.	punditic 박식한 학자의, 대가의
My confidence began **to burgeon** after I took his lecture. 그의 강의를 듣고 나서 내 자신감은 **급성장하기** 시작했습니다.	burgeoning 급증하는, 급성장하는
Though he had a big test, he **was engrossed** in another subject. 그는 큰 시험을 앞두고 있었지만, 다른 문제에 **몰두하고 있었다.**	engrossed in ~에 몰두한

DAY 22 DAY 23 DAY 24 DAY 25 DAY 26 DAY 27 DAY 28

☐ coerce _____ ☐ premonition _____ ☐ decipher _____ ☐ ovation _____ ☐ scorn _____

Day 25

NO.	Entry Word	Definition	Near-Synonym
0731	**momentous** [mouméntəs]	중대한, 중요한	crucial, weighty, major
0732	**restrain** [ristréin]	억제하다, 제지하다	suppress, control, repress
0733	**equitable** [ékwətəbl]	공정한, 정당한	just, impartial, fair
0734	**flagrant** [fléigrənt]	극악한, 악명 높은, 명백한	atrocious, heinous, devilish
0735	**fictitious** [fiktíʃəs]	거짓의, 허구의, 인공의	fabricated, concocted
0736	**appall** [əpɔ́ːl]	질겁하게 하다, 오싹하게 하다	frighten, scare
0737	**pervasive** [pərvéisiv]	널리 퍼진, 만연하는, 스며드는	widespread, prevalent
0738	**plunge** [plʌndʒ]	급락, 낙하 / 곤두박질치다	fall, drop, crash
0739	**clone** [kloun]	복제 / 복제하다	duplication, reproduction
0740	**underscore** [ʌndərskɔ́ːr]	강조하다, 밑줄을 긋다 / 밑줄 표시	underline, emphasize, highlight

□ headstrong _____ □ gruff _____ □ ingenious _____ □ fulfill _____ □ conventional _____

Example Sentence	Relation / Meaning
He made a **momentous** decision to overcome a crisis. 그는 위기를 극복하기 위해 **중대한** 결정을 내렸다.	momentously 중요하게
His weakness is he sometimes fails **to restrain** himself. 그의 단점은 그가 가끔 자신을 **억제하지** 못 한다는 점입니다.	restrained 자제하는, 차분한 restraint 규제
I am seeking an **equitable** solution to this dispute, one which will be acceptable to both sides. 나는 이 논쟁에서 양측에 받아들일 만한 **공정한** 해결책을 찾고 있다.	equitably 공정하게
We cannot condone such **flagrant** violations of the rules. 우리는 법의 그러한 **극악한** 위반행위를 용서할 수 없다.	flagrantly 극악하게
I loved the story, even though it **was** totally **fictitious**. 그 이야기가 비록 완전히 **거짓일**지라도, 나는 이 이야기를 좋아합니다.	fiction 소설 fictional 꾸며진 허구의
We **were appalled** by the horrifying conditions in the city's jails. 우리는 시 교도소의 충격적인 환경에 **질겁해졌다**.	appalling 간담을 서늘하게 하는 appalled 간담이 서늘한, 끔찍해 하는
Though it is **pervasive** across the area, the practice is outdated. 그 관행은 그 지역에 **널리 퍼져** 있지만, 시대에 뒤쳐진 것이다.	pervasively 충만하게 pervasiveness 넘침, 충만함
The plane exploded and **plunged** into the ocean, killing all the people on board. 비행기가 폭발하며 바다에 **추락해서**, 타고 있던 모든 사람이 죽었다.	plunged 내던져진, 급락한
A team of scientists have been trying **to clone** a human for years. 한 팀의 과학자들이 수년간 인간을 **복제하려는** 시도를 해왔습니다.	cloning 복제 기술
The teacher extremely **underscores** what is especially important. 선생님은 특히 중요한 부분은 지나칠 정도로 **강조하신다**.	underscored 강조된

□ shallow _____ □ throw up _____ □ pundit _____ □ burgeon _____ □ engross _____

NO.	Entry Word	Definition	Near-Synonym
0741	**debauch** [dibɔ́:tʃ]	타락시키다, 유혹하다	degrade, corrupt, deprave
0742	**dismay** [disméi]	실망시키다, 경악하게 만들다 / 실망, 당황	discourage, disappoint
0743	**consternation** [kɑ̀nstərnéiʃən]	놀람, 경악, 대경실색	astonishment, shock
0744	**ruin** [rú:in]	망치다, 파산시키다 / 몰락, 파산	spoil, mess up, blight
0745	**desolate** [désələt]	황량한, 적막한, 고독한	barren, bleak, deserted
0746	**ravage** [rǽvidʒ]	파괴, 황폐 / 파괴하다, 해치다	destruction, demolition
0747	**affirmative** [əfə́:rmətiv]	긍정적인. 동의하는, 확언적인	assertory, positive
0748	**negate** [nigéit]	부정하다, 취소하다, 무효화하다	deny, contradict, gainsay
0749	**belie** [bilái]	거짓임이 드러나다, 모순되다	contradict, misrepresent
0750	**indecent** [indí:snt]	버릇없는, 질이 나쁜, 부적당한	rude, wayward, discourteous

☐ momentous _____ ☐ restrain _____ ☐ equitable _____ ☐ flagrant _____ ☐ fictitious _____

Example Sentence	Relation / Meaning
A vicious newspaper can **debauch** public ideals. 악의가 있는 신문은 대중의 이상을 **타락시킬** 수도 있다.	debauched 방탕한 debauchment 타락, 유혹
His rudeness **dismayed** many people who have known of him. 그의 무례한 행위는 그를 알고 있던 많은 이들을 **실망시켰다**.	dismayed 낭패한 dismaying 용기를 잃게 하는
To my consternation, it suddenly disappeared before me. **놀랍게도**, 그것은 갑자기 내 앞에서 사라졌다.	consternate 깜짝 놀라게 하다
The new policy seemed **to ruin** his business. 새로운 정책은 그의 사업을 **망쳐버릴 것** 같았다.	ruined 폐허가 된 ruination 파괴, 파멸
It was a completely **desolate** area, like a desert. 그곳은 사막과 같이 완전히 **황량한** 지역이었다.	desolately 황량하게 desolateness 황량함, 황폐
The seacoast towns of Normandy show the **ravages** of the great invasion of 1944. 노르망디의 해안 도시들은 1944년 대침공의 **파괴**를 보여 주고 있다.	ravaged 파괴된
Their answer to my question was very **affirmative**. 나의 질문에 대한 그들의 대답은 매우 **긍정적**이었다.	affirmation 긍정, 확언
These facts that was found recently **negate** your theory. 최근에 발견된 이러한 사실들은 당신의 이론을 **부정한다**.	negation 부정, 반대 negative 부정적인
His coarse, hard-bitten exterior **belied** his innate sensitivity. 그의 거칠고 딱딱한 외모는 타고난 감수성과 **모순되었다**.	belied 잘못 전달된, 모순되는
Her behavior was so **indecent** that I couldn't talk with her. 그녀의 태도는 너무 **버릇없어서** 나는 그녀와 대화할 수 없었다.	indecently 버릇없이

DAY 22 DAY 23 DAY 24 DAY 25 DAY 26 DAY 27 DAY 28

□ appall _____ □ pervasive _____ □ plunge _____ □ clone _____ □ underscore _____

NO.	Entry Word	Definition	Near-Synonym
0751	ransack [rǽnsæk]	빼앗다, 약탈하다, 샅샅이 뒤지다	plunder, rob, extort
0752	trace [treis]	흔적, 자취, 추적하다	vestige, soupcon
0753	penchant [péntʃənt]	취미, 경향, 기호	preference, liking
0754	schism [skízm]	분열, 분리	division, split, segmentation
0755	formidable [fɔ́ːrmidəbl]	무시무시한, 만만찮은, 방대한	fearsome, dreadful, fearful
0756	curative [kjúərətiv]	치유력이 있는, 치료용의	remedial, healing, therapeutic
0757	therapeutic [θèrəpjúːtik]	치료상의, 치료법의	remedial, healing, curative
0758	retard [ritáːrd]	지연시키다, 지체시키다, 방해하다	impede, delay
0759	drought [draut]	가뭄, 건조, 기근	dryness, aridness
0760	prevail [privéil]	널리 퍼지다, 만연하다, 승리하다	pervade, spread

□ debauch _____ □ dismay _____ □ consternation _____ □ ruin _____ □ desolate _____

Example Sentence	Relation / Meaning
They demanded money, then **ransacked** the home and tied up him. 그들은 돈을 요구한 다음 집을 **샅샅이 뒤지고** 그를 묶었다.	ransacker 샅샅이 뒤지는 사람; 약탈자
There was not a **trace** of vanity in her behavior. 그녀의 행동에는 자만하는 **흔적**이 없었다.	traceable 추적할 수 있는 tracer 추적자
Since I was young, I have had a **penchant** for sports. 어렸을 때부터 저는 스포츠에 대한 **취미**가 있었습니다.	penchant for ~에 대한 기호
There is no mission more important than healing the **schism**. **분열**을 치유하는 것보다 더 중요한 사명은 없다.	cause a schism 분열을 야기하다
We had to retreat when we faced a **formidable** foe. 우리가 **무시무시한** 적을 만났을 때, 후퇴를 해야만 했다.	formidably 무섭게, 끔찍하게
Hot springs are said to have a **curative** effect for skin diseases. 온천은 피부병 **치료에** 효과가 있다고 알려져 있다.	cure 치료하다 cureless 불치의
The factory makes **therapeutic** ice packs and pillows. 그 공장은 **치료용** 얼음팩과 베개를 만든다.	therapeutically 치료상으로는
A rise in interest rates severely **retarded** economic growth. 이자율 상승은 경제성장을 심각하게 **지연시켰다**.	mentally retarded 정신지체의 retardant 저지하는, 늦추는
The farming region has experienced a two-year **drought**. 그 농업 지역에는 2년째 **가뭄**이 들고 있다.	droughtiness 건조함, 가뭄이 계속 됨
A belief in magic still **prevails** among some tribes. 아직도 어떤 부족들 사이에는 마법에 대한 믿음이 **널리 퍼져 있다.**	prevailing 우세한

DAY 22　DAY 23　DAY 24　DAY 25　DAY 26　DAY 27　DAY 28

□ ravage ＿＿＿　□ affirmative ＿＿＿　□ negate ＿＿＿　□ belie ＿＿＿　□ indecent ＿＿＿

Day 26

NO.	Entry Word	Definition	Near-Synonym
0761	**sully** [sʌ́li]	훼손하다, 더럽히다	harm, damage, tarnish
0762	**eschew** [istʃúː]	피하다, 삼가다	abstain, refrain, forbear
0763	**homologous** [həmáləgəs]	상응하는, 일치하는, 상동의	corresponding, reciprocative
0764	**pillage** [pílidʒ]	약탈하다, 강탈하다	loot, despoil, plunder
0765	**divulge** [divʌ́ldʒ]	누설하다, 폭로하다	disclose, reveal
0766	**thwart** [θwɔːrt]	좌절시키다, 방해하다, 반대하다	frustrate, disturb, scupper
0767	**hyperbole** [haipə́ːrbəli]	과장법, 과장	exaggeration, boastfulness, grandiosity
0768	**extricate** [ékstrəkèit]	탈출하다, 구출하다, 해방되다	escape, bail out
0769	**transcend** [trænsénd]	넘다, 능가하다, 초월하다	surpass, outdo, overstride
0770	**cease** [siːs]	그만두다, 멈추다, 중지하다	stop, quit desist

□ ransack _____ □ trace _____ □ penchant _____ □ schism _____ □ formidable _____

Example Sentence	Relation / Meaning
It topples governments, wrecks marriages, ruins careers, **sullies** reputations. 그것은 정부를 전복시키고 결혼을 파괴하고 직업을 망치고 명성을 **훼손시킨다**.	sulliable 더럽힐 수 있는
Due to public opinion, the labor union **eschewed** assembly. 대중의 여론 때문에 그 노동조합은 집회를 **피했다**.	eschewal 피하기, 삼가기
They have a few genes **homologous** to human genes, 그들은 인간의 유전자와 **상응하는** 몇몇 유전자가 있다.	homology 상동 관계
The enemy **pillaged** the quiet village and left it in ruins. 적은 조용한 마을을 **약탈하여** 폐허로 만들어 버렸다.	pillager 약탈자
A person accused of a crime is not obliged **to divulge** anything that he doesn't want to. 범죄로 고발된 사람은 그가 원치 않는 어떤 사실도 **누설할** 필요는 없다.	divulgence 비밀 누설, 폭로 divulgement 누설, 폭로; 적발
He felt that everyone was trying **to thwart** his plans. 그는 모든 사람들이 그의 계획들을 **좌절시키려** 한다고 생각했다.	thwarter 방해하는 사람 thwartedly 훼방을 받아, 좌절당해
This salesman is guilty of **hyperbole** in describing his product. 이 외판원은 그의 상품을 설명하는 데 **과장**의 잘못을 범하고 있다.	hyperbolize 과장법을 쓰다 hyperbolically 과장되게, 과대하게
He found that he could not **extricate** himself from the trap. 그는 덫에서 **탈출할** 수 없음을 알았다.	extrication 구출, 탈출, 유리
This accomplishment **transcends** all our previous efforts. 이 성과는 이전의 모든 노력을 **능가하는** 것이다.	transcendence 탁월, 초월성 transcendent 초월한
I **ceased** to worry about my post-retirement career. 나는 은퇴 후 직업에 대해 걱정하는 걸 **그만두었다**.	cessation 중단, 중지

DAY 22　DAY 23　DAY 24　DAY 25　**DAY 26**　DAY 27　DAY 28

□ curative _____　□ therapeutic _____　□ retard _____　□ drought _____　□ prevail _____

NO.	Entry Word	Definition	Near-Synonym
0771	amend [əménd]	개정하다, 수정하다	alter, revise, reform
0772	ameliorate [əmíːljərèit]	개선하다, 좋아지다	improve, meliorate
0773	meager [míːgər]	불충분한, 마른, 무미건조한	insufficient, inadequate
0774	obdurate [ábdjurit]	고집이 센, 완고한	obstinate, mulish, headstrong
0775	pathetic [pəθétik]	애처로운, 불쌍한, 정서적인	pitiful, heartrending, sob
0776	ascetic [əsétik]	금욕적인, 고행의	abstinent, austere
0777	gist [dʒist]	요지, 요점	substance ,purport, nub
0778	heyday [héidèi]	전성기, 절정, 한창때	prime, glory days
0779	substitute [sʌ́bstətjùːt]	대신하는 것 · 사람 / 대체하다	replacement, fungible
0780	embody [imbádi]	구현하다, 상징하다, 포함하다	realize, materialize, incarnate

☐ sully _____ ☐ eschew _____ ☐ homologous _____ ☐ pillage _____ ☐ divulge _____

Example Sentence	Relation / Meaning
Once that was done, no government would try **to amend** it. 일단 그것이 행해진다면 어떤 정부도 그것을 **개정하려고** 노력하지 않을 것이었다.	amendment 개정, 수정 amendatory 개정의
One of the effort to reduce mistakes involved information sharing among hospitals **to ameliorate** the treatment of cancer patients. 의료 사고를 막기 위한 노력 중 하나는 병원들이 암환자들의 치료를 **개선시키기 위해** 서로 정보를 공유하는 것이다.	amelioration 개량, 개선 ameliorative 개량의, 개선적인
His salary was far too **meager** for him to afford to buy a car. 그의 봉급은 너무나 **불충분해서** 차 한 대도 살 수 없었다.	meagre 빈약한
He **was obdurate** in his refusal to listen to our complaints. 그는 **고집이 세서** 우리의 불만사항들을 들으려고 하지 않았다.	obdurately 완고하게
Everyone in the auditorium was weeping by the time he finished his **pathetic** tale. 그의 **애처로운** 이야기가 끝났을 때 강당의 모든 사람들은 울고 있었다.	pathetically 애절하게
He left because he was not used to this **ascetic** life. 그는 이런 **금욕적인** 삶에 익숙하지 않기 때문에 떠나버렸다.	ascetically 금욕적으로 asceticism 금욕주의
A healthy lifestyle is the **gist** of his speech. 건강한 삶이 그의 연설의 **요지**이다.	get the gist of ~의 요점을 파악하다
In his **heyday**, he was the best singer. **전성기** 때 그는 최고의 가수였다.	the heyday of ~의 전성기
No **substitutes** for the strategy have ever been found. 그 전략에 대한 어떠한 **대체물**도 아직 발견되지 못했다.	substitution 대리, 대용
The rules that govern money **embody** our values. 돈을 관리하는 방식이 우리의 가치관을 **구현한다**.	embodied 구현된 embodiment 전형

DAY 22 DAY 23 DAY 24 DAY 25 DAY 26 DAY 27 DAY 28

□ thwart _____ □ hyperbole _____ □ extricate _____ □ transcend _____ □ cease _____

NO.	Entry Word	Definition	Near-Synonym
0781	culpable [kʌ́lpəbl]	과실이 있는, 나무랄만한, 괘씸한	blameful, reproachable
0782	alter [ɔ́:ltər]	바꾸다, 고치다, 변하다	change, shift, modify
0783	whimsical [hwímzikəl]	변덕스러운, 별난, 기발한	fickle, volatile, capricious
0784	collapse [kəlǽps]	붕괴되다, 폭락하다 / 실패, 붕괴	crumble, cave in, topple down
0785	dissemination [disèmənéiʃən]	보급, 전파, 살포	propagation, diffusion, prevalence
0786	swank [swæŋk]	허세부리다, 으스대다	bluff, vapor, show off
0787	rehabilitate [ri:həbílətèit]	사회 복귀를 돕다, 회복시키다	restore, reinstate
0788	nimble [nímbl]	민첩한, 영리한, 빠른	agile, astute, shrewd
0789	mandatory [mǽndətɔ̀:ri]	의무적인, 강제적인	compulsory, obligatory
0790	blithe [blaið]	태평스러운, 낙천적인, 쾌활한	casual, worriless, easygoing

☐ amend _____ ☐ ameliorate _____ ☐ meager _____ ☐ obdurate _____ ☐ pathetic _____

Example Sentence	Relation / Meaning
Corrupt politicians who condone the activities of the gamblers **are equally culpable**. 도박 행위를 눈감아 주는 타락한 정치인들도 똑같은 **과실이 있다**.	culpably 과실하게도
This cannot be done **without altering** the basic sales price. 기본적인 판매가격의 **바뀌지 않는다면**, 이것은 행해질 수 없습니다.	alterative 바꾸는 alteration 변화, 개조
The man is so **whimsical** that I don't want to talk with him. 그 남자는 너무 **변덕스러워서** 나는 그와 대화하고 싶지 않다.	whimsicality 변덕스럽게
The miners were buried alive when the tunnel **collapsed**. 터널이 **붕괴되었을** 때 광부들은 산채로 파묻혔다.	collapsed 붕괴된, 무너진
The **dissemination** of typography changed the publication system dramatically. 인쇄술의 **보급**은 출판 방식을 극적으로 변화시켰다.	disseminate 퍼뜨리다, 전파하다
He always **swanks** his success, which is not true. 그는 항상 자신의 성공에 대해 **허세를 부리지만**, 그것은 사실이 아니다.	swanky 호화로운 swankily 뽐내며, 화려하게
The purpose of our prisons is not just to punish offenders but to **rehabilitate** them. 교도소의 목적은 단지 범법자들을 벌주는 것이 아니라 그들을 **(사회에) 복귀시키는** 것이다.	rehabilitation 사회 복귀, 갱생
Only when she plays a computer game **was** she extremely **nimble**. 그녀는 컴퓨터 게임을 할 때에만 매우 **민첩하다**.	nimbleness 민첩함, 재빠름
In our country, attendance at school is **mandatory** for children. 우리나라에서는 학교 다니는 것이 어린이들에게 **의무적이다**.	mandate 권한, 명령
When I was a child, I was a **blithe** and carefree girl. 제가 아이였을 때 저는 **태평스럽고** 근심 없는 소녀였습니다.	blithely 쾌활하게

□ ascetic _____ □ gist _____ □ heyday _____ □ substitute _____ □ embody _____

DAY 22　DAY 23　DAY 24　DAY 25　DAY 26　DAY 27　DAY 28

NO.	Entry Word	Definition	Near-Synonym
0791	**hunch** [hʌntʃ]	예감, 육감 / 구부리다	foreboding, premonition, presentiment
0792	**boisterous** [bɔ́ːistərəs]	떠들썩한, 시끄러운, 거친	noisy, uproarious, tumultuous
0793	**smudge** [smʌdʒ]	얼룩, 자국 / 번지게 하다, 자국을 남기다	stain, smear, spot
0794	**pedagogic** [pèdəgɑ́dʒik]	교육상의, 교수법의	educational
0795	**bedeck** [bidék]	장식하다, 꾸미다	embellish, decorate, adorn
0796	**intrigue** [intríːg]	흥미를 끌다, 모의하다, 음모를 꾸미다	fascinate, attract, interest
0797	**constrain** [kənstréin]	억누르다, 압박하다, 강요하다	stifle, squash, suppress
0798	**reinforce** [rìːinfɔ́ːrs]	보강하다, 강화하다	strengthen, bolster, fortify
0799	**render** [réndər]	주다, 제공하다, 만들다, ~이 되게 하다	provide, offer, give
0800	**commensurate** [kəménsərət]	비례하는 (with), 어울리는	proportionate to, commensurable, symmetrical

□ culpable _____ □ alter _____ □ whimsical _____ □ collapse _____ □ dissemination _____

Example Sentence	Relation / Meaning
The scholar distrusted **hunches** and intuitive flashes. 그 학자는 **예감**이나 직감을 불신했다.	have a hunch 대충 짐작하다
Playing in the ground, most of the children **were boisterous**. 운동장에서 놀면서 아이들 대부분이 **떠들썩했다**.	boisterously 떠들썩하게, 난폭하게
There was a dark **smudge** on the mirror. 그 거울 위에 검은 **얼룩**이 있었다.	smudgeless 얼룩 [오점]이 없는
The book was written with a **pedagogic** intent. 그 책은 **교육적** 의도로 쓰였다.	pedagogical 교육학의
The building **was bedecked** with a lot of flags. 그 건물은 많은 깃발들로 **장식되었다**.	bedecked 꾸며진, 장식이 된
His speech failed **to intrigue** people. 그의 연설은 사람들의 **흥미를 끌지** 못했다.	intriguing 아주 흥미로운
That is even more damaging in the way it tends **to constrain** our thinking. 그것은 우리의 사고를 **억누르는** 경향이 있다는 면에서 더욱 더 해롭다.	constrained 부자연스러운, 강요된
My experience **has reinforced** many of the lessons I learned in the classroom. 내 경험은 교실에서 배운 많은 것들을 **보강했다**.	reinforced 보강된
He **rendered** aid to the needy and indigent. 그는 궁핍하고 가난한 사람들에게 도움을 **주었다**.	render a verdict 판결을 내리다
Salary **is commensurate** with hours worked. 급여는 일한 시간에 **비례한다**.	incommensurate 현격하게 차이가 나는, 부적당한, 불충분한

☐ swank ＿＿＿ ☐ rehabilitate ＿＿＿ ☐ nimble ＿＿＿ ☐ mandatory ＿＿＿ ☐ blithe ＿＿＿

NO.	Entry Word	Definition	Near-Synonym
0801	aesthetic [esθétik]	심미적, 미학적, 예술적인	esthetic, artistic
0802	jaunty [dʒɔ́ːnti]	의기양양한, 쾌활한, 멋진	smug, exultant, jubilant
0803	overriding [ouvərráidiŋ]	최우선의, 가장 중요한	central, foremost, salient
0804	purport [pərpɔ́ːrt]	요지, 취지, 목적	gist, nub, thrust
0805	adventitious [ædvəntíʃəs]	우발적인, 우연의	incidental, accidental, inadvertent
8060	impasse [ímpæs]	난국, 곤경, 교착 상태	quandary, predicament, stalemate
0807	predatory [prédətɔ̀ːri]	육식의, 포식성의, 약탈하는	carnivorous, zoophagous
0808	presage [présidʒ]	전조가 되다, 예감이 들다	foreshadow, forebode, portend
8090	tangible [tǽndʒəbl]	확실한, 유형의, 실재하는	certain, definite, indisputable
0810	juicy [dʒúːsi]	즙이 많은, 수분이 많은, 매력적인	succulent, succose, pulpy

□ hunch _____ □ boisterous _____ □ smudge _____ □ pedagogic _____ □ bedeck _____

Example Sentence	Relation / Meaning
The building was designed with **aesthetic** qualities. 그 건물은 **심미적** 특징들을 가미하여 설계되었다.	aesthetically 미학 [심미]적으로
The two men shook hands with each other with a **jaunty** smile. 그 두 남자는 **의기양양한** 미소를 지으며 악수를 나눴다.	jauntily 명랑하게
His **overriding** purpose is to forbid them to go on strike. 그의 **최우선** 목적은 그들이 파업하는 것을 막는 것이다.	override ~보다 더 중요하다
I don't understand the **purport** of your question. 나는 네 질문의 **요지**를 이해하지 못하겠다.	purportless 요지 [목표]가 없는
He said to the police that the accident had not been **adventitious**. 그는 그 사고가 **우발적인** 것이 아니라고 경찰에게 말했다.	adventitiously 우발적으로
In this **impasse**, all turned to prayer as their last hope. 이 **난국**에서 모든 사람들은 그들의 마지막 희망으로써 기도에 매달렸다.	impassable 통행할 수 없는
The great white shark is the largest **predatory** fish on the planet. 이 거대한 백상어는 지구에서 가장 큰 **육식** 어종입니다	predator 포식자, 포식 동물
The vultures flying overhead **presage** the discovery of animal corpses. 독수리들이 하늘 높이 날으는 것은 동물의 사체를 발견했다는 **전조가 된다**.	presager 예언자, 예보자
There are no **tangible** reasons for thinking him guilty. 그가 유죄라고 생각할 **확실한** 이유는 전혀 없다.	intangible 무형의
Pineapples are **juicy** and full of vitamins. 파인애플은 **즙이 많고** 비타민이 많이 들어 있다.	juice 즙

☐ intrigue _____   ☐ constrain _____   ☐ reinforce _____   ☐ render _____   ☐ commensurate _____

NO.	Entry Word	Definition	Near-Synonym
0811	trifle [tráifl]	사소한 일, 하찮은 것 / 약간	fleabite, insignificance
0812	yardstick [jáːrdstik]	기준, 척도	standard, touchstone, criterion
0813	specimen [spésəmən]	표본, 견본, 보기	sample, model
0814	pristine [prístiːn]	원시시대의, 초기의, 자연 그대로의	primitive, original
0815	obtain [əbtéin]	얻다, 획득하다, 달성하다	acquire, gain, attain
0816	noxious [nάkʃəs]	유독한, 유해한	poisonous, nocuous, toxicant
0817	jaundice [dʒɔ́ːndis]	편견을 갖게 하다 / 편견, 편벽	prejudice, prepossess, bias
0818	face [feis]	직면하다, 직시하다, 마주보다	encounter, confront
0819	enigma [ənígmə]	수수께끼, 불가사의	riddle, mystery, conundrum
0820	descry [diskrái]	발견하다, 어렴풋이 알아보다, 찾아내다	spot, detect, discover

☐ aesthetic _____ ☐ jaunty _____ ☐ overriding _____ ☐ purport _____ ☐ adventitious _____

Example Sentence	Relation / Meaning
Some of us cannot stand the way she effervesces over **trifles**. 우리 중 몇몇은 그녀가 **사소한 일**에 흥분하는 것을 참을 수가 없었다.	trifling 하찮은, 사소한
Wealth and position are not the **yardstick** of success. 부와 직위가 성공의 **기준은** 아니다.	by any yardstick 어느 기준으로 보더라도
I could see the botanical **specimens** of the endangered plants there. 나는 그곳에서 멸종 식물의 **표본들도** 볼 수 있었다.	take a specimen 예를 들다
Today no more than six percent of Indonesia's reefs are in their **pristine** state. 오늘날 **원시시대의** 모습을 간직한 인도네시아 암초는 6%에 지나지 않는다.	pristine condition 원래의 상태
Not to mention riches, even food cannot be **obtained** without efforts. 부는 물론, 음식도 노력하지 않으면 **얻을** 수 없다.	obtainable 얻을 수 있는
Noxious fumes were rising from the fire, so that some people was in danger. 불이 난 곳에서 **유독가스가** 뿜어져 나오고 있어서 일부 사람들은 위험했다.	obnoxious 아주 불쾌한, 기분 나쁜
You should not be **jaundiced** before reading a book. 너는 책을 읽기 전에 **편견을 가져서는** 안 된다.	jaundiced 편견을 가진
When I **faced** the problem, I tried to solve it for myself. 제가 그 문제에 **직면했을** 때 저는 스스로 이것을 해결하려고 노력했습니다.	faced with ~에 직면한
The ancient temple was always a bit of an **enigma**. 그 고대 사원은 항상 약간 **수수께끼였다**.	enigmatic 수수께끼 같은
In the distance, we could hardly **descry** the enemy vessels. 먼 곳에서 우리는 적선을 거의 **발견할** 수 없었다.	descried 발견된, 식별된

DAY 22 DAY 23 DAY 24 DAY 25 DAY 26 DAY 27 DAY 28

☐ impasse _____   ☐ predatory _____   ☐ presage _____   ☐ tangible _____   ☐ juicy _____

NO.	Entry Word	Definition	Near-Synonym
0821	**concession** [kənséʃən]	양보, 타협	compromise
0822	**chagrin** [ʃəgrín]	원통, 분함	resentment, indignation
0823	**titanic** [taitǽnik]	거대한, 엄청난	tremendous, colossal, massive, gigantic
0824	**travail** [trəvéil]	노고, 고생, 산고	drudgery, hardship
0825	**qualm** [kwa:m]	걱정, 염려	misgiving, apprehension, anxiety
0826	**extend** [iksténd]	연장시키다	prolong
0827	**overhaul** [ouvərhɔ́ːl]	조사하다	examine, investigate, check into
0828	**loathe** [louð]	경멸하다, 증오하다	abominate, detest
0829	**invoke** [invóuk]	간청하다, 탄원하다, 기원하다	implore, appeal, plead
0830	**legible** [lédʒəbl]	읽을 수 있는, 읽기 쉬운	readable

☐ trifle _____ ☐ yardstick _____ ☐ specimen _____ ☐ pristine _____ ☐ obtain _____

Example Sentence	Relation / Meaning
Our margin of profit is so small that it is impossible for us to make any further **concession**. 당사의 이윤 폭이 너무 작아서 저희가 더 **양보**하는 것은 불가능합니다.	concessible 양보할 수 있는
To my chagrin, I suffered a devastating first-round loss. **원통하게도** 나는 1라운드에서 완전히 패배했다.	to one's chagrin 유감스럽게도
Pools of sulphuric acid are indications that deep underground there are **titanic** stirrings. 이 황산 호수는 땅 속 깊은 곳에 **거대한** 꿈틀거림이 있다는 표시입니다.	titanically 거대하게
Throughout her **travail**, he felt the unconditional love of a mother. 그녀의 **노고**를 통해 그는 어머니의 조건 없는 사랑을 느꼈다.	in travail 진통을 겪는, 산기가 있는
The accused had no **qualms** about lying. 그 피고는 거짓말 하는 데 대해 어떠한 **걱정**도 하지 않았다.	qualmish 불안한, 양심의 가책을 받는
They **extended** the railway to the next town. 그들은 철도를 그 옆 마을까지 **연장시켰다**.	extension 확대 extensive 대규모의
The investigator **overhauled** the cause of the fire thoroughly. 그 조사관은 화재의 원인을 철저하게 **조사했다**.	overhauling 점검
I **loathe** those who slander others without reason. 나는 아무 이유 없이 남을 비방하는 사람들을 **경멸한다**.	loath to ~하기를 꺼리는
She **invoked** her advisor's aid in compose her thesis. 그녀는 자신의 지도 교수에게 자신의 논문을 작성하는 것을 도와 달라고 **간청했다**.	invocation 탄원, 간청
It is a crumpled but still **legible** document. 이것은 구겨지긴 했지만 **읽을 수 있는** 문서이다.	legibility 읽기 쉬움 legibly 읽기 쉽게

DAY 22
DAY 23
DAY 24
DAY 25
DAY 26
DAY 27
DAY 28

□ noxious _____ □ jaundice _____ □ face _____ □ enigma _____ □ descry _____

NO.	Entry Word	Definition	Near-Synonym
0831	**judicious** [dʒuːdíʃəs]	현명한, 신중한	wise, sagacious, sensible
0832	**impediment** [impédəmənt]	방해, 방해물	hindrance, obstacle
0833	**inane** [inéin]	어리석은, 우둔한, 무의미한	fatuous, absurd
0834	**gorge** [gɔːrdʒ]	계곡, 협곡 / 잔뜩 먹다	canyon, ravine
0835	**inadvertent** [ìnədvə́ːrtnt]	부주의한, 소홀한, 고의가 아닌	inattentive
0836	**extinction** [ikstíŋkʃən]	멸종, 소멸	demise, disappearance
0837	**exult** [igzʌ́lt]	기뻐하다, 의기양양하다	rejoice, be delighted
0838	**forbearance** [fɔːrbɛ́ərəns]	인내, 관용	patience, endurance, perseverance
0839	**inculcate** [inkʌ́lkèit]	주입하다, 반복해서 가르치다	infuse
0840	**integral** [íntigrəl]	필수적인, 없어서는 안 되는, 완전한	indispensable, vital

□ concession _____ □ chagrin _____ □ titanic _____ □ travail _____ □ qualm _____

Example Sentence	Relation / Meaning
By **judicious** investments, he increased greatly the fortune his parents had left him. **현명한** 투자로 그는 부모로부터 물려받은 재산을 크게 늘렸다.	judiciously 분별력 있게, 사려 깊게
She had speech **impediment** that prevented her speaking clearly. 그녀는 말을 분명하게 하지 못할 정도로 연설 **방해**를 받았다.	impedimental 방해가 되는
She delivered an uninspired and **inane** address. 그녀는 독창성도 없고 **어리석은** 연설을 했다.	inaneness 어리석음
The gorge is a National Park which has breathtaking natural wonder. 이 **계곡**은 국립공원으로 놀라운 자연 경관을 지닌다.	gorge on ~을 게걸스럽게 먹다
Because his **inadvertent** mistake, he was dismissed. **부주의한** 실수 때문에 그는 해고당했다.	inadvertently 무심코, 부주의에 의해
The animal was hunted almost to **extinction**. 그 동물은 수렵으로 인해 거의 **멸종**되었다.	extinct 멸종된 extinctive 소멸적인
They **exulted** when our team won the victory. 우리 팀이 우승했을 때 그들은 **기뻐했다**.	exultant 기뻐서 어쩔 줄 모르는
Her **forbearance** during the depression was inspiring. 그 경기 불황 동안에 그녀의 **인내**는 고무적이었다.	forbear 참다, 삼가다
They always try **to inculcate** certain principles in young people. 그들은 항상 어떤 원칙을 젊은이들에게 **주입하려고** 한다.	inculcation 설득함 inculcator 설득하는 사람
Rice is an **integral** part of our diet. 쌀은 우리의 식단에 **필수적인** 부분이다.	integrity 진실성, 완전함

DAY 22

DAY 23

DAY 24

DAY 25

DAY 26

DAY 27

DAY 28

☐ extend _____ ☐ overhaul _____ ☐ loathe _____ ☐ invoke _____ ☐ legible _____

Level 05

공무원 영어시험
1회 이상 출제단어
0841 - 1050

NO.	Entry Word	Definition	Near-Synonym
0841	jostle [dʒɑsl]	밀치다, 경합하다	push, shove
0842	lack [læk]	부족, 결핍	deficiency, scarcity
0843	irate [airéit]	성난, 분노한	furious, enraged, ireful
0844	languid [læŋgwid]	나른한, 무기력한	listless, lethargic, torpid
0845	malady [mǽlədi]	질병, 병폐	plague, ailment
0846	masquerade [mǽskərèid]	위장하다, 가장, 가식	disguise, mask
0847	mumble [mʌ́mbl]	중얼거리다, 중얼거림	mutter, murmur
0848	outrage [áutreidʒ]	분노, 격분 / 분노하게 하다	indignation, fury
0849	pester [péstər]	귀찮게 하다, 괴롭히다	bother, harass, bully, tease
0850	postpone [poustpóun]	연기하다, 뒤로 미루다	delay, put off

□ judicious _____　□ impediment _____　□ inane _____　□ gorge _____　□ inadvertent _____

Example Sentence	Relation / Meaning
In the subway he **was jostled** by the crowds and hurt seriously. 지하철에서 그는 사람들에 의해 **떠밀려서** 크게 다쳤다.	jostler 밀치는 사람; 소매치기
Production was hindered by **lack** of raw materials. 원자재가 **부족**하여 생산에 방해가 되었다.	lacking 부족한, 빠져 있는
The president of the company met **irate** customers in person. 그 회사의 사장이 **성난** 고객들을 직접 만났다.	irately 화가 나서, 격노하여 irateness 화가 남, 격노함
Tropical climates in the area made us feel **languid**. 그 지역의 열대 기후가 우리를 **나른하게** 만들었다.	languidly 노곤하게 languidness 기력이 모자람, 침체됨
Due to the **malady**, some doctors was called home. 그 **질병** 때문에 일부 의사들이 본국으로 소환되었다.	a fatal malady 치명적인 질병
To deceive others, he **masqueraded** as a big businessman. 다른 사람들을 속이기 위해 그는 큰 사업가로 **위장했다**.	masquerader 신분 위장자; 가면무도회 참가자
When I opened the door, she **was mumbling** in her sleep. 내가 문을 열었을 때 그녀는 잠결에 **중얼거리고 있었다**.	mumbler 중얼중얼 말하는 사람
Many people have expressed **outrage** at the sex cases. 많은 이들이 그 성범죄 사건에 **분노**를 표출했다.	outrageously 난폭하게
Some beggars **pestered** us for money in the street. 몇몇 걸인들이 길에서 우리에게 돈을 달라고 **귀찮게 했다**.	pesterous 성가시게 구는
When he heard the weather forecast, he decided **to postpone** his trip. 그는 날씨 예보를 듣고 여행을 **연기하기로** 결정했다.	postponed 연기된, 지연된

□ extinction _____ □ exult _____ □ forbearance _____ □ inculcate _____ □ integral _____

NO.	Entry Word	Definition	Near-Synonym
0851	**putrid** [pjúːtrid]	썩은, 악취가 나는	decayed, rotten
0852	**quaint** [kweint]	예스러운, 고풍스러운, 진기한	archaic, antique
0853	**promulgate** [prámɔlgèit]	공표하다, 선언하다	proclaim, declare
0854	**reluctant** [rilʌ́ktənt]	꺼리는, 주저하는	unwilling, disinclined
0855	**remote** [rimóut]	멀리 떨어진	distant, faraway
0856	**salient** [séiliənt]	두드러지는, 현저한	noticeable, conspicuous
0857	**urbane** [əːrbéin]	세련된, 우아한	elegant, refined, polished
0858	**replace** [ripléis]	대체하다, 대신하다	supplant, substitute
0859	**tarnish** [táːrniʃ]	더럽히다, 모욕하다	sully, disgrace
0860	**stymie** [stáimi]	방해하다, 곤경에 처하게 하다	obstruct, hamper, impede

□ jostle _____ □ lack _____ □ irate _____ □ languid _____ □ malady _____

Example Sentence	Relation / Meaning
When he came back home, all food in his house **was putrid**. 그가 돌아왔을 때 집안의 모든 음식은 **썩어 있었다**.	putridity 부패 [물]
The house is neither **quaint** nor splendid. 그 가옥은 **예스럽지도** 화려하지도 않다.	quaintness 진기함, 고풍스러움
The commission **promulgated** the names of the successful candidates. 위원회가 합격자의 이름을 **공표했다**.	promulgation 공표, 선언
Due to her sons, she **was reluctant to** admit the truth. 그녀는 자녀들 때문에 사실을 인정하기**를 꺼려했다**.	reluctantly 마지못해, 싫어하며 reluctance 꺼림
After retirement, he wants to live in the **remote** country from the city. 은퇴 후 그는 도시에서 **멀리 떨어진** 시골에서 살기를 원한다.	remotely 멀리서, 원격으로
Nuclear weapons program is one of the most **salient** issues today. 핵무기 프로그램을 오늘날 가장 **두드러지는** 문제들 중 하나이다.	saliently 두드러지게, 눈에 띄게
I think he is an **urbane** and generous man. 나는 그가 **세련되고** 너그러운 사람이라 생각한다.	urbanely 도시적으로, 세련되게
A mechanic bought an engine **to replace** one part. 기계공이 부품 하나를 **대체하기 위해** 엔진을 구매했다.	replacement 대체, 교체 replaceable 대신할 수 있는
His attempt to **tarnish** election ended up failure. 선거를 **더럽히려던** 그의 시도는 실패로 끝났다.	tarnished 손상된
The companies' efforts **to stymie** hacking are getting too complicated. 해킹을 **방지하려는** 그 회사의 노력은 점점 어려워지고 있다.	stymied 방해받은, 좌절된

☐ masquerade _____   ☐ mumble _____   ☐ outrage _____   ☐ pester _____   ☐ postpone _____

NO.	Entry Word	Definition	Near-Synonym
0861	**rummage** [rʌ́midʒ]	뒤지다, 찾다	ransack
0862	**petrify** [pétrəfài]	경직시키다, 겁에 질리게 하다	appall
0863	**overview** [óuvərvjuː]	개관, 개요	outline
0864	**corpulent** [kɔ́ːrpjulənt]	뚱뚱한, 비만의	obese
0865	**perish** [périʃ]	사라지다, 소멸하다	die, disappear
0866	**far-fetched** [faːr-fetʃid]	억지의, 믿기 어려운	implausible, absurd, unreasonable
0867	**smack** [smæk]	때리다, 후려치다	bash, break
0868	**somber** [sɑ́mbər]	우울한, 어두운	gloomy, depressed, melancholic
0869	**transmute** [trænsmjúːt]	변형시키다, 변화시키다	transform
0870	**valor** [vǽlər]	용맹, 용기	courage, valiance

□ putrid _____ □ quaint _____ □ promulgate _____ □ reluctant _____ □ remote _____

Example Sentence	Relation / Meaning
The police **rummaged** the house but didn't find it. 경찰이 집안을 샅샅이 **뒤졌지만** 그것을 찾지 못했다.	rummage in ～안을 샅샅이 뒤지다
This movie will **petrify** you with fear. 이 영화는 공포로 당신을 **경직시킬** 것입니다.	petrifaction 석화, 망연자실
The teacher showed a general **overview** of the subject. 교사는 그 주제에 대한 전반적인 **개요**를 제시했다.	oversee 감독하다
Those who are **corpulent** must wage a lifelong struggle against rich foods. **뚱뚱한** 사람들은 영양가가 많은 음식을 피하는 싸움을 평생 동안 해야 한다.	corpulence 비만, 비대
I insist that liberty should not **perish** from this Earth. 저는 지구상에서 자유는 **사라져서는** 안 된다고 주장합니다.	perishable 잘 상하는 perishless 소멸되지 않는
Her explanation seemed to me **far-fetched** and synthetic. 그녀의 설명은 나에게는 **억지스럽고** 꾸며낸 것 같았다.	a far-fetched idea 터무니없는 생각
To smack children should be prohibited by law. 아이들을 **때리는 것**은 법으로 금지되어야 한다.	smacking 때리기 smackingly 세차게
His face grew **somber** after he heard the news about the accident. 그 사고에 관한 뉴스를 들은 후 그의 얼굴은 **우울해졌다.**	somberly 음침하게 somberness 우울함
Development of technology made it **possible to transmute** one form of energy into another. 기술 발전은 어떤 종류의 에너지를 다른 것으로 **바꿀 수 있게 했다.**	transmutative 변화하는 transmutation 변화, 변형
He received the Medal of Honor for his **valor** in battle. 그는 전투에서의 **용맹**으로 명예 훈장을 받았다.	valorous 씩씩한, 용감한

□ salient _____   □ urbane _____   □ replace _____   □ tarnish _____   □ stymie _____

NO.	Entry Word	Definition	Near-Synonym
0871	appease [əpíːz]	달래다, 요구를 들어주다	pacify, mitigate, soften
0872	bonanza [bənǽnzə]	횡재, 운수대통	windfall
0873	circumspect [sə́ːrkəmspèkt]	신중한, 용의주도한	prudent, careful, cautious
0874	callous [kǽləs]	무감각한, 냉담한	indurate, apathetic
0875	coherent [kouhíərənt]	논리적인, 시종 일관된	logical, consistent
0876	deluge [déljuːdʒ]	홍수, 범람 / 쇄도하다	inundation, flooding
0877	discard [diskáːrd]	없애다, 폐기하다	abolish, eliminate
0878	euphoric [juːfɔ́ːrik]	큰 기쁨의, 행복한	happy, blissful, jolly
0879	fastidious [fæstídiəs]	꼼꼼한, 세심한	scrupulous, meticulous
0880	haggard [hǽgərd]	초췌한, 수척한	gaunt, thin-faced

☐ rummage _____ ☐ petrify _____ ☐ overview _____ ☐ corpulent _____ ☐ perish _____

Example Sentence	Relation / Meaning
We have no way **to appease** those people. 저희는 그 사람들을 **달랠** 방법이 없습니다.	appeasable 달랠 수 있는
The dividend was an unexpected **bonanza**. 그 배당금은 예기치 않았던 **횡재**였다.	a bonanza year 대풍년
Through an investigation before action, she tried always **to be circumspect**. 행동하기 전에 이것저것 알아봄으로써 그녀는 늘 **신중하려고** 애썼다.	circumspective 주의 깊은 circumspection 신중, 경계
He has a **callous** attitude toward the suffering of others. 그는 남의 고통에 대해 **무감각한** 태도를 취한다.	callously 냉담하게
We have to design and keep **coherent** strategy. 우리는 **논리적인** 전략을 세우고 유지해야 합니다.	coherence 일관성
The people feared a **deluge** from the river swollen with spring rains. 그 사람들은 봄비로 불어난 강물 때문에 생길 **홍수**를 두려워했다.	deluge with ~이 쇄도하다
She **discarded** all garments which were no longer modish. 그녀는 더 이상 유행이 아닌 모든 옷들을 **없앴다**.	discardable 포기 [폐기, 해고] 할 수 있는
The man **is euphoric** because he got her parents' permission to get married. 그 남자는 그녀 부모들의 결혼 승낙을 받아서 **매우 기뻤다**.	euphorically 도취하여, 행복감 에 젖어
The teacher **is fastidious** about our grades and study attitude. 선생님은 우리의 성적과 학습태도에 매우 **꼼꼼하시다**.	fastidiously 까다롭게 fastidiousness 까다로움
He looked so **haggard** after working all night. 그는 밤새도록 일하는 바람에 매우 **초췌해** 보였다.	a haggard face 초췌한 얼굴

DAY 29 DAY 30 DAY 31 DAY 32 DAY 33 DAY 34 DAY 35

☐ far-fetched _____   ☐ smack _____   ☐ somber _____   ☐ transmute _____   ☐ valor _____

NO.	Entry Word	Definition	Near-Synonym
0881	halt [hɔːlt]	중단하다, 중지시키다 / 중지	stop, cease
0882	hypocrite [hípəkrit]	위선자	pretender, dissembler
0883	imbibe [imbáib]	흡수하다, 마시다, 빨아들이다	absorb
0884	hostility [hastíləti]	증오심, 반감	enmity, venom
0885	indigent [índidʒənt]	가난한, 빈곤한	impoverished, poor, needy, badly off
0886	instrument [ínstrəmənt]	도구, 장비, 악기	device, equipment
0887	meddle [médl]	개입하다, 간섭하다	interfere, intrude
0888	terse [təːrs]	간결한	succinct, concise
0889	mull [mʌl]	심사숙고하다 / 실수, 실패	contemplate, ponder
0890	mishap [míshæp]	불행, 불운	misfortune, misadventure

☐ appease ＿＿＿ ☐ bonanza ＿＿＿ ☐ circumspect ＿＿＿ ☐ callous ＿＿＿ ☐ coherent ＿＿＿

196

Example Sentence	Relation / Meaning
They decided **to halt** the research since public opinion was not favorable. 그들은 여론이 호의적이지 않아서 조사를 **중단하기로** 결정했다.	halting 자꾸 끊어지는
I tend to associate politicians with **hypocrites**. 나는 정치가를 보면 **위선자**가 연상되는 경향이 있다.	hypocrisy 위선 hypocritical 위선적인
The dry soil tends **to imbibe** the rain quickly. 건조한 토양은 비를 재빨리 **흡수하는** 경향이 있다.	imbibed 흡수된, 습득된
In order to prevent a sudden out break of **hostilities**, we must not provoke our foe. 갑작스런 **증오심**의 표출을 막기 위해서는 적을 자극해서는 안 된다.	hostile 적대적인
He has rendered aid to the needy and **indigent**. 그는 궁핍하고 **가난한** 사람들에게 도움을 주었다.	indigently 가난 [빈곤]하여
Astronomical research relies on **instruments** on telemetry. 우주 연구는 원격측정 **도구**에 의지한다.	instrumental in ~에 중요한
As we promised it, we **will not meddle** on the issue. 약속한대로, 저희는 그 문제에 일체 **개입하지 않을 것입니다**.	meddler 간섭하는 사람
His remarks are always **terse** and pointed. 그의 발언은 항상 **간결하면서도** 날카롭다.	tersely 간결하게
Those are interesting matters for us **to mull** over. 그것들은 우리가 **심사숙고할** 흥미로운 문제들이다.	mull over ~에 대해 심사숙고하다
With a little care you could have avoided this **mishap**. 당신이 조금만 주의를 했어도 이 **불행**을 피할 수 있었을 것이다.	mishap-free 무사고, 무재난

DAY 29
DAY 30
DAY 31
DAY 32
DAY 33
DAY 34
DAY 35

□ deluge _____ □ discard _____ □ euphoric _____ □ fastidious _____ □ haggard _____

Day 30

NO.	Entry Word	Definition	Near-Synonym
0891	**nadir** [néidər]	밑바닥, 최하점	bottom
0892	**omniscient** [amníʃənt]	전지전능한, 모든 것을 다 아는	almighty
0893	**let down** [let daun]	실망시키다, 기대를 저버리다	disappoint
0894	**obloquy** [ábləkwi]	비방, 명예회손, 불명예	defamation, slander
0895	**applaud** [əplɔ́ːd]	칭찬하다, 칭송하다	praise, compliment
0896	**solidify** [səlídəfài]	확고하게 하다, 고체화시키다	harden
0897	**deft** [deft]	솜씨가 좋은	dexterous, skillful
0898	**posterity** [pastérəti]	후손, 후대	descendant, posterity
0899	**succumb** [səkʌ́m]	굴복하다, 항복하다	surrender, yield to, give up
0900	**trample** [trǽmpl]	짓밟다, 유린하다	crush

□ halt _____ □ hypocrite _____ □ imbibe _____ □ hostility _____ □ indigent _____

Example Sentence	Relation / Meaning
Last year was the **nadir** of his career. 작년은 그의 경력의 **최하점**이었다.	nadiral 밑바닥의
The leader in the cult acted as if he were **omniscient**. 그 사이비교의 교주는 마치 그가 **전지전능한** 것처럼 행동했다.	omnisciently 전지하게, 박식하게
The mayor **let** people **down** after promising to rebuild it. 그 시장은 재건축을 약속해놓고 사람들을 **실망시켰다**.	let – down 실망, 쇠퇴
I resent the **obloquy** that you are casting upon my reputation. 나는 당신이 나의 평판에 던지는 **비방**에 화가 난다.	obloquial 오명의, 불명예의
He is a good friend who **applauds** me behind. 뒤에서 **칭찬해주는** 이가 좋은 친구이다.	applaudable 칭찬할 만한
The event **solidified** the relationship among the members. 그 행사는 회원들 간의 유대를 **확고하게 했다**.	solidification 단결; 응결
He **is** very **deft** at repairing broken furniture. 그는 망가진 가구를 고치는 데 아주 **솜씨가 좋다**.	deftness 능숙함, 교묘함
Posterity will remember us as guardians of democracy. **후손들**은 우리를 민주주의의 수호자로 기억할 것입니다.	posterior 뒤의, 뒤쪽에 있는
I was determined not **to succumb** to his oppression. 나는 그의 압박에 **굴복하지** 않기로 결심했다.	succumb to temptation 유혹에 넘어가다
We have to be careful not **to trample** other people's feelings. 우리는 타인의 감정을 **짓밟지** 않도록 주의해야 한다.	trampling 밟기

DAY 29 DAY 30 DAY 31 DAY 32 DAY 33 DAY 34 DAY 35

□ instrument _____ □ meddle _____ □ terse _____ □ mull _____ □ mishap _____

199

NO.	Entry Word	Definition	Near-Synonym
0901	**reckless** [réklis]	무분별한, 성급한, 무모한	rash, careless
0902	**harry** [hǽri]	괴롭히다, 침략하다	plague, bother, harass
0903	**onset** [ɔ́nset]	시작, 개시, 습격	beginning, inception
0904	**inure** [injúər]	단련하다, 익히다, 익숙하게 하다	harden, discipline
0905	**grasp** [græsp]	이해하다, 붙잡다	comprehend, understand, get
0906	**encompass** [inkʌ́mpəs]	포함하다, 포위하다	include, contain
0907	**frivolous** [frívələs]	하찮은, 시시한	trifling, trivial, insignificant
0908	**foster** [fɔ́:stər]	양육하다, 영양분을 공급하다, 촉진하다	nurture, nourish
0909	**mediocre** [mì:dióukər]	평범한, 보통의	ordinary, common, normal
0910	**muster** [mʌ́stər]	모으다, 소집하다	gather, assemble

□ nadir _____ □ omniscient _____ □ let down _____ □ obloquy _____ □ applaud _____

Example Sentence	Relation / Meaning
The king was not so much brave as **reckless**. 그 왕은 용감하다기보다는 **무모했다**.	recklessness 무분별함 recklessly 무분별하게
The tax authorities have been **harrying** her for repayment. 세무서는 환불 문제로 계속 그녀를 **괴롭히고** 있다.	harried 몹시 곤란을 겪는
That the days are beginning to shorten is to herald the **onset** of autumn. 낮이 짧아지는 것은 가을의 **시작**을 예고하는 것이다.	at the first onset 맨 먼저
For 5 years, he has become **inured** to the Alaskan cold. 5년 동안 그는 알라스카의 추위에 **단련되었다**.	inurement 익힘, 단련
I had trouble in **grasping** and understanding the passage. 나는 그 지문을 **이해하고** 파악하는 데 어려움을 겪었다.	graspable 붙잡을 수 있는
The book **encompass** a mixture of several issues. 그 책은 몇 가지 이슈를 **포함하고** 있다.	encompassed 포위된
His idea may sound somewhat **frivolous** to you. 그의 아이디어가 당신에게는 다소 **하찮게** 보일지도 모릅니다.	frivolously 장난삼아 frivolousness 경솔, 경박
Ironically, he **has been fostered** in a dysfunctional family. 아이러니하게도 그는 문제가 있는 가정에서 **양육되었다**.	fosterage 양육 fosterer 양육하는 사람
We were disappointed at his rather **mediocre** concert. 우리는 그의 다소 **평범한** 공연에 실망했다.	mediocritize 평범하게 하다 mediocrity 평범
Bring here all the people you **can muster**. 네가 불러 **모을 수 있는** 모든 사람들을 데려와라.	mustered 소집된

□ solidify _____   □ deft _____   □ posterity _____   □ succumb _____   □ trample _____

NO.	Entry Word	Definition	Near-Synonym
0911	yield [ji:ld]	굴복하다, 항복하다, 생산하다	succumb, submit, surrender
0912	officious [əfíʃəs]	참견하는, 거들먹거리는	meddlesome, interfering
0913	impeccable [impékəbl]	흠잡을 데 없는, 결점 없는	faultless
0914	hallow [hǽlou]	신성시하다, 숭배하다	sanctify, worship
0915	run-of-the-mill	흔한, 평범한	ordinary, common
0916	comfort [kʌ́mfərt]	위로, 위안	consolation, solace
0917	lethargic [ləθáːrdʒik]	무기력한, 둔감한	unenergetic, listless, enervated
0918	yearn [jəːrn]	갈망하다, 동경하다	long for, crave
0919	zealot [zélət]	광신도, 열광자	maniac, fanatic
0920	sterile [stéril]	메마른, 불임의	barren, dry

☐ reckless _____ ☐ harry _____ ☐ onset _____ ☐ inure _____ ☐ grasp _____

Example Sentence	Relation / Meaning
You should not **yield** up to any temptation that prevents your work. 당신의 업무를 방해하는 어떤 유혹에도 **굴복해서는** 안 된다.	yieldable 생산할 수 있는 yielding 순종적인
Though he looks generous, he is an **officious** man. 그는 관대해 보이지만 **거들먹거리는** 사람이다.	officiously 주제 넘게 officiousness 주제 넘음
I agree that his novel **is impeccable**. 나는 그의 소설이 **흠잡을 데 없다**는 데 동의한다.	impeccability 완전무결 impeccably 완벽하게
We have come to this **hallowed** spot to remember them. 우리는 그들을 기억하고자 이 **신성한** 장소에 모였습니다.	hallowed 신성시되는 hallowedness 신성시됨
He was just another **run of the mill** businessman. 그는 단지 또 한 명의 **평범한** 사업가였다.	a run-of-the-mill performance 그저그런 연주
Her frequent visits gave me great **comfort** while I was ill in bed. 내가 병석에 있을 때 그녀가 자주 찾아온 것이 큰 **위로**가 되었다.	comfortable 위안이 되는 comfortingly 위안이 되게
They have hidden into a **lethargic** silence. 그들은 **무기력한** 침묵 속에 숨어 있었다.	lethargically 무기력하게 lethargy 무기력
I **yearn** for an genuine peace and a brighter future in this country. 나는 이 나라에 진정한 평화와 밝은 미래를 **갈망한다**.	yearnful 동경에 찬 yearning 갈망, 동경
He was a religious man, but not a **zealot**. 그는 신앙심은 깊지만 **광신도**는 아니었다.	zeal 열의, 열성 a religious zealot 종교적 광신도
I wouldn't like to bring up my sons in a **sterile** world. 저는 이러한 **메마른** 세상에서 제 자녀들을 키우고 싶지 않습니다.	sterileness 불모, 메마름

DAY 29 DAY 30 DAY 31 DAY 32 DAY 33 DAY 34 DAY 35

□ encompass _____ □ frivolous _____ □ foster _____ □ mediocre _____ □ muster _____

Day 31

NO.	Entry Word	Definition	Near-Synonym
0921	**spawn** [spɔːn]	알을 낳다, 만들어 내다	produce, lay
0922	**psyche** [sáiki]	영혼, 정신	soul, mind
0923	**harsh** [haːrʃ]	가혹한, 거친	rough
0924	**frugal** [frúːɡəl]	검소한, 절약하는	sparing, thrifty, economical
0925	**distinguish** [distíŋgwiʃ]	구별하다, 구분 짓다	discern, tell apart
0926	**ad hoc** [æd hɑk]	특별한 목적을 위해, 임시방편의	impromptu, extemporary
0927	**de facto** [diː fǽktou]	실질적인, 사실상의	factual, virtual, actual
0928	**affliction** [əflíkʃən]	고통, 고난	agony, ache, suffering
0929	**succinct** [səksíŋkt]	간결한, 간단한	concise, brief, abridged
0930	**wanton** [wántən]	방자한, 무자비한	malicious, arrogant

□ yield _____ □ officious _____ □ impeccable _____ □ hallow _____ □ run-of-the-mill _____

Example Sentence	Relation / Meaning
Salmon return to their streams of origin native streams **to spawn**. 연어는 **알을 낳기 위해** 태어난 개울로 돌아온다.	spawning 산란
It is difficult to delve into the **psyche** of a human being. 인간의 **영혼**을 탐구하는 것은 어렵다.	the human psyche 인간의 영혼, 정신
He insisted that these punishments were so **harsh** and cruel. 그는 이 처벌들은 매우 **가혹하고** 잔인하다고 주장했다.	harshness 거침 harshly 엄격히
Since he was rich but **frugal**, I respect and like him. 그는 부유하지만 **검소해서** 나는 그를 존경하고 좋아한다.	frugality 절약, 검소 frugally 검소하게
The two principles are very difficult for me **to distinguish**. 그 두 원칙은 내가 **구별하기** 매우 어렵다.	distinguishable 구별할 수 있는 distinguishing 특색 있는
The response to their demand is pretty **ad hoc**. 그들의 요구에 대한 반응은 다분히 **임시방편적**이다.	an ad-hoc committee 특별 위원회
The king's daughter took **de facto** control of the country. 그 왕의 딸이 그 나라의 **실질적인** 통치권을 쥐고 있었다.	de facto manager 실질적인 경영자
The social **affliction** of poverty should be overcome as soon as possible. 사회적 가난의 **고통**은 최대한 빨리 극복되어야 합니다.	afflict 괴롭히다 afflictive 고통을 주는
I was much satisfied with your **succinct** explanation. 저는 당신의 **간결한** 설명에 매우 만족했었습니다.	succinctness 간결, 간단 succinctly 간결하게
His **wanton** conduct made me disappointed with his family as well as him. 그의 **방자한** 행동 때문에 나는 그뿐 아니라 그의 가족에 대해서도 실망했다.	wantonness 무자비함 wantonly 무자비하게

DAY 29 · DAY 30 · DAY 31 · DAY 32 · DAY 33 · DAY 34 · DAY 35

□ comfort _____   □ lethargic _____   □ yearn _____   □ zealot _____   □ sterile _____

NO.	Entry Word	Definition	Near-Synonym
0931	**vindicate** [víndəkèit]	진실을 입증하다, 무죄를 입증하다	justify, clear
0932	**wistful** [wístfəl]	그리워하는, 바라는, 원하는	yearning, desirous
0933	**askew** [əskjúː]	비스듬히, 일그러져	awry, obliquely
0934	**raid** [reid]	공습, 습격	onfall, strike, attack
0935	**abet** [əbét]	선동하다, 교사하다	incite, instigate
0936	**neophyte** [níːəfàit]	초보자, 초심자	entrant, beginner, novice
0937	**nomadic** [noumǽdik]	유목민의, 유랑하는	peregrine
0938	**odious** [óudiəs]	끔찍한, 저주할 만한	abominable, disgusting
0939	**seclusion** [siklúːʒən]	은둔, 격리	isolation, reclusion
0940	**respite** [réspit]	유예, 중지, 휴식	recess, pause

□ spawn _____ □ psyche _____ □ harsh _____ □ frugal _____ □ distinguish _____

Example Sentence	Relation / Meaning
We would like to send sufficient evidence **to vindicate** us. 우리의 **진실을 입증할** 충분한 증거를 보내드리고자 합니다.	vindication 입증, 변명 vindicative 변호하는
We **are** always **wistful** for a time when we were young. 우리는 항상 젊었던 시절을 **그리워한다**.	wistfulness 아쉬워 함 wistfully 아쉬운 듯이
When he placed his hat **askew** upon his head, his observers laughed. 그가 모자를 머리에 **비스듬히** 썼을 때 사람들은 웃었다.	look askew at ~을 경멸적으로 보다
Few buildings survived the bombing **raids** intact. 그 폭탄 **공습**에 아무런 피해도 입지 않고 무사한 건물은 거의 없었다.	raider 침입자
He **was abetted** in the deception by his employer. 그는 그의 고용주의 사주를 받아 **사기를 쳤다**.	abetment 선동, 교사 abettal 선동, 교사
After her novel's success she was no longer considered a **neophyte**. 그녀의 소설이 성공을 거둔 후 그녀는 더 이상 **초보자로** 여겨지지 않았다.	neophytic 초보자의
He has lived a **nomadic** life for all his life. 그는 평생 동안 **유목민의** 삶을 살아왔다.	nomad 방랑자 nomadically 방랑 생활로
I regard the task of punishing children as the most **odious**. 나는 아이들을 체벌하는 것이 가장 **끔찍한** 것이라 생각한다.	odiousness 밉살스러움 odium 증오
The writer chose to live in the **seclusion** of a country village. 그 작가는 시골 마을에서 **은둔** 생활을 하기로 선택했다.	seclude 은둔하다 seclusive 은둔하기를 좋아하는
The judge granted the condemned man a **respite** to enable his attorneys to file an appeal. 판사는 유죄가 선고된 사람에게 변호사를 통해 항소할 수 있도록 **유예** 기간을 주었다.	a respite for payment 지불유예

☐ ad hoc _____ ☐ de facto _____ ☐ affliction _____ ☐ succinct _____ ☐ wanton _____

Day **32**

NO.	Entry Word	Definition	Near-Synonym
0941	ethic [éθik]	윤리	moral
0942	impresario [ìmprisá:riòu]	기획자, 주최자, 지휘자	promoter, organizer
0943	livid [lívid]	격노한, 몹시 화가 난	furious, outraged, infuriated
0944	skittish [skítiʃ]	변덕스러운, 예민한, 겁이 많은	fickle, capricious, temperamental
0945	spate [speit]	격발, 빈발, 홍수	upsurge, torrent
0946	discern [disə́:rn]	식별하다, 구분하다	recognize, distinguish
0947	chortle [tʃɔ́:rtl]	껄껄 웃다	chuckle
0948	holocaust [hɑləkɔ́:st]	대학살, 대화재	carnage, a great fire
0949	surreptitious [sə̀:rəptíʃəs]	비밀의, 은밀한	clandestine, secret
0950	coalesce [kòuəlés]	융합하다, 합동하다	conflate, unite

□ vindicate _____ □ wistful _____ □ askew _____ □ raid _____ □ abet _____

Example Sentence	Relation / Meaning
While they were discussing the work **ethic**, the moderator got angry. 그들이 직업 **윤리**에 대해 토론하고 있는 동안 사회자는 화가 났다.	ethical 도덕적인
The new singer met with a **impresario** and showed her music score. 그 신인가수는 **기획자** 한 명을 만나서 자신의 악보를 보여주었다.	performance planning 공연 기획
Everyone attending the meeting **was livid** at his remark. 회의에 참석한 모든 사람이 그의 발언에 **격노했다**.	lividity 납빛, 흙빛
The singer was tired of highly **skittish** audience. 그 가수는 매우 **변덕스러운** 관중들에게 질렸다.	skittishness 변덕스러움 skittishly 변덕스럽게
A **spate** of angry words made him much more listless. **퍼붓는** 성난 말들이 그를 훨씬 더 무기력하게 만들었다.	a spate of words 퍼붓는 말
It is often difficult **to discern** how widespread his knowledge is. 그의 지식이 얼마나 폭넓은지 종종 **식별하기** 어렵다.	discern difference 차이점을 식별하다
His jokes will make us **chortle**. 그의 농담은 우리를 **껄껄 웃게** 만들 것이다.	chortler 껄껄거리는 사람
The destruction of the city was caused not by the earthquake but by the **holocaust**. 그 도시의 파괴는 지진에 의한 것이 아니라 **대학살**에 의한 것이었다.	chaffy 하찮은
The police didn't get information of their **surreptitious** meeting. 경찰은 그들의 **비밀** 회담에 대한 소식을 얻지 못했다.	surreptitiously 몰래
To win an election, he needed **to coalesce** his supporters. 선거에서 이기기 위해 그는 지지자들을 **융합할** 필요가 있었다.	coalescence 합체, 융합 coalescent 유착한, 합체한

DAY 29 DAY 30 DAY 31 DAY 32 DAY 33 DAY 34 DAY 35

□ neophyte _____ □ nomadic _____ □ odious _____ □ seclusion _____ □ respite _____

NO.	Entry Word	Definition	Near-Synonym
0951	evanescent [èvənésnt]	덧없는, 순간적인	fleeting
0952	illicit [ilísit]	불법의	illegal, unlawful
0953	levity [lévəti]	경솔함	frivolity, carelessness, imprudence
0954	lucid [lú:sid]	명료한, 알기 쉬운, 분명한	clear, transparent
0955	sanitary [sǽnətèri]	위생상의, 위생의	hygienic
0956	flavorless [fléivərlis]	맛이 없는, 김빠진, 운치 없는	vapid, insipid, tasteless
0957	edifice [édəfis]	건물, 대건축물	building
0958	halcyon [hǽlsiən]	평온한, 조용한	calm, tranquil
0959	occult [əkʌ́lt]	초자연적인, 신비스러운	supernatural
0960	decadent [dékədənt]	쇠퇴하는, 퇴폐적인	degenerate, decaying

□ ethic _____   □ impresario _____   □ livid _____   □ skittish _____   □ spate _____

Example Sentence	Relation / Meaning
The singer got to know that the years of stardom were brief and **evanescent**. 그 가수는 스타였던 기간이 짧고 **덧없는** 기간임을 알게 되었다.	evanescence 덧없음 evanescently 무상하게, 덧 없이
They were all charged with **illicit** liquor selling. 그들은 모두 **불법** 주류 판매 죄목으로 기소됐다.	illicitness 위법, 불법 illicitly 불법으로
Such **levity** was improper on this serious occasion. 그런 **경솔함**은 이 심각한 경우에는 부적절했다.	with levity 경솔하게
His explanation was **lucid** and to the point. 그의 설명은 **명료했**고 적절했다.	lucidness 알기 쉬움 lucidity 명료, 명석
The shelter had no cooking or **sanitary** facilities. 그 피난처에는 조리 시설도 **위생** 시설도 없었다.	sanitarily 위생적으로
She complained that the food she had eaten **was** so **flavorless**. 그녀는 자신이 먹은 음식이 너무 **맛이 없었다고** 불평했다.	flavorless food 맛이 없는 음식
The addition of a second tower will give this **edifice** the symmetry. 제 2의 탑이 증축되면 이 **건물**에 균형이 잡힐 것이다.	edificial 대건축물의
She always misses the **halcyon** days of her youth. 그녀는 항상 젊은 시절의 **평온한** 나날들을 그리워한다.	halcyon weather 평온한 날씨
He claimed to have **occult** powers, which was not true. 그는 **초자연적인** 힘을 가지고 있다고 주장했지만 사실이 아니었다.	occultness 신비스러움 occultly 신비하게
As the nation **becomes decadent**, its power and influence lessens. 국가가 **쇠퇴함에** 따라, 국가 권력과 영향력도 약화된다.	decadently 타락해서

DAY 29 DAY 30 DAY 31 **DAY 32** DAY 33 DAY 34 DAY 35

☐ discern _____ ☐ chortle _____ ☐ holocaust _____ ☐ surreptitious _____ ☐ coalesce _____

NO.	Entry Word	Definition	Near-Synonym
0961	**lethal** [líːθəl]	치명적인	deadly, fatal
0962	**sneer** [sniər]	조소하다, 조롱하다	ridicule, sneer, deride
0963	**deprave** [dipréiv]	타락시키다, 악화시키다	worsen, aggravate
0964	**inborn** [ìnbɔ́ːrn]	타고난, 선천적인	congenital, natural
0965	**atone** [ətóun]	보상하다, 속죄하다	remunerate, compensate, make up for
0966	**espy** [ispái]	발견하다, 찾아내다	see, descry
0967	**humility** [hjuːmíləti]	겸손, 비하	humbleness, modesty
0968	**subvert** [səbvə́ːrt]	전복시키다	overthrow, overturn
0969	**incessant** [insésnt]	끊임없는, 영구적인	perpetual, everlasting
0970	**discourage** [diskə́ːridʒ]	단념시키다, 의욕을 꺾다	deter, dissuade

□ evanescent _____ □ illicit _____ □ levity _____ □ lucid _____ □ sanitary _____

Example Sentence	Relation / Meaning
It was so **lethal** that nine out of ten of its victims died. 그것은 너무 **치명적**이어서 그 희생자들의 10명 중 9명이 죽었다.	lethally 치명적으로
I couldn't help **sneering** at him when I saw him appearing on the stage. 나는 그가 무대에 등장하는 것을 보았을 때 **조소**를 보내지 않을 수 없었다.	sneering 비꼬아 말하는
In my view this book is likely **to deprave** young children. 내 의견으로는 이 책이 어린아이들을 **타락시킬** 것 같다.	depravation 악화, 부패
It is known that she had an **inborn** talent for music. 그녀는 음악에 **타고난** 재능이 있었다고 알려져 있다.	inborn traits 선천적 특질
The player exercised himself harder **to atone** for his earlier error. 그 선수는 이전의 실수를 **보상하기 위해** 더 열심히 연습했다.	atonement 보상, 속죄 atonable 보상할 수 있는
She suddenly **espied** someone breaking into the house. 그녀는 누군가가 그 집에 침입하고 있는 것을 갑자기 **발견했다.**	espial 발견, 관찰
The **humility** of the rich businessman impressed those who were present. 그 부유한 사업가의 **겸손함**이 참석한 모든 사람들을 감동시켰다.	humiliate 굴욕감을 주다
The rebel army attempted **to subvert** the government. 그 반란 군대는 정부를 **전복하려고** 시도했다.	subverted 전복된, 와해된
His feverish and **incessant** activity made him a famous businessman. 그의 열성적이고 **끊임없는** 활동은 그를 유명한 사업가가 되게 해주었다.	incessantly 끊임없이
The strange man **discouraged** me from going out from the hotel. 그 낯선 사람이 내가 호텔에서 나가는 것을 **단념시켰다.**(그 낯선 사람 때문에 나는 호텔에서 나가지 못했다.)	discouragement 낙심, 좌절

DAY 29
DAY 30
DAY 31
DAY 32
DAY 33
DAY 34
DAY 35

☐ flavorless _____ ☐ edifice _____ ☐ halcyon _____ ☐ occult _____ ☐ decadent _____

NO.	Entry Word	Definition	Near-Synonym
0971	extol [ikstóul]	극찬하다, 찬양하다	laud, highly praise
0972	fervor [fə́:rvər]	열정, 열의	enthusiasm, passion, ardor
0973	acclaim [əkléim]	극찬하다, 환호하다	hail, jubilate
0974	cordial [kɔ́:rdʒəl]	진심어린, 성심성의의	amiable
0975	derelict [dérəlìkt]	버려진, 유기된	abandoned
0976	decline [dikláin]	감소하다, 줄어들다	wane, decrease
0977	tribulation [trìbjuléiʃən]	시련, 재난, 고난	suffering, ordeal
0978	degenerate [didʒénərèit]	저하되다, 악화되다	deteriorate, worsen
0979	bequest [bikwést]	유산, 유증	legacy, inheritance, heritage
0980	innocuous [inákjuəs]	무해한, 무독의	harmless, unharmful

□ lethal _____   □ sneer _____   □ deprave _____   □ inborn _____   □ atone _____

Example Sentence	Relation / Meaning
She **was not extolled** as an outstanding painter until her death. 그녀는 죽기 전까지 뛰어난 화가로 **극찬받지 않았다.**	extolment 격찬, 찬송
Her **fervor** for learning made her a respected teacher. 배움에 대한 **열정**이 그녀를 존경받는 교사로 만들었다.	fervent 열렬한 fervently 열렬하게
His bestselling book **was acclaimed by** almost all the critics. 그의 베스트셀러는 거의 모든 비평가들**에게 극찬을 받았다.**	acclamation 환호, 갈채
They promised that they would be **cordial** to each other. 그들은 서로에게 **진심으로** 대할 것을 약속했다.	cordialness 극진함 cordially 진심으로
The number of **derelict** dogs has continued to rise. 유기견의 수가 계속해서 증가했습니다.	dereliction 포기, 유기 derelictly 버려져서
Our gross national product **has declined** for the last seven years. 우리의 GNP가 최근 7년 동안 **감소해왔습니다.**	declination 기움, 경사 declinate 아래로 기운
Despite much **tribulation**, he never lost his sense of smile. 많은 **시련**에도 불구하고 그는 결코 웃음을 잃지 않았다.	tribulate 억압하다, 괴롭히다
Discussions sometimes **degenerate** into emotional confrontations. 토론은 간혹 감정적 대립으로 **저하되기도 한다.**	degeneration 악화, 타락 degenerative 퇴행성의
He left his house as a **bequest** to his sons. 그는 그의 아이들에게 **유산**으로 집을 물려주었다.	leave a bequest 재산을 남기다
The medicine **is innocuous** and will have no ill effect. 그 약은 **무해해서** 어떤 안 좋은 영향도 없을 것입니다.	innocuousness(=innocuity) 무해, 무독

DAY 29 DAY 30 DAY 31 DAY 32 **DAY 33** DAY 34 DAY 35

□ espy _____ □ humility _____ □ subvert _____ □ incessant _____ □ discourage _____

NO.	Entry Word	Definition	Near-Synonym
0981	**sedition** [sidíʃən]	반역, 선동, 교사	treason, betray
0982	**exposition** [èkspəzíʃən]	설명, 박람회	explanation, account
0983	**perverse** [pərvə́:rs]	사악한, 잘못된, 비윤리적인	immoral, illegal
0984	**vanquish** [væŋkwiʃ]	이기다, 정복하다	conquer, subjugate
0985	**vie** [vai]	다투다, 경쟁하다	compete, contend
0986	**hubris** [hjú:bris]	거만함	presumption, arrogance
0987	**genesis** [dʒénəsis]	기원, 창세기	origin
0988	**eclectic** [ikléktik]	치우치지 않는, 절충적인	selecting
0989	**gaffe** [gæf]	실수, 결례	mistake, blunder
0990	**bemoan** [bimóun]	슬퍼하다, 탄식하다	deplore, lament

□ extol _____ □ fervor _____ □ acclaim _____ □ cordial _____ □ derelict _____

Example Sentence	Relation / Meaning
His words, though not treasonous in themselves, aroused thoughts of **sedition**. 그의 말들은 그 자체로서는 반역적이지 않지만 **반역**에 대한 생각을 불러일으켰다.	seditious 선동적인
She wrote in her autobiography an **exposition** of her views on politics. 그녀는 자신의 정치적 견해에 대한 **설명**을 자서전에 썼다.	expository (=expositive) 설명적인
The **perverse** man argued that he was innocent. 그 **사악한** 남자는 자신이 무죄라고 주장했다.	pervert 왜곡하다 perversity 심술궂음, 사악
Our team **vanquished** an opponent in the game. 우리 팀이 경기에서 상대방을 **이겼다**.	vanquishment 정복 vanquishable 정복할 수 있는
It seems foolish that they **vie** for first place. 그들이 1등을 차지하려고 **다투는** 것은 어리석어 보인다.	vying 경쟁하는, 팽팽한
Great expectations can often make great **hubris**. 큰 기대는 가끔 큰 **거만함**이 되기도 한다.	hubristic 오만한
Even many scientists disagree about the **genesis** of life. 심지어 많은 과학자들도 생명의 **기원**에 대해서 의견이 다르다.	the genesis of life 생명의 기원
She has **eclectic** tastes in meeting with other people. 그녀는 다른 사람들을 만나는 데 있어서 한쪽으로 **치우치지 않는다**.	eclectically 절충하여
Many people agree that this is a significant **gaffe**. 많은 사람들이 이것은 중대한 **실수**라는 데 동의한다.	make a gaffe 실수를 하다
I **bemoan** the fact that we will no longer get together. 저는 우리가 더 이상 한자리에 모일 수 없게 된 것이 매우 **슬픕니다**.	bemoaningly 슬퍼하면서

DAY 29
DAY 30
DAY 31
DAY 32
DAY 33
DAY 34
DAY 35

□ decline _____ □ tribulation _____ □ degenerate _____ □ bequest _____ □ innocuous _____

Day 34

NO.	Entry Word	Definition	Near-Synonym
0991	**plethora** [pléθərə]	과다, 과잉	superfluity, surfeit
0992	**long** [lɔːŋ]	원하다, 탐내다	covet, desire
0993	**assail** [əséil]	공격하다, 습격하다	attack
0994	**asylum** [əsáiləm]	망명, 피난	refugee, exile
0995	**auspice** [ɔ́ːspis]	후원, 찬조, 길조	support, patronage
0996	**infraction** [infrǽkʃən]	위반, 반칙	violation, breach
0997	**ingratiate** [ingréiʃièit]	비위를 맞추다	insinuate, make up to
0998	**rampant** [rǽmpənt]	만연하는, 널리 퍼진	widespread
0999	**redress** [ríːdres]	보상, 배상	remedy, compensation
1000	**stark** [staːrk]	극명한, 뚜렷한	distinct

□ sedition _____ □ exposition _____ □ perverse _____ □ vanquish _____ □ vie _____

Example Sentence	Relation / Meaning
Our society faces a **plethora** of problems. 우리 사회는 **과다한** 문제들에 직면하고 있다.	plethoric 과다한
He always **longs for** me to help whenever he is in trouble. 그는 자기가 문제가 있을 때마다 내가 돕기를 항상 **원한다**.	longing 갈망하는
He **was assailed** with questions after news conference. 그는 기자회견 후 질문 **공세를 받았다**.	assault 폭행 assailant 폭행법
Several of the **asylum** seekers forced an entry into the embassy. **망명** 신청자 몇 명이 대사관으로 밀고 들어갔다.	ask for asylum 망명을 요청하다
Many runaway women are protected under the **auspice** of the state. 많은 가출 여성들이 그 주의 **후원**으로 보호를 받고 있다.	under the auspices of ~의 후원으로
A minor **infraction** of the regulation can make you dismissed. 사소한 규정 **위반**으로 당신이 해고될 수도 있습니다.	infract 위반하다
He tried **to ingratiate** himself into her parents' good graces. 그는 그녀 부모의 호의를 사기 위해 **비위를 맞추려고** 애썼다.	ingratiation 아부, 아첨 ingratiatory 환심을 사려는
Starvation **was rampant** in the country due to the lasting war. 계속된 전쟁 때문에 그 나라에 기근이 **만연했다**.	rampancy 만연, 유행 rampantly 걷잡을 수 없이
I could get no **redress** for my injuries. 나는 부상에 대해 어떠한 **보상**도 받을 수 없었다.	redressible 교정할 수 있는
The opinions the two men has showed a **stark** contrast. 그 두 사람이 가진 의견은 **극명한** 대조를 보였다.	starkness 순전, 완전함 starkly 순전히, 완전히

☐ hubris _____ ☐ genesis _____ ☐ eclectic _____ ☐ gaffe _____ ☐ bemoan _____

Day 34

NO.	Entry Word	Definition	Near-Synonym
1001	**salary** [sǽləri]	봉급, 수당	stipend, wage
1002	**stupor** [stjúːpər]	기절, 인사불성	unconsciousness
1003	**apprise** [əpráiz]	통보하다, 알리다	inform, notify
1004	**apposite** [ǽpəzit]	적절한, 적당한	apropos, suitable
1005	**refractory** [rifrǽktəri]	저항하는, 내구성이 있는	resistant
1006	**impart** [impáːrt]	알리다, 전달하다	disclose, confide
1007	**confound** [kanfáund]	혼동하다, 당황하게 하다	confuse, muddle
1008	**sullen** [sʌ́lən]	울적한, 침울한	dour, gloomy
1009	**embellish** [imbéliʃ]	꾸미다, 장식하다	decorate, bedeck
1010	**revamp** [rivǽmp]	개조하다, 개작하다	revise, renovate

□ plethora _____ □ long _____ □ assail _____ □ asylum _____ □ auspice _____

Example Sentence	Relation / Meaning
A main obstacle will be the cost of **salaries** for the local staff. 큰 장애는 현지 직원들의 **봉급**일 겁니다.	salaried 봉급을 받는
A drunken man fell to the floor in a **stupor**. 한 취객이 **기절**해서 바닥에 쓰러져 있었다.	stuporous 인사불성인
No one **was apprised** of the collapse of the company. 어느 누구도 회사의 파산에 대해 **통보 받지** 못했다.	unapprised 알려지지 않은
He was always able to find the **apposite** phrase, the correct expression for every occasion. 그는 모든 경우에 정확한 표현의, **적절한** 구를 언제나 찾을 수 있었다.	appositeness 적합함 appositely 적절하게
The **refractory** horse was eliminated from the race when he refused to obey the jockey. **저항을 하는** 말이 기수에게 복종하지 않을 때는 경기에서 제외되었다.	a refractory disease 다루기 힘든 질병
He **imparted** her secret to other people without reason. 그는 아무 이유 없이 다른 사람들에게 그녀의 비밀을 **알렸다**.	impartment (=impartation) 알림, 전함
I **was** very **confounded** by his ambiguous explanation. 나는 그의 애매모호한 설명 때문에 매우 **당황했다**.	confoundable 혼동할 수 있는
When she take opposite view, he **became** very **sullen**. 그녀가 반대의견을 취하자 그는 매우 **울적해졌다**.	sullenness 시무룩함
A great many job candidates **embellish** their resumes. 엄청나게 많은 구직자들이 이력서를 **꾸민다**.	embellishment 꾸밈, 장식
He convinced his son that he **should revamp** his irregular lifestyle. 그는 아들에게 불규칙적인 생활방식을 **바꿔야 한다고** 설득했다.	revamped 개조된

DAY 29 DAY 30 DAY 31 DAY 32 DAY 33 DAY 34 DAY 35

☐ infraction _____ ☐ ingratiate _____ ☐ rampant _____ ☐ redress _____ ☐ stark _____

221

NO.	Entry Word	Definition	Near-Synonym
1011	**cardinal** [ká:rdənl]	중요한, 기본적인	fundamental, main
1012	**emaciate** [iméiʃièit]	수척하게 하다	weaken
1013	**affront** [əfrʌ́nt]	모욕, 상처	insult
1014	**bliss** [blis]	축복, 행복	felicity, happiness
1015	**vice** [vais]	악덕, 범죄	immorality
1016	**apex** [éipeks]	꼭대기, 정점	vertex, apogee
1017	**candid** [kǽndid]	솔직한, 숨김이 없는	frank, explicit
1018	**rancor** [rǽŋkər]	원한, 앙심, 증오	hatred, resentment, gruge
1019	**mistake** [mistéik]	실수, 착각하다, 혼동하다	error, flub
1020	**bestow** [bistóu]	주다, 수여하다	confer, grant, award

☐ salary _____ ☐ stupor _____ ☐ apprise _____ ☐ apposite _____ ☐ refractory _____

Example Sentence	Relation / Meaning
She does not think that it is a matter of **cardinal** importance. 그녀는 이것이 **기본적인** 중요한 문제라고 생각하지 않는다.	cardinally 기본적으로
When I met him again, he **was emaciated** by long illness. 내가 그를 다시 만났을 때 그는 오랜 병으로 **수척해져 있었다**.	emaciated 쇠약한 emaciation 여윔, 쇠약
Any error may be regarded as a personal **affront**. 어떤 실수가 개인적인 **모욕**으로 간주될 수도 있다.	affronted 모욕을 당한
She could read the marital **bliss** on his face. 그녀는 그의 얼굴에서 결혼생활의 **축복**을 읽을 수 있었다.	bless 축복을 빌다 blissful 더없이 행복한
We should not seek human **vices** such as greed and envy. 우리는 탐욕과 질투 같은 인간의 **악덕**들을 추구하려 해서는 안 된다.	vicious 악랄한
Only a part of the climbers reached the mountain's **apex**. 그 등반가들 중 단지 일부만 그 산의 **꼭대기**에 올랐다.	the apex of ~의 정점
They have had **candid** talks about their some problems. 그들은 몇 가지 문제에 대해 **솔직한** 대화를 나누었다.	candidly 솔직하게, 숨김 없이
He has a **rancor** against the man who cheated him some years ago. 그는 몇 년 전에 그에게 사기를 친 그 남자에 대해 **원한**을 품고 있다.	with rancor 원한을 가지고
He bitterly blamed me for the **mistake**. 그는 내 **실수**에 대해 심하게 비난을 했다.	mistaken 잘못된 mistakenly 실수로
He wished **to bestow** great honors upon the hero. 그는 영웅들에게 커다란 영광을 **주기를** 원했다.	bestowment 증여자 bestowal 증여, 수여

DAY 29 DAY 30 DAY 31 DAY 32 DAY 33 DAY 34 DAY 35

□ impart _____ □ confound _____ □ sullen _____ □ embellish _____ □ revamp _____

NO.	Entry Word	Definition	Near-Synonym
1021	**punitive** [pjúːnətiv]	형벌의, 처벌의	punishing, penal
1022	**excessive** [iksésiv]	과도한, 극단적인	superfluous, plethora
1023	**alacrity** [əlǽkrəti]	민첩함, 활발함	briskness, agility
1024	**preposterous** [pripástərəs]	말도 안 되는, 터무니없는	senseless, unreasonable, unfounded
1025	**congenial** [kəndʒíːnjəl]	친절한, 마음이 맞는	agreeable, like-minded
1026	**stroll** [stroul]	걷다, 산책하다	walk, ramble
1027	**enervate** [énərvèit]	기력을 잃게 하다	weaken
1028	**shield** [ʃiːld]	보호하다 / 방패, 방어물	protect, escort
1029	**perfunctory** [pərfʌ́ŋktəri]	형식적인, 피상적인	superficial, cursory
1030	**allot** [əlát]	분배하다, 할당하다	allocate, distribute

□ cardinal _____ □ emaciate _____ □ affront _____ □ bliss _____ □ vice _____

Example Sentence	Relation / Meaning
He asked for **punitive** measures against the offender. 그는 가해자에 대해 **형벌** 조치를 취해 달라고 요구했다.	punitiveness 형벌
The doctor said to me that I should avoid **excessive** drinking. 의사는 나에게 **과도한** 음주를 자제하라고 말했다.	exceed 초과하다 excessiveness (=excess) 과도, 과잉
Despite his wound, the man still moves with **alacrity**. 부상에도 불구하고 그는 여전히 동작이 **민첩**하다.	alacritous 민첩한
I was fired for a **preposterous** reason. 나는 **말도 안 되는** 이유로 해고당했다.	preposterously 터무니없이
She's so **congenial** that she always says nice things. 그녀는 아주 친절해서 항상 상냥하게 이야기한다.	congeniality 일치, 친화성 congenially 성미에 맞게
The man with his son **is strolling** along the walk. 그 남자는 아들과 함께 길을 따라 **걷고 있다**.	stroll 거닐다
The region has very hot, humid and **enervating** weather. 그 지역은 덥고 습하며 **기력을 떨어뜨리는** 날씨를 보인다.	enervation 쇠약 enervated 무기력한
The Amur leopard have thick fur to **shield** them from the cold. 아무르 표범(한국표범)은 추위로부터 그들을 **보호하기** 위한 두꺼운 모피가 있다.	shield against ~로부터 보호하다
They have made a **perfunctory** effort. 그들은 그저 **형식적인** 노력을 했다.	perfunctorily 아무렇게나
You have **to allot** the time wisely when taking an exam. 시험을 볼 때는 시간 **분배를** 잘 해야 한다.	allotment 할당, 배당

DAY 29 · DAY 30 · DAY 31 · DAY 32 · DAY 33 · DAY 34 · DAY 35

☐ apex ____ ☐ candid ____ ☐ rancor ____ ☐ mistake ____ ☐ bestow ____

225

Day 35

NO.	Entry Word	Definition	Near-Synonym
1031	humiliate [hju:mílièit]	굴욕을 주다, 수치심을 느끼게 하다	dishonor, disgrace
1032	contemplate [kántəmplèit]	생각하다, 심사숙고하다	ruminate, ponder, mull
1033	inapproachable [ìnəpróutʃəbl]	접근 불가능한, 가까이 갈 수 없는	inaccessible
1034	residual [rizídʒuəl]	남아 있는, 잔여의	remaining
1035	placid [plǽsid]	평온한, 조용한	peaceful, calm
1036	impending [impéndiŋ]	임박한, 박두한	imminent, pending
1037	propagate [prápəgèit]	번식하다, 선전하다	spread, prevail
1038	improve [imprú:v]	향상시키다, 개선하다	enhance, ameliorate
1039	mitigate [mítəgèit]	경감시키다, 완화시키다	relieve, pacify, alleviate
1040	strict [strikt]	엄격한, 엄중한	stringent, stern

□ punitive _____ □ excessive _____ □ alacrity _____ □ preposterous _____ □ congenial _____

Example Sentence	Relation / Meaning
I didn't mean to **humiliate** her in front of her colleagues. 나는 그녀의 동료들 앞에서 **굴욕을 주려고** 의도하지 않았다.	humiliation 굴욕, 굴복 humiliating 굴욕적인
The thought of death is too awful **to contemplate**. 죽음에 대한 생각은 너무 끔찍해서 **생각하기도** 싫다.	contemplation 사색 contemplative 사색하는
As for me, he was an **inapproachable** man. 나에게 있어서, 그는 **가까이 다가갈 수 없는** 사람이었다.	approach 접근하다
Some **residual** problems were too difficult to resolve. **남아 있는** 몇 가지 문제들은 해결하기가 아주 어려웠다.	residue 잔여물
After his vacation in this **placid** section, he felt soothed and rested. 이러한 **평온한** 곳에서 휴가를 보낸 후, 그는 진정이 되었고 피로도 풀렸다.	placidity 평온, 온화
Some scientists say that some disaster is **impending**. 일부 과학자들은 어떤 재난이 **임박해** 있다고 말한다.	impend 임박하다
Plants won't **propagate** in such a severe weather condition. 그러한 심각한 기후 조건에서는 식물들이 **번식하지** 않는다.	propaganda 선전
He made a concentrated effort **to improve** his work. 그는 자신의 일을 **향상시키기 위해** 집중적인 노력을 기울였다.	improvement 향상 improvable 향상시킬 수 있는
We need **to mitigate** the dissipation of resources. 우리는 자원의 낭비를 **경감시킬** 필요가 있다.	mitigation 완화, 경감 mitigative 완화시키는
He **is** really good but very **strict** about attendance. 그는 정말 좋지만 출석에 대해서는 너무 **엄격하다**.	strictness 엄격함

DAY 29
DAY 30
DAY 31
DAY 32
DAY 33
DAY 34
DAY 35

□ stroll _____ □ enervate _____ □ shield _____ □ perfunctory _____ □ allot _____

NO.	Entry Word	Definition	Near-Synonym
1041	**trespass** [tréspəs]	무단침입하다, 위반하다	violate, overstep
1042	**piercing** [píərsiŋ]	가슴에 사무치는, 신랄한	poignant
1043	**sanguine** [sǽŋgwin]	낙관적인, 긍정적인	optimistic
1044	**malicious** [məlíʃəs]	악의적인, 원한을 품은	revengeful, spiteful
1045	**ostracize** [ástrəsàiz]	추방하다, 배척하다	exclude, boycott
1046	**reign** [rein]	지배, 통치 / 지배하다	rule, dominion
1047	**climax** [kláimæks]	절정, 전성기	apogee, zenith
1048	**affinity** [əfínəti]	편애, 친근감	predilection
1049	**robust** [roubʌ́st]	튼튼한, 강건한	strong, rough
1050	**sleazy** [slíːzi]	지저분해 보이는, 싸구려 같은	shabby, cheapish

□ humiliate ＿＿＿   □ contemplate ＿＿＿   □ inapproachable ＿＿＿   □ residual ＿＿＿   □ placid ＿＿＿

Example Sentence	Relation / Meaning
They were accused of **trespassing** the restricted area. 그들은 출입금지 지역에 **무단침입**으로 기소되었다.	trespass on ~을 침해하다
He regret using cruel words **piercing** her to the heart. 그는 그녀의 **가슴에 사무치는** 잔인한 말을 한 것을 후회하고 있다.	pierce 찌르다
Let us not be too **sanguine** about the outcome; something could go wrong. 결과에 대해 너무 **낙관하지** 마라. 어떤 것은 나빠질지도 모르니까.	sanguineness 쾌활함 sanguinely 낙천적으로
His pranks **are not malicious**, only mischievous. 그의 농담은 **악의가 아니라** 단지 장난이다.	malice 악의 maliciously 악의를 갖고
The ancient Greeks **ostracized** a dangerous citizen by public vote. 고대 희랍인들은 국민 투표에 의해 위험한 시민을 **추방했다**.	ostracism 외면, 배척
For many reasons, his **reign** of terror came to an end. 여러 이유로 그의 공포 **지배**는 종말을 맞이했었다.	reign over ~을 통치하다
The story comes to an end in a crowded **climax**. 파란만장한 **절정**에서 이야기는 끝나게 된다.	climactic 절정의
She tried to explain her **affinity** for a certain kind of book. 그녀는 어떤 특정한 종류의 책에 대한 자신의 **편애**를 설명하려고 했다.	affinitive 밀접한 관계가 있는
The new system **is** much more **robust** than any other one. 그 새 시스템은 다른 어떤 것보다 훨씬 더 **튼튼하다**.	robustness 강함, 건장함
When I first met him, he seemed **to be** a little **sleazy**. 내가 그를 처음 만났을 때 그는 좀 **지저분해** 보였다.	sleaziness 천박함 sleazily 천박하게

DAY 29 DAY 30 DAY 31 DAY 32 DAY 33 DAY 34 DAY 35

□ impending _____ □ propagate _____ □ improve _____ □ mitigate _____ □ strict _____

Level 06

공무원 영어시험
출제 예상단어
1051 - 1200

NO.	Entry Word	Definition	Near-Synonym
1051	amiable [éimiəbl]	상냥한, 온화한	genial, warm
1052	picky [píki]	까다로운, 별스러운	fussy
1053	anonymous [ənɑ́nəməs]	익명의, 개성 없는	nameless, incognito
1054	commodious [kəmóudiəs]	넓은, 편리한	roomy, spacious
1055	countenance [káuntənəns]	표정, 안색, 원조	face, look
1056	prelude [préljuːd]	서막, 시작, 예고	introduction, opening
1057	ensue [insúː]	계속해서 일어나다, 뒤따라 발생하다	result, follow
1058	abandon [əbǽndən]	버리다, 포기하다, 단념하다	give up, renounce, discard
1059	measure [méʒər]	조치, 치수 / 측정하다	action, step, means
1060	baffle [bǽfl]	좌절시키다, 방해하다 / 좌절	thwart, foil, frustrate

□ trespass _____ □ piercing _____ □ sanguine _____ □ malicious _____ □ ostracize _____

Example Sentence	Relation / Meaning
His **amiable** disposition pleased all who had dealings with him. 그의 **상냥한** 성격은 그와 거래를 하는 모든 사람들을 즐겁게 했다.	amiableness (=amiability) 상냥함, 온화
She **is** very fussy about food and very **picky** about clothes. 그녀는 입맛이 매우 까다롭고 옷을 고르는 데도 매우 **까다롭다.**	pickiness 까다로움 pickily 까다롭게
An **anonymous** benefactor donated two billion won. **익명의** 독지가가 20억 원을 기부했다.	anonymously 익명으로
My secretary has already reserved a **commodious** hotel bedroom. 내 비서가 이미 **넓은** 호텔 방을 예약해 두었다.	commodiousness 널찍함, 넉넉함
On telling him a story, I saw his troubled **countenance**. 그에게 어떤 이야기를 해주자마자 나는 그의 난처한 **표정**을 보았다.	out of countenance 당황하여
This proved a **prelude** to the complications at the school. 이것이 학교 분규의 **서막**이 됐다.	prelusive 서곡의
As a result of heavy rain, bad flooding **ensued**. 폭우로 인해 심각한 홍수가 **계속해서 일어났다.**	ensuing 다음의, 뒤이은
To abandon those ideas of the old school is important. 그런 구식의 사고를 **버리는 것**이 중요하다.	abandonment 유기, 포기
I think that such rough **measures** are not proper. 저는 그러한 조잡한 **조치들**은 적절치 않다고 생각합니다.	safety measure 안전조치
The news of his resignation **baffled** many employees in the company. 그의 사임 소식은 그 회사의 많은 직원들을 **좌절시켰다.**	bafflement 좌절, 훼방

☐ reign _____ ☐ climax _____ ☐ affinity _____ ☐ robust _____ ☐ sleazy _____

NO.	Entry Word	Definition	Near-Synonym
1061	horde [hɔːrd]	무리 / 무리를 이루다	mass, crowd, mob
1062	cripple [krípl]	불구로 만들다, 무력하게 만들다	disable, maim, debilitate
1063	calumny [kǽləmni]	비방, 중상	slander, libel
1064	heinous [héinəs]	흉악한, 극악한	odious, abominable
1065	disaccord [dìsəkɔ́ːrd]	불일치, 불화, 불협화음	disagreement
1066	classify [klǽsəfài]	분류하다, 등급으로 나누다	categorize, sort, assort
1067	mutable [mjúːtəbl]	변덕스러운, 변하기 쉬운	volatile, fickle
1068	conquer [káŋkər]	정복하다, 획득하다	subdue, vanquish, defeat
1069	exhort [igzɔ́ːrt]	권고하다, 충고하다	urge, call on
1070	plaintive [pléintiv]	구슬픈, 애달픈	mournful, doleful, pathetic

□ amiable _____ □ picky _____ □ anonymous _____ □ commodious _____ □ countenance _____

Example Sentence	Relation / Meaning
Football fans turned up in **hordes** into the stadium. 축구팬들이 **무리지어** 경기장에 나타났다.	a hord of ~의 한 무리
He had been warned that another bad fall **could cripple** him for life. 그는 또 다른 심한 추락이 평생 **불구로 만들 수 있다는** 경고를 받았었다.	crippled 불구의 crippledom 신체 장애
He could endure his financial failure, but he could not bear the **calumny**. 그는 경제적 실패는 참을 수 있었으나 **비방**은 참을 수 없었다.	calumniate 비방하다
Criminal methods **are becoming** increasingly **heinous**. 범행 수법들이 갈수록 **흉악해지고 있다**.	heinousness 극악함
There were marathon talks because of the **disaccord** among commissioners. 위원들 사이에 의견이 **일치하지 않아서** 마라톤 회의가 있었다.	extreme disaccord 극도의 대립
It's difficult for me **to classify** the program. 제가 그 프로그램을 **분류하기는** 어렵습니다.	classification 분류
His opinions **were mutable** and easily influenced by anyone who had any powers of persuasion. 그의 생각은 **변덕스러워서** 설득력이 있는 사람의 영향을 쉽게 받았다.	immutable 불변의
After the Romans **conquered** the Greeks, many changes were caused in the two regions. 로마가 그리스를 **정복한** 후 그 두 지역에 많은 변화들이 생겼다.	conquest 정복 conquering 정복하는
The President **has exhorted** the people to be ready to make sacrifices. 대통령은 국민들이 기꺼이 희생할 것을 **권고했다**.	exhortation 훈계 exhortative 훈계적인
His saxophone **was** as **plaintive** as a funeral dirge. 그의 색소폰은 장례식 장송곡과 같이 **구슬펐다**.	plaintively 구슬프게, 하소연 하듯이

DAY 36 DAY 37 DAY 38 DAY 39 DAY 40

□ prelude _____ □ ensue _____ □ abandon _____ □ measure _____ □ baffle _____

235

Day **36**

NO.	Entry Word	Definition	Near-Synonym
1071	**prejudice** [prédʒudis]	편견, 선입견	bias, prejudgement
1072	**subdue** [səbdjúː]	정복하다, 복종시키다, 억제하다	defeat, conquer, vanquish
1073	**accrue** [əkrúː]	~이 생기다, 누적되다	spring, result
1074	**torment** [tɔːrmént]	괴롭히다, 고통을 주다 / 고문	torture, afflict
1075	**pretext** [príːtekst]	핑계, 구실, 변명	excuse, pretense
1076	**resign** [rizáin]	사임하다, 체념하다, 묵인하다	step down, lay down
1077	**trivial** [tríviəl]	사소한, 하찮은, 중요하지 않은	insignificant, minor, inconsequential
1078	**justify** [dʒʌstəfài]	정당화하다, 옳다고 주장하다	vindicate, legitimize
1079	**novice** [návis]	초보자, 초심자	beginner, neophyte,
1080	**true** [truː]	진실한, 참된 / 진실	bona fide, genuine

☐ horde _____ ☐ cripple _____ ☐ calumny _____ ☐ heinous _____ ☐ disaccord _____

236

Example Sentence	Relation / Meaning
I have a **prejudice** against the country. 나는 그 나라에 대해 **편견**이 있다.	prejudiced 편견이 있는
When the forces **subdued** the island, they were amazed to see rich natural resources. 그 군대가 섬을 **정복했을** 때 그들은 풍부한 자연 자원들을 보고 놀랐다.	subdual 정복
Some substantial advantages **will accrue** to me if I complete my college education. 내가 대학 교육을 마치면 몇 가지 상당한 이점이 나에게 **생길 것이다**.	accrual 증가, 증가물
They **will torment** you if you continue to do such a behavior. 만일 네가 그러한 행동을 계속한다면, 그들이 너를 **괴롭힐 것이다**.	tormenting 고통스러운
They tried not to do it on some **pretext** or other. 그들은 이 **핑계** 저 **핑계**로 일을 안 하려 했다.	as a pretext for ~의 구실로
Despite her dissuasion, he is planning **to resign**. 그녀의 만류에도 불구하고, 그는 **사임할** 계획이다.	resignation 사직, 사임
Stop fighting over such a **trivial** thing. 그런 **사소한** 일로 싸움을 벌이지 마라.	trivialize 하찮게 하다 triviality 사소함, 시시함
You **can't justify** neglecting your family members. 당신은 가족들을 돌보지 않은 것을 **정당화할 수 없다**.	justification 타당한 이유
Photo editing is quickly becoming a popular pastime for graphics **novices**. 사진 편집은 그래픽 **초보자들**에게 빠른 속도로 인기를 얻은 오락거리가 되고 있다.	novicelike 풋내기 같은
I have no one who I think is my **true** friend. 나는 **진실한** 친구라고 생각할만한 사람이 없다.	truth 사실, 진실 truly 정말로, 진심으로

DAY 36 | DAY 37 | DAY 38 | DAY 39 | DAY 40

☐ classify _____ ☐ mutable _____ ☐ conquer _____ ☐ exhort _____ ☐ plaintive _____

NO.	Entry Word	Definition	Near-Synonym
1081	rancid [rǽnsid]	상한, 불쾌한, 역겨운	foul, fetid, malodorous
1082	recant [rikǽnt]	취소하다, 철회하다	renounce, abjure
1083	nullify [nʌ́ləfài]	(법적으로) 무효로 하다, 파기하다	invalidate, annul
1084	treachery [trétʃəri]	반역, 배반	betrayal, perfidy, disloyalty
1085	toilsome [tɔ́ilsəm]	고된, 힘든	arduous
1086	arbitrary [ɑ́ːrbətrèri]	임의의, 마음대로의, 독단적인	random, unpredictable
1087	moribund [mɔ́ːrəbʌ̀nd]	죽어가는, 정체하는	dying, expiring
1088	fugitive [fjúːdʒətiv]	일시적인, 덧없는 / 도망자	fleeting, ephemeral
1089	sublime [səbláim]	장엄한, 숭고한	noble, magnificent, majestic
1090	zenith [zíːniθ]	절정, 전성기	pinnacle, climax

□ prejudice _____ □ subdue _____ □ accrue _____ □ torment _____ □ pretext _____

Example Sentence	Relation / Meaning
The butter **is rancid** and tastes bad. 이 버터는 **상해서** 맛이 좋지 않다.	rancidity 악취
Unless you **recant** your confession, you will be punished severely. 당신의 진술을 **취소하지** 않으면 당신은 심한 처벌을 받게 될 것이다.	recantation 취소
We'll **nullify** the decision to provide military assistance, using whatever it takes. 우리는 요구되는 모든 것을 이용하여 군사적 지원에 대한 결정을 **파기할 것이다**.	nullification 무효, 파기
I can guarantee that no **treachery** will go unnoticed. 어떤 **반역** 행위도 있을 수 없다는 걸 보장합니다.	treacherous 신뢰할 수 없는
The writer gives us the idea that journey **is toilsome**, tedious and painful. 그 작가는 우리에게 여행은 **고되고**, 지루하며 고통스러운 것이라는 생각을 주었다.	toilsomeness 고생스러움 toilsomely 고생스럽게
The measure they had taken produced only **arbitrary** effects. 그들이 취했던 조치는 단지 **임의적인** 결과를 양산했다.	arbitrarily 독단적으로, 제멋대로
How can the company be revived from its present **moribund** state? 그 회사가 어떻게 현재의 **죽어가는** 상태에서 소생할 수 있을 것인가?	a moribund state 빈사상태
The film created a **fugitive** impression to her, which did not last long. 그 영화는 그녀에게 **일시적인** 감동은 주었는데, 그 감동은 오래가지 못 했다.	fugitive thoughts 덧없는 생각
The **sublime** scene seemed to purify my spirit. **장엄한** 광경에 내 마음이 정화되는 것 같았다.	sublimity 장엄, 숭고
She is **at the zenith** of her political career. 그녀는 정치 경력의 **절정**에 있다.	zenithal 절정의

DAY 36 DAY 37 DAY 38 DAY 39 DAY 40

☐ resign _____ ☐ trivial _____ ☐ justify _____ ☐ novice _____ ☐ true _____

239

NO.	Entry Word	Definition	Near-Synonym
1091	**indispensable** [ìndispénsəbl]	필수 불가결한, 불가피한	essential, necessary
1092	**catastrophe** [kətǽstrəfi]	대참사, 재앙	calamity, disaster
1093	**prowl** [praul]	어슬렁거리다, 배회하다	roam, rove
1094	**concoct** [kankákt]	만들다, 조합하다, 조작하다	make up, create, form
1095	**benign** [bináin]	인정 많은, 친절한, 온화한	amiable, agreeable, genial
1096	**admonish** [ædmániʃ]	훈계하다, 타이르다, 충고하다	reprimand, scold, castigate
1097	**soporific** [sàpərífik]	졸린, 최면의 / 수면제	sleep-inducing, somnolent
1098	**conceit** [kənsíːt]	자만, 자부심	egoism, hubris, arrogance
1099	**dilate** [dailéit]	팽창하다 [시키다], 확장하다 [시키다]	widen, expand
1100	**aggrieve** [əgríːv]	학대하다, 괴롭히다	tease, abuse

□ rancid _____ □ recant _____ □ nullify _____ □ treachery _____ □ toilsome _____

Example Sentence	Relation / Meaning
There are many things that we consider **indispensable**. 우리가 **필수불가결적**이라고 여기는 많은 것들이 있다.	indispensability 필요 indispensably 필수적인
Unfortunately, few passengers survived the **catastrophe**. 불행하게도, 그 **대참사**에서 살아남은 승객은 거의 없었다.	catastrophic 비극적인
Frequently meat-eating animals **prowl** at night and sleep during the daytime. 흔히 육식동물들은 밤에 **어슬렁거리고**, 낮 시간 동안에는 잠을 잔다.	take a prowl 배회하다
He **concocted** a drink made from five different liquors. 그는 다섯 가지의 다른 술을 섞어서 음료를 **만들었다**.	concoctive 꾸며낸
I remember his **benign** attitude toward friend and stranger alike. 나는 친구를 대하는 태도와 똑같이 낯선 사람에게도 친절했던 그의 **인정 많은** 태도를 기억한다.	benignness 상냥함 benignly 인자하게
The dean **admonished** all the students for neglecting their homework assignments. 학장이 학생들에게 숙제를 게을리했다고 **훈계했다**.	admonition 책망, 경고 admonitory 훈계하는
Her **soporific** voice made it difficult to stay awake in the lecture. 그녀의 **졸린** 목소리 때문에 강의 시간에 깨어 있기가 어려웠다.	sopor 깊은 잠
Because of her success in the exam, she is full of **conceit**. 그녀는 시험 합격 때문에 **자만**으로 가득차 있다.	conceited 자만하는
In the dark, the pupils of your eyes **dilate**. 어둠 속에서 눈동자는 **커진다**.	dilatation 확장, 팽창
The number of children who **is aggrieved** even by his family seems to be on increase. 심지어 가족에게 **학대받는** 아동들의 수가 계속 증가 추세인 것 같다.	aggrieved 피해를 입은

DAY 36
DAY 37
DAY 38
DAY 39
DAY 40

□ arbitrary _____ □ moribund _____ □ fugitive _____ □ sublime _____ □ zenith _____

NO.	Entry Word	Definition	Near-Synonym
1101	scant [skænt]	불충분한, 인색한	little, negligible, meagre
1102	meek [mi:k]	온순한, 겸손한	pliant, submissive, compliant
1103	refute [rifjú:t]	반박하다, 논박하다	disprove, prove wrong
1104	drench [drentʃ]	흠뻑 적시다, 담그다	soak, saturate, permeate
1105	hospitality [hàspətǽləti]	환대, 후한 대접, 친절	friendliness, warm
1106	moist [mɔist]	습한, 눅눅한 / 습기	damp, humid
1107	complex [kəmpléks]	복잡한 / 단지	complicated, intricate
1108	donor [dóunər]	기증자, 기부자	giver, contributor, benefactor
1109	rebuff [ribʌf]	거절하다, 퇴짜 놓다 / 거절	reject, turn down, spurn
1110	fallacious [fəléiʃəs]	잘못된, 허위의, 불합리한	erroneous, false, deceptive

☐ indispensable _____ ☐ catastrophe _____ ☐ prowl _____ ☐ concoct _____ ☐ benign _____

Example Sentence	Relation / Meaning
The long drought caused a **scant** supply of water throughout the country. 오랜 가뭄은 그 나라 전역에 물 공급이 **불충분한** 현상을 야기했다.	scantly 모자라게
He never expected his **meek** daughter would make the big mistake. 그는 그의 **온순한** 딸이 그러한 큰 실수를 할 거라곤 결코 예상하지 못했다.	meekness 얌전함
The party **refuted** the remarks made by the spokesman. 그 정당은 그 대변인의 논평에 **반박했다**.	refutable 논박할 수 있는
The heavy rain **drenched** our clothes. 심한 비로 우리 옷들이 **흠뻑 젖었다**.	drenching 흠뻑 젖음
I very much appreciate your **hospitality** and friendship. 당신의 **환대**와 우정에 정말 깊은 감사를 드립니다.	hospitable 친절한
The earthworm is mostly found in **moist**, warm soil. 지렁이는 주로 **습하고**, 온도가 높은 흙에서 발견된다.	moisten 촉촉하게 하다
This protein's structure **is** particularly **complex**. 이 단백질 구조는 특히 **복잡하다**.	complexity 복잡합
An anonymous **donor** gave this generous gift to our Fund. 어느 익명의 **기증자**가 저희 펀드에 관대한 선물을 보내주셨습니다.	donate 기부하다
He **rebuffed** my attempts to help. 그는 내가 도우려고 한 것을 **거절했다**	a polite rebuff 정중한 거절
Most of the teachers think my reasoning **is fallacious**. 교사들 중 대부분이 내 추론이 **잘못되었다**고 생각한다.	fallaciousness 허위 fallaciously 허위적으로

DAY 36
DAY 37
DAY 38
DAY 39
DAY 40

□ admonish _____ □ soporific _____ □ conceit _____ □ dilate _____ □ aggrieve _____

NO.	Entry Word	Definition	Near-Synonym
1111	**agile** [ǽdʒəl]	민첩한, 재빠른	nimble, shrewd, astute
1112	**disseminate** [disémənèit]	퍼뜨리다, 흩뿌리다	spread, disperse
1113	**proliferate** [prəlífərèit]	증식하다, 만연시키다	multiply, mushroom
1114	**conspicuous** [kənspíkjuəs]	눈에 띄는, 두드러진, 분명한	obvious, noticeble, outstanding
1115	**insolvent** [insálvənt]	파산한, 지급 불가능한	bankrupt, flat broke
1116	**abysmal** [əbízməl]	심연의, 깊은	unfathomable, profound
1117	**weep** [wi:p]	울다, 흐느끼다	cry, sob
1118	**blur** [blə:r]	흐리게 하다, 더럽히다 / 더러움	obscure, dim
1119	**eligible** [élidʒəbl]	자격이 되는, 적격의	entitled
1120	**revere** [rivíər]	존경하다, 숭배하다	look up to, venerate, respect

□ scant _____ □ meek _____ □ refute _____ □ drench _____ □ hospitality _____

Example Sentence	Relation / Meaning
The baseball player **isn't** as **agile** as he used to be. 그 야구 선수는 예전처럼 **민첩하지 않다**.	agility 민첩
The Internet has helped propagandists **to disseminate** their favorite doctrines. 인터넷은 정치 선전자들의 주요 공약을 널리 **퍼트리는 데** 도움이 되어 왔다.	dissemination 보급
Molds are more likely **to proliferate** in rainy, humid conditions. 곰팡이는 비가 오고 습도가 높을 때 더 많이 **증식할** 것 같다.	proliferative 증식하는
She **is** always **conspicuous** because of her a nice appearance and fashionable clothes. 그녀는 수려한 외모와 유행에 맞는 옷으로 인해 항상 **눈에 띈다**.	conspicuousness 두드러짐
In those days, many people lost his job and **became insolvent**. 그 당시에 많은 사람들이 실직하고 **파산했다**.	insolvency 파산
When we reached the **abysmal** ravine, we got scared more and more. 우리가 그 **깊은** 골짜기에 다다랐을 때, 점점 더 겁이 났다.	abysmally 끝없이 깊게
Seeing him fall to the ground, she started **to weep** uncontrollably. 그가 땅에 쓰러지는 것을 보자 그녀는 걷잡을 수 없이 **울기** 시작했다.	weepy 슬픈
The writing **blurred** and seemed to dance before his eyes. 그의 눈앞에 있는 글씨가 **흐릿해졌고** 춤을 추는 것 같았다.	blurred (=blurry) 흐릿한
I don't think that she **is eligible for** the presidency. 나는 그녀가 사장 **자격이 있다고** 생각하지 않습니다.	eligibility 적임, 적격
Many people **revere** him as the greatest leader in the history. 많은 사람들은 그를 역사상 가장 위대한 지도자로 **존경한다**.	reverable 존경할 만한

DAY 36
DAY 37
DAY 38
DAY 39
DAY 40

☐ moist _____   ☐ complex _____   ☐ donor _____   ☐ rebuff _____   ☐ fallacious _____

NO.	Entry Word	Definition	Near-Synonym
1121	dominate [dámənèit]	지배하다, 우세하다	control, reign, prevail
1122	surfeit [sə́:rfit]	과다, 과대 공급	glut, oversupply
1123	squander [skwándər]	낭비하다, 탕진하다	lavish, waste, splurge
1124	aspersion [əspə́:rʃən]	비방, 중상	libel, reproach
1125	bucolic [bjuːkálik]	목가적인, 전원의	idyll
1126	peruse [pərúːz]	정독하다, 꼼꼼히 읽다	read carefully
1127	nefarious [nifɛ́əriəs]	흉악한, 극악한	infamous, abominable
1128	execrable [éksikrəbl]	저주스러운, 밉살스러운	odious, detestable
1129	exhume [igzjúːm]	발굴하다, 파내다	disinter, dig up, unearth
1130	fracas [fréikəs]	소동, 난리	commotion, brawl, melee

□ agile _____   □ disseminate _____   □ proliferate _____   □ conspicuous _____   □ insolvent _____

LEVEL 6

DAY 36
DAY 37
DAY 38
DAY 39
DAY 40

Example Sentence	Relation / Meaning
They lack strong characters who **will dominate** the game. 그들은 경기를 **지배할** 강력한 선수들이 부족하다.	dominance 우월, 우세 dominant 지배적인
The manager has a **surfeit** of demand for higher pay. 그 경영주는 임금을 올려 달라는 **과다한** 요구를 받고 있다.	to a surfeit 물릴 정도로
The prodigal son **squandered** his inheritance. 방탕한 그 아들은 자기의 유산을 **낭비했다**.	squander time 시간을 낭비하다
You should not cast **aspersions** on the ability and character of others. 너는 다른 사람들의 능력과 인격을 **비방**해서는 안 된다.	asperse 비방하다
The painter preferred paintings of **bucolic** scenes. 그 화가는 **목가적인** 풍경들의 그림들을 선호했다.	bucolically 전원적으로
A copy of the report is available for you **to peruse** at your leisure. 그 보고서가 한 부 있으니 시간 나실 때 **정독하세요**.	perusal 정독, 통독
The police learned of his **nefarious** bombing plans in advance. 경찰은 그의 **흉악한** 폭파 계획을 사전에 알았다.	nefariousness 극악무도함
The anecdote was in **execrable** taste and shocked the audience. 그 일화는 **저주스러운** 것이어서 청중들은 충격을 받았다.	execrableness 형편없음
The prehistoric artifacts **were exhumed** in the area. 선사시대 유물들이 그 지역에서 **발굴되었다**.	exhumation 발굴
She was injured in a **fracas** which was induced by a few gangsters. 그녀는 일부 깡패들에 의해 야기된 **소동**으로 부상을 당했다.	a serious fracas 심각한 소동

□ abysmal _____ □ weep _____ □ blur _____ □ eligible _____ □ revere _____

NO.	Entry Word	Definition	Near-Synonym
1131	quandary [kwándəri]	곤경, 장애, 방해물	dilemma, predicament
1132	banal [bənǽl]	진부한, 시시한	threadbare, trite
1133	pedigree [pédəgrìː]	족보, 가계 / 순종의	strain, stock
1134	paralyze [pǽrəlàiz]	마비시키다, 무능력하게 하다	anesthetize, disable
1135	remunerative [rimjúːnərətiv]	보수가 좋은, 이익이 있는	lucrative, profitable
1136	precaution [prikɔ́ːʃən]	예방 조치, 주의	caution, circumspection
1137	prolong [prəlɔ́ːŋ]	연장하다, 연기하다	lengthen, extend, protract
1138	oblivion [əblíviən]	망각, 잊기 쉬움	limbo
1139	vacant [véikənt]	텅 빈, 공허한	empty, vacuous
1140	verbose [vəːrbóus]	말이 많은, 장황한	wordy, talkative

☐ dominate _____ ☐ surfeit _____ ☐ squander _____ ☐ aspersion _____ ☐ bucolic _____

Example Sentence	Relation / Meaning
When he was in a **quandary**, no one wanted to help him. 그가 **곤경**에 빠졌을 때 어느 누구도 그를 도우려 하지 않았다.	in a quandary 곤경에 빠진
His frequent use of cliches made his essay **seem banal**. 상투어의 빈번한 사용 때문에 그의 에세이는 **진부한** 듯하다.	banality 따분함
Though she was proud of her **pedigree**, she was not reluctant to transfer her surname. 그녀는 자신의 **족보**를 자랑스러워했지만, 성을 바꾸는 데 주저하지 않았다.	pedigreed 순종의
A massive flood **paralyzed** the local transportation network. 대홍수가 그 지역 교통망을 **마비시켰다**.	paralyzed 마비된 paralyzation 마비 상태
Contrary to his original expectations, his new job proved **to be remunerative**. 그의 원래 기대와 다르게 그의 새 직업은 **보수가 좋은 것으로** 드러났다.	remunerative work 보수가 많은 일
People should take adequate **precautions** in compliance with their level of risk. 사람들은 위험 수준에 따라 적절한 **예방 조치**를 취해야 합니다.	precautious 조심하는
The advances of modern medical science have made it possible **to prolong** the human life span. 현대의학의 발달은 인간의 수명을 **연장시키는 것을** 가능하게 했다.	prolongment 연장, 연기
The man returned to his home town and disappeared into **oblivion**. 그 남자는 고향으로 돌아와 **망각** 속으로 사라졌다.	oblivious 망각한
The bus was crowded and no **vacant** seat was to be found. 버스는 붐벼서 **빈** 자리가 없었다.	vacate 비우다 vacantly 멍하니
As a **verbose** speaker appeared on stage, many people prepared to go out. **말이 많은** 연설자가 무대에 등장하자 많은 사람들이 나갈 준비를 했다.	verbosity 수다

DAY 36 | DAY 37 | DAY 38 | DAY 39 | DAY 40

□ peruse _____ □ nefarious _____ □ execrable _____ □ exhume _____ □ fracas _____

NO.	Entry Word	Definition	Near-Synonym
1141	orator [ɔ́:rətər]	연설가, 웅변가	speaker
1142	sparse [spa:rs]	드문, 희소한	scant, scare
1143	denunciation [dinʌnsiéiʃən]	비난, 탄핵, 고발	condemnation, reproach
1144	herd [hə:rd]	무리, 군중	group flock, crowd
1145	carcass [kɑ́:rkəs]	시체, 사체	dead body, corpse
1146	strenuous [strénjuəs]	힘든, 격렬한	tough, demanding
1147	vigorous [vígərəs]	힘찬, 원기가 있는	strong, sturdy
1148	innate [inéit]	타고난, 내재하는	intrinsic, inborn
1149	bona fide [bóunə, fàid]	진정한, 진짜의	genuine, authentic
1150	convene [kənví:n]	소집하다, 회합하다	congregate, gather

□ quandary _____ □ banal _____ □ pedigree _____ □ paralyze _____ □ remunerative _____

Example Sentence	Relation / Meaning
She was an outstanding **orator**, who was well acquainted with domestic affairs. 그녀는 탁월한 **연설가**였고 국내 사정에 정통했다.	oratorical 웅변의
The information available on the subject **is sparse**. 그 주제에 대한 쓸모 있는 정보는 **드물다**.	sparsity 희박, 희소 sparsely 드물게
The **denunciation** was made on the basis of secondhand information. 그러한 **비난**은 전해들은 정보에 의해 만들어졌다.	denunciate 비난하다 denunciatory 비난의
She pushed her way through a **herd** of policemen. 그녀는 한 **무리**의 경찰들 사이를 뚫고 앞으로 나갔다.	a herd of ~의 한 무리(떼)
The **carcass** of the animal is eaten by members of the group. 그 동물의 **사체**는 그룹의 다른 동물들이 먹어버린다.	save one's carcass 죽음을 면하다
He tends to take on all of the **strenuous** work. 그는 **힘든** 일을 도맡아서 하는 경향이 있다.	strenuousness (=strenuosity) 분투
She still seems **to be vigorous** for her age. 그녀는 나이에 비해 여전히 **힘차게** 보인다.	vigor 활력, 활기 vigorously 힘차게
His **innate** talent for music was soon recognized by others. 그의 **타고난** 음악적 재능은 곧 다른 이들에게 인정을 받게 되었다.	innately 천부적으로
She made a **bona fide** effort to satisfy them. 그녀는 그들을 만족시키려는 **진정한** 노력을 했다.	a bona fide reason 진짜 이유
It is impossible for us **to convene** a meeting without his permission. 우리가 그의 허락 없이 회의를 **소집하는 것**은 불가능하다.	convention 대회, 협정

DAY 36　DAY 37　DAY 38　DAY 39　DAY 40

☐ precaution _____ ☐ prolong _____ ☐ oblivion _____ ☐ vacant _____ ☐ verbose _____

NO.	Entry Word	Definition	Near-Synonym
1151	defraud [difrɔ́ːd]	속이다, 사취하다	cheat, deceive, gull
1152	supplant [səplǽnt]	교체하다, 밀어내다	replace, supersede
1153	unequivocal [ʌnikwívəkəl]	분명한, 명확한	unambiguous, definite
1154	brisk [brisk]	활발한, 기운찬, 바쁜	energetic, invigorating, reviving
1155	conglomerate [kənglámərit]	대기업 / 복합적인	big(major) company
1156	obliterate [əblítərèit]	지우다, 말살하다	eradicate, expunge
1157	influx [ínflʌks]	유입, 쇄도, 도래	inundation, rush
1158	shun [ʃʌn]	피하다, 삼가다	avoid, eschew, evade
1159	torpid [tɔ́ːrpid]	무기력한, 느린, 둔한	lethargic, sluggish
1160	supernatural [suːpərnǽtʃərəl]	초자연적인, 신비한	paranormal, occult, uncanny

☐ orator _____ ☐ sparse _____ ☐ denunciation _____ ☐ herd _____ ☐ carcass _____

Example Sentence	Relation / Meaning
They inflated their clients' medical injuries and treatment **to defraud** insurance companies. 그들은 보험회사들을 **속이려고** 의뢰인들의 부상과 치료를 부풀렸다.	defrauded of ~을 빼앗긴
The victorious rebel leader's aim was **to supplant** the throne. 승리를 거둔 반역 지도자의 목표는 왕권을 **교체하는 것**이었다.	supplantation 대체
Due to her efforts, she won his **unequivocal** support. 그녀의 노력 때문에 그녀는 그의 **분명한** 지지를 얻었다.	unequivocally 명백하게
That was a period of **brisk** cultural exchange between East and West. 그때는 동서 문화의 교류가 **활발하던** 시기였다.	briskness 활기 briskly 활기차게
He is the head of a prominent **conglomerate**. 그는 유명 **대기업**의 총수다.	multinational conglomerate 다국적 기업, 재벌
I could never **obliterate** from my mind the memory of his dishonesty. 나는 그의 부정직함에 대한 기억을 **지울** 수가 없었다.	obliteration 말소, 삭제, 망각
The **influx** of refugees had a great effect on the country. 난민들의 **유입**은 그 나라에 큰 영향을 미쳤다.	an influx from ~로 부터의 유입
He **shunned** our society and lived deep in the mountains. 그는 사회를 **피하고** 깊은 산속에서 살았다.	shunnable 피할 수 있는
It seems that when he faces a problem, he always remains **torpid**. 그가 어떤 문제에 직면하면 그는 항상 **무기력한** 것 같다.	torpidity 무기력, 무감각
The more we understand life and nature, the less we look for **supernatural** causes. 우리는 인생과 자연을 이해하면 할수록 **초자연적인** 원인들을 찾지 않게 된다.	supernaturalness 기괴함

DAY 36

DAY 37

DAY 38

DAY 39

DAY 40

□ strenuous _____ □ vigorous _____ □ innate _____ □ bona fide _____ □ convene _____

NO.	Entry Word	Definition	Near-Synonym
1161	distinct [distíŋkt]	뚜렷한, 별개의, 다른	discrete, different, detached
1162	venal [víːnl]	부패한, 매수할 수 있는	corruptible
1163	bellicose [bélikòus]	호전적인, 공격적인	belligerent, pugnacious
1164	falter [fɔ́ːltər]	머뭇거리다, 비틀거리다	waver, stumble
1165	extort [ikstɔ́ːrt]	갈취하다, 강탈하다	rob, spoilate
1166	characteristic [kæriktərístik]	개성, 성격, 특성	feature, trait
1167	judgment [dʒʌ́dʒmənt]	판결, 평결, 판단	verdict, judgement
1168	squalid [skwɑ́lid]	더러운, 천한, 누추한	dirty, filthy, sordid
1169	encroach [inkróutʃ]	침해하다 / 침식	infringe, trespass
1170	flair [flɛər]	소질, 재능, 식별력	faculty, knack, talent

☐ defraud _____ ☐ supplant _____ ☐ unequivocal _____ ☐ brisk _____ ☐ conglomerate _____

Example Sentence	Relation / Meaning
There are **distinct** differences between the two. 그 둘 사이에는 **뚜렷한** 차이가 있다.	distinguish 구별하다 distinction 차이
The **venal** politician was accused of having taken the bribe. **부패한** 그 정치가는 뇌물수수 혐의로 기소되었다.	venality 돈에 좌우됨
The People's Republic has menaced the island with **bellicose** threats of invasion. 중화인민공화국은 **호전적인** 침공 위협으로 그 섬을 위협했다.	bellicosity 호전성 bellicoseness 호전적임
She walked up to the platform without **faltering**. 그녀는 조금도 **머뭇거리지** 않고 연단으로 걸어 올라갔다.	falteringly 비틀거리며
The blackmailer **extorted** money from some passers-by. 공갈범은 일부 행인들로부터 돈을 **갈취했다**.	extortion 강요, 강탈 extortive 강탈하는
Ambition is a **characteristic** of all successful businessmen. 야망은 성공한 모든 사업가들의 **특성** 중 하나이다.	characterize 특징짓다
He passed **judgment** on the guilty man. 그는 그 죄인에 대한 **판결**을 내렸다.	judge 판결하다
It was a **squalid** affair involving prostitutes and drugs. 그것은 매춘부와 마약이 연루된 **더러운** 사건이었다.	squalidly 더럽게, 불결하게
We should not **encroach** on the rights of others. 우리는 다른 사람들의 권리를 **침해해서는** 안 된다.	encroachment 잠식, 침략
He has a **flair** for fixing up things that is out of order. 그는 고장이 난 물건들을 고치는 데 **소질**이 있다.	a flair for ~에 대한 재능

DAY 36
DAY 37
DAY 38
DAY 39
DAY 40

□ obliterate _____ □ influx _____ □ shun _____ □ torpid _____ □ supernatural _____

NO.	Entry Word	Definition	Near-Synonym
1171	incognito [inkǽgnitòu]	익명의, 미행의 / 익명으로	anonymous
1172	irreconcilable [irèkənsáiləbl]	양립할 수 없는, 타협할 수 없는	uncompromising
1173	fecund [fíːkənd]	비옥한, 다산의	prolific
1174	obscure [əbskjúər]	애매하게 하다, 숨기다 / 희미한	hide, haze
1175	potable [póutəbl]	마실 수 있는 / 식수	drinkable
1176	propose [prəpóuz]	제안하다, 발의하다	suggest, offer
1177	pedestrian [pədéstriən]	지루한, 도보의 / 보행자	prosaic, monotonous
1178	repercussion [ripərkʌ́ʃən]	반향, 반동, 반발	sensation, reverberation, backlash
1179	repay [ripéi]	상환하다, 보답하다	requite, recompense
1180	vestige [véstidʒ]	흔적, 자취, 증거	trace

☐ distinct _____ ☐ venal _____ ☐ bellicose _____ ☐ falter _____ ☐ extort _____

Example Sentence	Relation / Meaning
He enjoyed traveling through the town **incognito** and mingling with others. 그는 **익명으로** 마을을 여행하면서 타인과 어울리기를 좋아했다.	do good incognito 익명으로 선행을 하다
Because the couple **were irreconcilable**, the counselor recommended a divorce. 그 부부는 서로 **양립할 수 없었기** 때문에 상담자는 이혼을 권유했다.	reconcilable 조정(화해)할 수 있는
In the past the soil in this area **used to be fecund**. 과거에는 이 지역의 토양은 **비옥했었다**.	fecundity 비옥
At times he seemed **to obscure** his meaning. 그는 때때로 자신의 의도를 **애매하게 하는 것** 같았다.	obscuration (=obscurity) 모호함, 무명
The officer announced that this tap water **is potable**. 그 공무원은 이 수돗물은 **마실 수 있다고** 발표했다.	potableness (=potability) 마시기 적합함
I **proposed** that we all should help each other. 나는 우리 모두 서로를 도와야 한다고 **제안했다**.	proposition (=proposal) 제안, 제의
I think that her speech was so **pedestrian** and not helpful. 나는 그녀의 연설이 너무 **지루하고** 유익하지도 않았다고 생각합니다.	pedestrianism 평범함, 진부함
I am afraid that this event will have serious **repercussions**. 나는 이 일이 심각한 **반향**을 일으킬까 두렵다.	repercussive 반향하는
Let me know what they have spent, and I **will repay** you. 그들이 쓴 돈을 알려주시면 제가 당신에게 **상환하겠습니다**.	repayment 보답
The ambiance surrounding the festival is a **vestige** of the colonial heritage. 그 축제의 분위기는 식민 문화의 **흔적**이다.	vestigial 남아 있는

DAY 36 DAY 37 DAY 38 DAY 39 **DAY 40**

□ characteristic _____ □ judgment _____ □ squalid _____ □ encroach _____ □ flair _____

NO.	Entry Word	Definition	Near-Synonym
1181	**trait** [treit]	특성, 특징, 얼굴 모습	nature, characteristic, feature
1182	**deplete** [diplíːt]	고갈시키다, 다 써버리다	exhaust, use up
1183	**supplement** [sʌ́pləmənt]	보충하다, 덧붙이다 / 부록	complement, add to, increase
1184	**replenish** [ripléniʃ]	채우다, 보충하다	refill, top up
1185	**withdrawal** [wiðdrɔ́ːəl]	철수, 후퇴, 인출	removal, evacuation
1186	**bigotry** [bígətri]	편협, 고집불통	prejudice, narrow-mindedness
1187	**diminish** [dimíniʃ]	줄이다, 감소시키다	abate, decline, shrink
1188	**autonomy** [ɔːtánəmi]	자치, 자치권, 자율권	self-government, independence
1189	**prescribe** [priskráib]	규정하다, 처방하다	stipulate, dictate, lay down
1190	**acute** [əkjúːt]	예리한, 뾰족한, 격렬한	sharp, incisive, intense

□ incognito _____   □ irreconcilable _____   □ fecund _____   □ obscure _____   □ potable _____

Example Sentence	Relation / Meaning
Their imitation resulted in the simple reproduction of those **traits**. 그들의 모방은 그런 **특성들**의 단순한 재생산의 결과로 이어졌다.	a genetic trait 유전형질
The serious drought has so **depleted** water in our reservoir. 그 심각한 가뭄은 저수지의 물을 너무 **고갈시켰다**.	depletion 고갈
He had to get another job **to supplement** the family income. 그는 가계 수입을 **보충하기 위해** 또 다른 일을 구해야 했다.	supplemental (=supplementary) 보충의
We **must replenish** our supply of canned food as soon as possible. 우리는 통조림 식품의 보급품을 가능한 빨리 다시 **채워야 한다**.	replenishment 보충, 보급
He advocated the **withdrawal** of the American presence in the Lebanon. 그는 미군의 레바논 **철수**를 지지했다.	withdraw 철수하다
There are always good people who will not give in to **bigotry**. **편협**에 굴복하지 않는 양심적인 사람들은 항상 주변에 있다.	bigot 고집쟁이 bigoted 고집불통의
He said to me that we **should diminish** total production figures. 그는 나에게 우리는 총생산량을 **줄여야 한다**고 말했다.	diminution 축소 diminutive 아주 작은
Under the constitution, all the states have considerable **autonomy**. 헌법에 따라 모든 주들은 상당한 **자치권**을 가지고 있다.	autonomic (=autonomous) 자치의
What governments must do is to encourage and not **prescribe** what people will do. 정부가 해야 하는 것은 사람들이 해야 하는 것을 **규정하는** 것이 아니라 격려하는 것이다.	prescription 처방, 방안 prescriptive 지시하는, 권유하는
He is an **acute** observer of the social scene. 그는 사회 현상에 대한 **예리한** 관찰자이다.	acutely 강렬하게 acuity 예민, 격렬

DAY 36 DAY 37 DAY 38 DAY 39 DAY 40

□ propose _____ □ pedestrian _____ □ repercussion _____ □ repay _____ □ vestige _____

259

NO.	Entry Word	Definition	Near-Synonym
1191	imminent [ímənənt]	임박한, 가깝게 다가온	impending, forthcoming
1192	investigate [invéstəgèit]	조사하다, 연구하다	scrutinize, inspect
1193	prior to [práiər tu]	~전에, ~에 앞서	before, previous, preceding
1194	instill [instíl]	주입시키다, 스며들게 하다	infuse, implant, impress
1195	vengeance [véndʒəns]	복수, 앙갚음	revenge, retribution
1196	deference [défərəns]	존경, 경의, 복종	respect, regard, obedience
1197	aspire [əspáiər]	갈망하다, 동경하다	crave, long for
1198	conspire [kənspáiər]	음모를 꾸미다, 공모하다	plot, scheme, intrigue, collude
1199	senile [sí:nail]	노쇠한, 늙은	decrepit, old
1200	reproach [ripróutʃ]	비난하다 / 비난	rebuke, reprove, scold

□ trait _____ □ deplete _____ □ supplement _____ □ replenish _____ □ withdrawal _____

Example Sentence	Relation / Meaning
The **imminent** battle will soon determine our success or failure in this conflict. **임박한** 전투가 이 전쟁에서 승패를 결정할 것이다.	imminence 절박, 촉박, 임박
To understand the phenomenon we must **investigate** many a people in the area. 그 현상을 이해하기 위해서 우리는 그 지역의 많은 사람들을 **조사해야** 한다.	investigation 수사, 조사
You should arrive at least one hour **prior to** boarding. 최소한 탑승하기 한 시간 **전에는** 도착하셔야 합니다.	priority 우선사항, 우선권
It is important **to instill** in young children the sense of love for humanity. 어린 자녀들에게 인간성에 대한 사랑의 감정을 **주입시키는** 것은 중요하다.	instillation (=instillment) 주입
In front of my late father's picture, I made a vow of **vengeance**. 고인이 되신 아버지의 사진 앞에서 나는 **복수**의 맹세를 했다.	avenge 복수하다
To bow down **is deference** for a person's elders in Korea. 고개 숙여 인사하는 것은 한국에서는 윗사람에 대한 **존경이다**.	defer (남의 의견에) 따르다, 경의를 표하다 deferent 공손한, 경의를 표하는
All the candidates **aspired** to win the election. 모든 후보가 선거에 이기기를 **갈망했다**.	aspiration / 열망, 염원 aspiring 열망하는
Because of their debts, the criminals **conspired** to rob a bank. 자신들의 채무 때문에 그 범인들은 은행을 털기로 **음모를 꾸몄다**.	conspiracy 음모, 모의
He has suffered from **senile** dementia for a long time. 그는 오랜 시간 **노인성** 치매 때문에 고통을 받았다.	senility 노쇠, 노령
He **reproached** me severely to hinder his work. 그는 내가 그의 일을 방해했다면서 나를 심하게 **비난했다**.	reproachful 비난하는 reproachingly 나무라듯이

DAY 36 | DAY 37 | DAY 38 | DAY 39 | DAY 40

□ bigotry _____ □ diminish _____ □ autonomy _____ □ prescribe _____ □ acute _____

Hello~

VOCA Test 400제

Voca Test

Voca Test 01

001. His listeners were amazed that such a thorough presentation could be made in an **improvised** speech.
① interesting   ② informative   ③ expressive   ④ offhand

002. He was tired of the **banality** of his own life.
① bizarreness   ② plainness   ③ affliction   ④ tediousness

003. The sales manager felt the need to **mollify** the disgruntled customer.
① placate   ② applaud   ③ dismay   ④ mobilize

004. He had an extremely **fatty** friend whose mind was constantly occupied with the thought of delicacies.
① charming   ② corpulent   ③ dirty   ④ thin

005. They are also deeply **erratic** and prone to self-destruction.
① hazy   ② oblique   ③ aberrant   ④ regular

006. The Government is taking **interim** measures to help those in immediate need.
① dependable   ② temporary   ③ desirable   ④ unreflected

007. This time of the year is usually **hectic**.
① rainy   ② exciting   ③ quiet   ④ incompetent

008. She is rather **antagonistic** to the church members.
① in favor of   ② ignorant   ③ curious   ④ opposed

009. A neutral nation volunteered to **intercede** in the interest of achieving peace.
① mediate   ② intercept   ③ organize   ④ participate

010. The **destitute** family are given an allowance.
① frigid   ② hurried   ③ important   ④ impoverished

Voca Test 02

011. I asked him a lot of **pertinent** questions about the original production.
① important   ② relevant   ③ detailed   ④ essential

012. Economic pressures finally forced the Government to **capitulate** to our demands.
① consider   ② accept   ③ yield   ④ resist

013. My **thesis** is that all men are not equal.
① defense   ② proposition   ③ rebuttal   ④ discover

014. Americans have the reputation of being very **hospitable** people.
① harsh   ② friendly   ③ hostile   ④ faithful

015. Some believe that capital punishment is the only true **hindrance** to serious crimes.
① impediment   ② disapproval   ③ prohibition   ④ restriction

016. Rock-climbers sometimes **hazard** their lives.
① risk   ② condemn   ③ persecute   ④ cancel

017. Life for poor people will be more **precarious** in the future than it is now.
① stable   ② frustrating   ③ insecure   ④ positive

018. The professor explained that the constitution provided the **outline** for the establishment and organization of government.
① sketch   ② strength   ③ emergency   ④ escape

019. I learned **invaluable** lessons one night in Seoul.
① very expensive   ② worthless   ③ easy   ④ priceless

020. There is a **reciprocal** relation between goals and data.
① mutual   ② inherent   ③ exclusive   ④ incongruous

Voca Test

021. My mother always folds the napkins in a **specific** way.
　① straight　　② decorative　　③ certain　　④ cooperative

022. The college, being small, prestigious, and well-endowed, has very **stringent** requirements for admission.
　① conciliatory　　② strict　　③ flexible　　④ capricious

023. We tend to **validate** people's existence by judging them in terms of the work they do.　　① understand　　② rank　　③ accomodate　　④ approve

024. The **ruthless** general killed the innocent people of the hamlet.
　① merciless　　② powerful　　③ vehement　　④ generous

025. The beautiful sunrise and a swarm of colorful butterflies added to the **felicity** we felt as we strolled through the park.
　① meditation　　② convenience　　③ happiness　　④ melancholy

026. It's best not to ask people how their marriage is going if they are **touchy** about discussing their personal lives.
　① sensitive　　② distinctive　　③ delighted　　④ sentimental

027. The essay was thorough and technically competent but **vapid** and colorless.
　① dull　　② estranged　　③ adamant　　④ complacent

028. He was one of the most **despicable** circus clowns.
　① amusing　　② awkward　　③ ignoble　　④ agreeable

029. Do you actually believe you'll win praise for being so **negligent**?
　① unpleasant　　② ambitious　　③ careful　　④ forgetful

030. I think he may have lost his job in broadcasting because he was too **persistent**.
　① aggressive　　② lazy　　③ hardworking　　④ tenacious

031. During his **sojourn** in Asia, he learned much about native customs.
　① exploration　② performance　③ military service　④ brief stay

032. These scissors are **blunt** and cannot cut papers.
　① weak　② dull　③ broken　④ rough

033. The fabric of modern society is **immune** from decay.
　① safe　② vexed　③ alike　④ mute

034. I must accept this argument since you have been unable to present any **negation** of his evidence.
　① approval　② denial　③ abnegation　④ negligence

035. Children are usually more **credulous** than adults.
　① full of gayety　② diffident　③ ready to believe　④ imaginative

036. I can stand a boring lecture, but not a **sententious** one, especially when I know that the professor giving it has absolutely nothing to brag about.
　① tranquil　② pompous　③ superficial　④ forthright

037. Our **tentative** agreement was formally approved last week.
　① temporary　② theoretical　③ inductive　④ descriptive

038. The trend toward computerization of an ever increasing number of airline functions is accelerating rapidly and is beginning to **embrace** even the smallest of the world's carriers, an Air Transport World survey demonstration.
　① rumble　② develop　③ include　④ impress

039. Young people are **vulnerable to** the influences of radio and TV.
　① persuaded by　② susceptible to　③ appeased by　④ programmed to

040. They made a fortune from the **lucrative** arms deal.
　① profitable　② hideous　③ notorious　④ surreptitious

Voca Test

041. Too many naive consumers hastily and happily provide credit information to **unscrupulous** "merchants," who provide nothing in exchange but a credit fraud nightmare.　① superficial　② immoral　③ sluggish　④ forthright

042. The substitute teacher was thrilled by the **demeanor** of the children.
① behaviour　② welcome　③ agility　④ accusation

043. We must pay attention to the side effects of some drugs, which often **outweigh** the possible benefits.
① maximize　② minimize　③ promote　④ exceed

044. The female of the species seems to lose interest in her **progeny**.
① mate　② nest　③ offspring　④ welfare

045. He had an extremely **obese** friend whose mind was constantly occupied with the thought of delicacies.　① corpulent　② fragile　③ charming　④ filthy

046. We have all known the people who moon their days away in picture galleries in **imbecile** contemplation.　① inactive　② brave　③ peaceful　④ stupid

047. Prostitution is **an illicit** activity in all states except Nevada.
① an unlawful　② a disgusting　③ a familiar　④ an irresponsible

048. Many people were waiting in a long line to stand summary trial for **misdemeanor**.
① violations　② petty offences　③ felonious offences　④ mischiefs

049. To be **articulate** and discriminating about ordinary affairs and information is the mark of an educated man.
① explained in the other way　② spoken in clear and distinct words
③ scribbled on the paper　④ written in hand

050. The **multiplication** of numbers has made our club building too small.
① misuse　② increasing　③ military action　④ hasty survey

051. The court refused to accept the confession the police had **extracted** from the suspect.   ① disengaged ② obtained ③ execrated ④ bothered

052. This sudden calm and the sense of comfort that it brought created a **genial** atmosphere over the whole ship.

① inferior   ② mischievous   ③ respective   ④ benignant

053. I have never heard him **flay** her in such a vicious and angry fashion.

① find fault with   ② love   ③ whip   ④ ravel

054. Despite the outward signs of peace between the two groups some subsurface **animosity** exists.

① friendship   ② enmity   ③ attempt   ④ ill luck

055. His sin was slight but the **compunction** that he felt was Pathetic.

① ambition   ② sense of guilt   ③ success   ④ failure

056. A **factitious** demand for sugar was caused by false stories that there would be a lack of it.   ① necessary ② whimsical ③ familiar ④ unnatural

057. Country girls can't **acclimatize** themselves to working in an office.

① depend   ② accustom   ③ allege   ④ complain

058. If you want to be a successful businessman you must be **aggressive** and not worry about other people's feelings.

① succinct   ② sedentary   ③ enterprising   ④ repulsive

059. The Northern press and people were **vociferous** for action.

① clamorous   ② tired   ③ courageous   ④ ready

060. We have done a great deal concerning this matter without making too much of a **project** of it.

① scheme   ② waste   ③ blunder   ④ income

Voca Test

061. A number of **luminaries**, including two Nobel prize winners, will be present.
① pagans　② famous leaders　③ mates　④ great pacifiers

062. This court reversed the judgement and remanded the case with directions to **dismiss** it.
① examine　② approve　③ observe　④ reject

063. **The multitude** may laugh at his music, but we know better.
① The learned　② The foes　③ The many　④ The critics

064. According to my **computation**, the bank should pay me $ 100 interest this year.
① comrade　② calculation　③ requirement　④ notice

065. She is bitterly jealous and **covets** her sister's wealth.
① fears　② flirts　③ hides　④ desire unlawfully

066. It is easy to **describe** a circle if you have a pair of compasses.
① state　② draw　③ astound　④ explain

067. He polished the metal until it had a fine **luster**.
① quality　② surface　③ flank　④ gloss

068. A **contagion** of fear seems to be spreading all through the city.
① terror　② belief　③ harmful influence　④ decline

069. He was kept in **detention** for talking during class.
① confinement　② prison　③ standpoint　④ angriness

070. He **detests** fried squash.
① hates　② tastes　③ destroys　④ cooks

071. If everyone refused to buy meat in **protest**, the shops would have to bring their meat prices down.
① objection   ② haste   ③ agreement   ④ judgement

072. The city's bright lights, theaters, films, etc., are **attractions** that are hard to avoid.
① excrements   ② nuisances   ③ spectacle   ④ shucks

073. However complicated the rules may be it is nearly always possible to **controvert** them by finding an example that does not fit.
① mar   ② detonate   ③ disprove   ④ obey

074. The head of state was **deposed** by the army.
① killed   ② dismissed   ③ disarmed   ④ appointed

075. He **promenades** his wife along the sea-front.
① walks   ② performs   ③ sits   ④ schedules

076. Prices have risen steadily during the past **decade**.
① season   ② session   ③ term   ④ ten years

077. We decided to drop bombs on an enemy village in **reprisal**.
① contempt   ② retaliation   ③ prowess   ④ contest

078. The court **abrogated** the contract.
① repealed   ② fulfilled   ③ sentenced   ④ achieved

079. Long-distance races are won by the runners with the greatest **endurance**.
① courage   ② breath   ③ pulmotor   ④ patience

080. **A stationary** object is easiest to aim at.
① A thing in station   ② A not moving   ③ A tolerable   ④ An opposite

Voca Test

081. It is **obligatory** on cafe owners to take precautions against fire.
① compulsory　② scurrilous　③ free　④ false

082. The prisoner **posed as** a prison officer in order to escape.
① pretended　② distracted　③ departed　④ worked

083. This book is written in **an irenic** rather than polemic style.
① an obscure　② a merciful　③ a religious　④ a pacific

084. The ideal of romantic love has always disguised a good deal that is mercenary, **prosaic** or sordid.
① physical　② leery　③ mental　④ dull

085. He is **a versatile** performer, often providing the piano accompaniment for one of his own compositions while conducting the orchestra from the bench.
① a down–right　② an all–round　③ a chronic　④ a reprehensive

086. A mule is the **sterile** animal of a horse and donkey.
① obnoxious　② shabby　③ forsaken　④ barren

087. Please have your statement **notarized** and return it to this office.
① prepared　② arranged　③ authenticated　④ ornamented

088. Immigration officials carefully **scrutinized** the passengers' entry permits.
① explained　② inspected　③ allotted　④ simulated

089. Petrol is **volatile**.
① inflammable　② evaporable　③ instructive　④ obligatory

090. Such shameful behavior will certainly **derogate from** his fame.
① disparage　② derive from　③ justify　④ suffer from

Voca Test 10

091. Physicians necessarily take **a cautious** attitude toward new compounds.
① a fractious　② a participant　③ a careful　④ an intricate

092. England is the only country **contiguous** to Wales.
① comparing　② neighboring　③ allied　④ opposing

093. When animals have more food, they generally **multiply** faster.
① move　② die　③ breed　④ become ill

094. The **primary** meaning of this word isn't used now, but You can look it up in a big dictionary.
① stagnant　② exceptional　③ original　④ stable

095. In spite of all his defiance and **bravado** he was a coward at heart.
① praise　② happiness　③ pretension　④ wit

096. We have tried to get along with them but they are a rebellious and **intransigent** crowd.
① uncompromising　② docile　③ implicit　④ disproved

097. His **ebullient** nature could not be repressed; he was always laughing and gay.
① exuberant　② evasive　③ simple　④ purposeful

098. The changes **stultify** all the work we did.
① nullify　② deserve　③ falter　④ encourage

099. The Egyptian boatman stopped rowing in the middle of the river and Practically held us up with his **rapacious** demands for more money.
① chronic　② candid　③ greedy　④ banal

100. Tell the waitress you are in a hurry and that will **expedite** matters.
① imply　② defer　③ hasten　④ arrest

Voca Test

101. A vain man will often **flaunt** his success in the face of everyone.
① scoff at   ② show off   ③ praise   ④ palm off

102. We humans are apt to **rail** bitterly at our hard luck instead of philosophically accepting it.   ① revile   ② laugh   ③ scorn   ④ ignore

103. There was a look of **derision** on the face of the head waiter.
① ridicule   ② compliment   ③ smile   ④ happiness

104. Men and women can only work together effectively if they are **actuated** by a desire to contribute to the common effort.
① bribed   ② motivated   ③ hidden   ④ opened

105. The angry woman stood with her arms akimbo and started to **berate** him like a fishwife.   ① guard   ② speak well of   ③ scold   ④ abandon

106. Until the development of the airplane as a military weapon, the fort was considered **impregnable**.
① desultory   ② modern   ③ invincible   ④ original

107. Some sought the key to history in the working of divine **providence**.
① regulation   ② miracle   ③ order   ④ care

108. Nature never ceases to **astound** and delight us. Whether it be the veins of a leaf or the trail of a snail, patterns are all around us.
① surprise   ② abhor   ③ inherit   ④ berate

109. Building a house is **arduous** work, but the result is well worth the labor.
① frustrating   ② accumulating   ③ calculating   ④ laborious

110. The ridiculously lavish pension system for elected officials should be **abolished** altogether and replaced with an employee contribution system.
① originated   ② distinguished   ③ eliminated   ④ identified

111. Bone chips were harvested from the mandible and **adjacent** to the extraction site.   ① lie ② auditory ③ near ④ unison

112. Cherish the past, **adorn** the present, construct for the future is BSC Group's motto. ① commute ② evolve ③ emphasize ④ bedeck

113. Child **advocates** and volunteers represent abused and neglected children in juvenile court.

① proponents ② friends ③ parents ④ predecessors

114. Today, she is the most affable, **amiable** and warmest person in the industry.

① friendly ② efficient ③ prestigious ④ essential

115. When police stopped her, she became **belligerent** and attempted to strike an officer.

① discreet ② enormous ③ fallacious ④ hostile

116. Vietnam vet called Bush's plan "the most dangerous foreign policy **blunder**."

① fad ② goodwill ③ impasse ④ mistake

117. During the last week of **benedictions**, an admirer praised him as a courageous leader.   ① influx ② ingredient ③ blessing ④ mess

118. Music companies in the past were too **complacent**, and needed to innovate in order to attract customers.

① decisive ② extemporaneous ③ self–satisfied ④ despondent

119. He has spent 50 years selling newspapers in the ever-more **congested** city center.   ① crowded ② exhausted ③ forbidden ④ gran

120. We will help them by all means, including providing **compulsory** education.

① gifted ② impecunious ③ juvenile ④ mandatory

Voca Test 13

121. It's always been suspected that some writers have written popular books, usually under **pseudonyms**.

① denunciation ② eruption ③ fanatic ④ alias

122. Department of Education cautions that the results are "**equivocal**," with no solid evidence of "benefit or harm."

① oblivious ② perfunctory ③ precipitous ④ ambiguous

123. He has watched their children **languish** for years in a troubled child welfare system. ① listless ② pragmatic ③ mobilize ④ offensive

124. Tuesday's warning suggested that the initial merger plan did not do enough to **redress** that balance. ① prohibit ② remedy ③ restrict ④ surrender

125. She was just so hopelessly **obtuse** that she failed to notice that he was cute.

① aloof ② antediluvian ③ dexterous ④ insensitive

126. The company intended to release the film in its current form, not cutting any of the **profane** material.

① blasphemous ② disabled ③ essential ④ diverse

127. President Bush appealed directly to the American people last night to support a campaign to **pacify** Iraq. ① illuminate ② loathe ③ placate ④ destroy

128. I **despise** him for the way he treated his children.

① mitigate ② menace ③ disdain ④ inhabit

129. This desk is **fragile** it will easily break if you use too much pressure.

① compensate ② derelict ③ eliminate ④ breakable

130. You will **notify** any changes in school system.

① inform ② regret ③ solemn ④ surrender

131. He was widely **condemned** for his malevolent behavior.
① reproach   ② oblivious   ③ pliable   ④ predominant

132. We were full of **veneration** for all your hard work.
① greed   ② admiration   ③ hazard   ④ impediment

133. The blindness the eye disease caused will be **transient**.
① wholesome   ② skeptical   ③ temporary   ④ relentless

134. By the age of seven, children are capable of thinking in abstract **term**.
① terminology   ② candor   ③ despair   ④ element

135. You have to slowly **contract** and expand your muscle.
① ease   ② disturb   ③ covet   ④ shrink

136. A friendly **ambience** prevailed among the crowds in the park.
① reign   ② vibe   ③ spur   ④ tension

137. The new law **circumscribes** the sale of handguns.
① pesters   ② predicts   ③ raises   ④ restricts

138. It is unjust that a privileged few should continue to **accumulate** wealth.
① squander   ② transmit   ③ venerate   ④ accrue

139. The scandal has brought **stigma** on the entire department.
① valor   ② disgrace   ③ reign   ④ promotion

140. Some young people seem to be **phlegmatic** to politics.
① unmindful   ② partial   ③ praising   ④ resentful

Voca Test 15

141. The security camera was installed to **deter** people from stealing.
① trigger ② support ③ retaliate ④ dissuade

142. People did not know the **magnitude** of climate change.
① gravity ② injustice ③ jeopardy ④ lure

143. A **zealous** preacher was delivering a speech in the church.
① tranquil ② ultimate ③ passionate ④ wretched

144. The study is too **superficial** for us to reach any conclusion.
① humdrum ② immaculate ③ intractable ④ cursory

145. They had **compassion** for the victims of war.
① plight ② acclaim ③ commiseration ④ affiliation

146. Her favorite things at school are music and **recess**.
① injustice ② maneuver ③ respite ④ plea

147. He could not hide his **discomfiture** at his son's behavior.
① turmoil ② character ③ dilemma ④ perplexity

148. Dick **consummated** his ambition to be a millionaire.
① attained ② deviated ③ disclosed ④ enlarged

149. Dick **adulated** Hannah by praising her cooking.
① flatter ② menace ③ plunder ④ probe

150. Many students are suffering severe **pecuniary** hardship.
① monetary ② prominent ③ plausible ④ occasional

151. She has a rare, **malignant** ailment.
① irremediable   ② prominent   ③ reluctant   ④ sensible

152. The government agreed to pay **reparations** to victims.
① indemnification   ② abecedarian   ③ acquisition   ④ alacrity

153. The work or monks were **weighty** in spreading Christianity.
① advisory   ② momentous   ③ altruistic   ④ garrulous

154. Who would prefer a **voluble** employee?
① fallacious   ② grotesque   ③ impaired   ④ loquacious

155. Republicans accused Democrats of using delaying **gambit**.
① obstacle   ② ruse   ③ outline   ④ potential

156. After a week the jury had still not reached a **verdict**.
① deliverance   ② peril   ③ modicum   ④ bar

157. Susan was a **precocious** child and she learned to read and write at the age of three.
① wholesome   ② premature   ③ adventitious   ④ akin

158. On March 5, thousands of teenagers from across the country left their schools and **congregated** in city centers.
① triggered   ② weakened   ③ gathered   ④ solicited

159. The only complaint I have with it is why the cards are so **flimsy** and junky.
① infertile   ② indistinct   ③ lethargic   ④ frail

160. Unchecked **avarice** leads to epidemic political corruption.
① fortitude   ② cupidity   ③ fray   ④ havoc

Voca Test 17

161. The Korean authorities are undertaking an **autopsy** to determine the cause of death.   ① layout   ② plant   ③ petition   ④ postmortem

162. They are now inside the privacy of the **protagonist's** home, listening to their most intimate conversation.
① politician   ② police   ③ hero   ④ emperor

163. No one else was hurt in the accident when a truck **swerved** around and hit the motorcycle head-on.   ① expire   ② forge   ③ heal   ④ deviate

164. I think that biology is a finite field and after reaching the apex it will be on a **wane**.   ① mess   ② motion   ③ decrease   ④ mystery

165. The actress had just received a **brusque** letter reproaching her for not knowing her lines.
① tranquil   ② vehement   ③ aberrant   ④ blunt

166. Those festivals **culminate** this week with Ozzfest and Woodstock show.
① actuate   ② trade   ③ stimulate   ④ climax

167. Rumsfeld has described the abuse as an **aberration**.
① deviation   ② shock   ③ mystery   ④ destruction

168. To his **detriment**, Andy witnessed his wife cheating on him with a golf pro.
① demise   ② disaster   ③ equality   ④ damage

169. He gives the binoculars to Hannah, who moves forward **gingerly**.
① carefully   ② rapidly   ③ slowly   ④ diligently

170. Eminem has a history of **inflammatory** comments about women, gay, his mother and his ex-wife.
① brief   ② brisk   ③ incendiary   ④ coherent

171. The president **proclaimed** the republic's independence.
① declared ② curtailed ③ debased ④ ignored

172. I am pleased as when Tom Hanks won his second **consecutive** Oscar.
① big ② successive ③ largest ④ ephemeral

173. Clearly **delineate** authority and responsibility among federal, state and local agencies. ① define ② prohibit ③ remit ④ scold

174. It can be diagnosed, and it can be overcome if appropriate **remedial** strategies are taught well.
① accessory ② curative ③ adamant ④ voluntary

175. The Internet is rapidly becoming a **viable** place to find criticism, and we are doing our best to keep up with it.
① useful ② workable ③ dangerous ④ underestimated

176. The cruise ship is the image of a **lavish** French, Asian and Mexican restaurants.
① plushy ② mysterious ③ oblivious ④ perpetual

177. Joe was the perfect Santa, a **benevolent** father figure with a perpetual twinkle in his eye. ① perpetual ② provisional ③ sincere ④ benign

178. It is **futile** to try to make a clear cut distinction between liquids and solids.
① laudable ② monetary ③ partial ④ otiose

179. **Brevity** is achieved by selection rather than compression.
① output ② briefness ③ portion ④ honesty

180. If not treated, the condition become **chronic** and may lead to death through suffocation.
① predicament ② habitual ③ rampant ④ rigorous

Voca Test

181. It is like trying to tie your shoes while wearing boxing gloves – **cumbersome** and frustrating.　① suspicious　② tangible　③ awkward　④ adhesive

182. I was as **vigilant** as any parent could be because I cherished my kids.
① superficial　② robust　③ Argus–eyed　④ radical

183. In the past Matthew chose to litigate claims that were weak or **spurious**.
① fallacious　② important　③ bizarre　④ bulky

184. The fire is an **ominous** sign of what could be a long, brutal fire season.
① sagacious　② sluggish　③ sinister　④ ubiquitous

185. His power grew after the death of Chairman Mao in 1976, and he became China's **paramount** leader in 1978.
① aerial　② composed　③ confounded　④ predominant

186. Since 1991, a team of scientists has measured the most **ephemeral** nature of the glaciers.　① ultimate　② wayward　③ abortive　④ fugacious

187. The president appeared to make an **oblique** reference to how last year's threat from Iraq was described.
① indirect　② infertile　③ ingenious　④ inordinate

188. To the contrary, the sexual humor relies mostly on innuendo and **euphemistic** references.　① lucid　② roundabout　③ modest　④ obligatory

189. If you find the future too **nebulous** to ponder, simply shift your focus to the rich past that surround you.
① clear　② bright　③ cloudy　④ dark

190. He is in his middle teens, a handsome young man in **immaculate** physical shape.
① pliable　② perfect　③ reciprocal　④ poor

191. Recently, scientists have been studying the **intrinsic** shape of deuteron.
① thin   ② vehement   ③ wretched   ④ immanent

192. Too much force could provoke a backlash and **foment** a new Iraqi insurgency.
① agitate   ② revoke   ③ represent   ④ prosper

193. Until today it was **presumptuous** to think about it, but we are thinking about
it now.   ① provisional   ② toxic   ③ impudent   ④ detestable

194. The government **evinced** its greatest concern about the price-fixing
prohibition policy.
① show   ② indict   ③ justify   ④ kindle

195. We do not look for technical papers with **meticulous** details about a narrow
subject.   ① salubrious   ② stubborn   ③ vehement   ④ punctilious

196. Hannah walks back to the bed, **dejected**, as the husband shuts the window.
① sluggish   ② stimulated   ③ crestfallen   ④ superficial

197. Thanks for helping to **alleviate** my homesickness and Frosty craving.
① imply   ② loot   ③ assuage   ④ discard

198. Korea has had a long tradition of supporting children worldwide through a
variety of **philanthropic** programs.
① eleemosynary   ② baleful   ③ plausible   ④ preliminary

199. He had little formal education but was a **voracious** reader and developed an
understanding of electricity and chemistry.
① utmost   ② whimsical   ③ skeptical   ④ rapacious

200. I have coined a term that I believe is fairly **perspicuous**.
① blithe   ② pellucid   ③ ceaseless   ④ complete

Voca Test 21

201. Do not worry about it, Dr. Dick. I will come back when you are **sober**.
① normal   ② insecure   ③ latent   ④ lethal

202. Matthew resumes his serious, **pensive** gaze out the front port.
① ruminative   ② salubrious   ③ rigorous   ④ steady

203. Hobbits **retreat** to the center of the ruin, stand back to back, not knowing what to do.
① glance   ② hasten   ③ indict   ④ recede

204. There have been ongoing talks to **avert** the threat of fighting between U.S forces and the militia.
① evade   ② finish   ③ remove   ④ protest

205. His life was not exactly **auspicious** he was a virtual orphan from his forth year.
① lucky   ② perpetual   ③ pure   ④ severe

206. Hannah hides her **tenacious** personality from everyone, especially her husband.
① defiant   ② eccentric   ③ evident   ④ dogged

207. This integration of online media is intended to **streamline** physicians' search for health care information.
① simplify   ② foster   ③ generate   ④ hoard

208. Adjusting to role changes can cause great **chaos** in the way family members interact.
① misdeed   ② outline   ③ promotion   ④ turmoil

209. I am sure there are real principles involved as opposed to **serendipity**.
① obstacle   ② luck   ③ outline   ④ precipitation

210. Joe was **incorrigible** and unrepentant.
① blast   ② intractable   ③ careless   ④ chronic

211. This **fortified** city was founded in the seventh century by the first emperor of the T'ang dynasty.　① elucidated　② forged　③ strengthened　④ garnished

212. This can be a vital advantage, helping us to protect your budget from the **vagaries** of a volatile market.
① measure　② whim　③ difficulty　④ foolishness

213. Ecosystems everywhere are under the siege of a careless or **apathetic** human population.　① greedy　② hazardous　③ ignorant　④ phlegmatic

214. It may be feared we are not quite so **scrupulous** in our day.
① conscientious　② proficient　③ robust　④ sober

215. Install surveillance equipment to serve as **deterrent** to criminal activity.
① impediment　② biding　③ burial　④ removal

216. Outside the courthouse, he gave an **impromptu** press conference while smoking a cigarette.
① vehement　② extemporaneous　③ brittle　④ garrulous

217. These lenses were made **obsolete** by the introduction of the newest lenses.
① identical　② incidental　③ lustrous　④ superannuate

218. User demands will **precipitate** the need for convergence in the portal sites.
① swagger　② bungle　③ commence　④ hasten

219. We are here to commemorate the lives of our ancestors, the **indigenous** people who were already here.
① acerbic　② autochthonous　③ ad hoc　④ faultless

220. Some insects lay eggs that remain **dormant** until the environmental conditions are suitable for hatching.
① inactive　② impecunious　③ legible　④ manifest

Voca Test 23

221. If they decline, registration is **aborted** so they must accept these terms to complete registration.

① conjectured ② abated ③ terminated ④ strengthened

222. We checked every jacket ourselves and got rid of every one with the smallest **flaw**. ① regime ② defect ③ thrift ④ treaty

223. The company says it has a handful of consultants in the country and they did not plan to **evacuate**. ① gather ② empty ③ harass ④ submerge

224. Comprehending medicine's jargon is difficult for even the most educated of **laymen**.

① uneducated person ② well–educated person

③ skilled person ④ courageous person

225. He acts **pompous** to a friend saying how great being a great singer is.

① overblown ② adept ③ agog ④ congenial

226. Some court members travel and give speeches frequently, including to groups that **litigate** at the high court.

① sue ② disembark ③ erupt ④ absolve

227. The flag should never be used as wearing **apparel**.

① component ② adversary ③ amalgam ④ clothing

228. The **hackneyed** metaphor is that football is war.

① bulky ② trite ③ certified ④ contrary

229. To secure himself from a period of **dearth**, he would store big quantities of corn when it was abundant.

① famine ② dexterity ③ affliction ④ enmity

230. Most found Bush's moral talk **fatuous**.

① mysterious ② vacuous ③ intermittent ④ obvious

231. In reality, the connections between theory, research and interventions are often **tenuous**.

① partial   ② tranquil   ③ reciprocal   ④ flimsy

232. The mother **waived** her right to a lawyer, and the father never showed up in court.   ① forfeited   ② expelled   ③ forwarded   ④ gauged

233. They are experienced and **savvy**.

① scrupulous   ② typical   ③ knowledgeable   ④ wretched

234. He had no intention of being involved in the **calamity**.

① commodity   ② coalition   ③ catastrophe   ④ commitment

235. The most **poignant** depiction of Dick came from his own father.

① destitute   ② prickling   ③ enthusiastic   ④ exceptional

236. A supplier **elucidates** the fine points of buying old wood.

① clarifies   ② initiates   ③ loots   ④ removes

237. In those days, color was primarily used to add **superfluous** screen decoration.   ① adroit   ② avid   ③ extra   ④ careless

238. A **earmark** of Harry Potter stories is the hero's lost innocence.

① characteristic   ② weakness   ③ importance   ④ misdeed

239. Hannah eventually **coerced** Dick into marriage.

① forced   ② mounted   ③ opposed   ④ prevailed

240. It can be quite tricky to **decipher** copyright information if you are not familiar with it.

① decrypt   ② utilize   ③ reveal   ④ protest

Voca Test

241. She was **headstrong**, strong-willed and temperamental.
① notorious   ② outstanding   ③ adamant   ④ popular

242. This superb finished product certainly **fulfilled** all our expectations.
① nurtured   ② satisfied   ③ launched   ④ facilitated

243. The **pundits** in Washington have been talking about me as the front-runner for a long time.
① expert   ② manufacturer   ③ slave   ④ executive

244. As for the **burgeoning** practice of slavery itself, Massachusetts was first to enact it legal.
① flourishing   ② notable   ③ muggy   ④ lucrative

245. This **momentous** event takes place in approximately one thousandth of a second.
① relentless   ② occasional   ③ significant   ④ adhesive

246. It **appalls** me when I see scientific and medical studies being manipulated for a different agenda.
① terrifies   ② satisfies   ③ encourages   ④ warns

247. It is not advisable to **debauch** the young people with wine and women.
① champion   ② chide   ③ sensualize   ④ disturb

248. The elephants move across the **desolate** countryside toward the distant hills.
① irregular   ② intractable   ③ barren   ④ mystical

249. His **affirmative** reply was delivered with a wide grin.
① optimistic   ② appalling   ③ bountiful   ④ charitable

250. His calm, professional commands **belie** the extreme condition.
① cease   ② misrepresent   ③ comply   ④ dispatch

251. In order to provide himself with designs to copy, he sent agents to **ransack** the curio shops of Italy.

① initiate　② search　③ limit　④ ponder

252. The trail takes travelers past many **traces** of that history.

① fragment　② procurement　③ vestige　④ wrangle

253. It is a **formidable** combination of talent that stunned the world.

① critical　② disabled　③ immense　④ disconcerted

254. We must **eschew** violence and learn to accept election results with equanimity.　① authorize　② shun　③ toady　④ ally

255. She declined to **divulge** any further information about the talks.

① revoke　② transmit　③ disclose　④ remonstrate

256. They may come forth as saviors promising to **extricate** an organization from disaster.　① rescue　② mitigate　③ launch　④ inundate

257. To help **ameliorate** the water problem, the team is working on the project.

① forbid　② improve　③ generate　④ illustrate

258. He went to Paris to try to bring around an **obdurate** French President Jacques Chirac.

① cussed　② lucrative　③ baneful　④ meek

259. They wanted **ascetic** and puritanical government, free from the influence of the Vatican.　① continent　② ceaseless　③ empirical　④ powerful

260. Online retailers are focusing primarily on profits, a distinct shift from the philosophy embraced in the dot-com **heyday**.

① efflorescence　② reverence　③ scarcity　④ sojourn

Voca Test

261. You must not **alter** the images or display the logo any other way.
① abuse　② change　③ approve　④ blossom

262. The following discloses our information gathering and **dissemination** practices for this website.
① deriding　② embarking　③ imparting　④ exploiting

263. Today's tools are stronger and more **nimble** than ever before.
① altruistic　② rational　③ inexplicable　④ agile

264. I have a **hunch** that this whole thing might be a case of mistake.
① avidity　② prevision　③ beguile　④ briskness

265. After spending several hours, Dick became **intrigued**.
① fascinated　② omnipresent　③ desperate　④ triggered

266. He wanted to stay home today because of his **lassitude**.
① homework　② sickness　③ lethargy　④ extinction

267. This is a **jaunty** red hat.
① invaluable　② immature　③ dapper　④ mysterious

268. A video posted on the website **purports** to show Matthew's killing, although the victim's face is not visible.
① revenues　② aims　③ requests　④ decides

269. Dick had to decide whether his mistake was **adventitious** or the result of a flaw in his character.
① accidental　② abecedarian　③ vulnerable　④ foreboding

270. Your work samples are **tangible** evidence of your knowledge of organizational communication.
① substantial　② momentary　③ salubrious　④ amazing

290

Voca Test 28

271. His new inventions were mere **trifles** compared with the beautiful theorem he discovered. ① ambitions ② remnants ③ foes ④ anonyms

272. Their journey connects us to one of the most **pristine** wilderness areas left in the world. ① detrimental ② agreeable ③ primitive ④ acute

273. Disney emerges not as the heroic forefather of animation, but as an **enigma** filled with contradictions.
① integrity ② riddle ③ legitimacy ④ mystery

274. To many people's **chagrin**, he refused to give up polygamy.
① irritation ② merit ③ praise ④ insult

275. For these children, death would seem to be only one hope to end to their **travail**.
① drudgery ② principle ③ property ④ purpose

276. We enjoy the beauty and freshness of your trees and **loathe** the moment when we must chop it down.
① aggregate ② abominate ③ altercate ④ beseech

277. Our details are clear and **legible**.
① readable ② simple ③ easy ④ approachable

278. This had become an **impediment** to doing business and exploring investment opportunities in Korea.
① hindrance ② saliency ③ asset ④ strength

279. Behind him are photographs of the **gorge** where the bridge will be constructed. ① canyon ② tall building ③ construction ④ plant

280. Ninja were very spiritual people, and their beliefs became an **integral** part of Ninjutsu. ① offensive ② placid ③ mutual ④ significant

Voca Test

281. Villagers and party workers **jostled** with each other to meet Mr. Dick.
① pushed　② gathered　③ aborted　④ abscond

282. People with both **maladies** were most likely to have the genetic similarity.
① distress　② ailment　③ draft　④ concentration

283. It is time to stop **procrastinating** about your dreams; it is time to buy this book written by Dick.
① harassing　② delaying　③ immersing　④ maintaining

284. Rather than **promulgating** a company policy designed to guarantee that discrimination does not occur, Wal-Mart did nothing.
① resenting　② proclaiming　③ revoking　④ shunning

285. How can qualities besides appearance be made more **salient** to shoppers?
① accessory　② considerable　③ noticeable　④ ad hoc

286. I was appalled and **petrified** as a single woman living in New York.
① scared　② curbed　③ deferred　④ loathed

287. Under these circumstances they can either learn to adapt, or **perish**.
① die　② hinder　③ illuminate　④ loathe

288. That story's so **far-fetched** that I am not certain it will appeal the audience.
① difficult to believe　② interesting　③ reliable　④ absurd

289. The mood is **somber**, most of the marchers asleep already.
① gloomy　② reluctant　③ robust　④ squeamish

290. Dick wanted to **transmute** his early wealth into eternal treasures.
① transform　② transmit　③ translate　④ transient

291. This show is luring more people to this city and may create an economic **bonanza** as the summer tourist season begins.
① failure　② windfall　③ congestion　④ importance

292. Blair condemned the explosions in Istanbul as the **callous** brutal murder of the innocent.　① abstemious　② indurate　③ aged　④ outright

293. Often we get a **deluge** of calls from novice builders needing major assistance.
① inundation　② approbation　③ argot　④ veneration

294. Both drugs give users a **euphoric** high, and those who buy it may believe they are buying ecstasy.
① jolly　② crazy　③ belated　④ beneficial

295. It seems to me that you are acting as a **hypocrite**.
① pretender　② master　③ student　④ amnesty

296. The following year he invented an **instrument** for determining the specific gravities of liquids.
① device　② aspersion　③ prototype　④ faculty

297. Hannah said the chairman was **mulling** whether to appeal to the Supreme Court.　① contemplating　② accrediting　③ telling　④ suffering

298. Stars approaching the **nadir** point below the black hole have images that appear to be bright.　① advisory　② agrarian　③ bottom　④ highest

299. His past experience exposed him to threats, humiliation, and **obloquy**.
① obscurity　② barrier　③ defamation　④ anger

300. Hannah donated this record to the institution to insure the availability of this material to **posterity**.
① awe　② bedrock　③ descendant　④ student

Voca Test

301. The senator said the Bush administration's arrogant and **reckless** foreign policy has made America less safe.
① rigorous   ② rash   ③ salient   ④ tangible

302. He was not **inured** to this kind of situation.
① hardened   ② iterated   ③ maintained   ④ kindled

303. Submitting **frivolous** document is not appreciated and will not be reported to your service provider.
① scrupulous   ② squeamish   ③ ultimate   ④ trifle

304. An **officious** steward named Moses come along the other direction.
① frugal   ② meddlesome   ③ futile   ④ explicit

305. Hannah calls Dick a person of **impeccable** honesty and integrity.
① edible   ② faultless   ③ extemporaneous   ④ ductile

306. The proposals were so vague that they have **spawned** a flood of lawsuits.
① produce   ② ambush   ③ arouse   ④ guarantee

307. A wife should be good to her husband; be gracious, faithful, industrious, and **frugal**.   ① derelict   ② sparing   ③ courageous   ④ defiant

308. The **ad hoc** tests in tutorials probably led to the oldest kind of formal exam: the oral exam.
① impromptu   ② acerbic   ③ penchant   ④ very important

309. Coca-cola was introduced in 1886 as a valuable brain-tonic and cure for all nervous **afflictions**.   ① chaos   ② suffering   ③ condition   ④ demise

310. Moses is charged with both attempted murder and **wanton** endangerment.
① malicious   ② fervent   ③ gradual   ④ risky

311. We are very pleased, because it **vindicates** what we have been saying all along. ① impedes ② nurtures ③ maintains ④ justifies

312. Moses had been charged with thousands of counts of aiding and **abetting** murder. ① assign ② beseech ③ encourage ④ vie

313. Dozens were killed in clashes between **nomadic** Muslim herdsmen and Christian farmers in the central state of plateau.
① dormant ② peregrine ③ ephemeral ④ feasible

314. They don't care to live openly as we do, but prefer to live in **seclusion**.
① forerunner ② privacy ③ hardship ④ inflation

315. Dick has no regrets about the **ephemeral** nature of his creations: "We always have the photos."
① tenacious ② transient ③ wretched ④ accessory

316. Surreptitious eavesdropping devices include miniature microphones and transmitters. ① clandestine ② perceptible ③ arrant ④ assiduous

317. The **illicit** relationship was revealed when her husband, Steve, found love letters from the other man.
① competitive ② illegal ③ blithe ④ autonomous

318. He was a good speaker, **lucid** in his lectures, persuasive in conversation.
① clear ② amiable ③ indifferent ④ bizarre

319. This is such an **egregious** violation and a blatant disregard for the constitution.
① flagrant ② abreast ③ coincidental ④ barren

320. This early part of the epidemic was a **halcyon** time before transforming into a nightmare. ① calm ② genuine ③ obstinate ④ immaterial

Voca Test

Voca Test 33

321. Some infants **babble** during the first 6 months of life.
① chatter   ② arouse   ③ aghast   ④ blossom

322. Find out how much of a baby's physical development is **inborn**, and how much comes from on-the-job training.
① counterfeit   ② corporal   ③ congenital   ④ contiguous

323. Tokyo has yet to fully **atone** for its militaristic past.
① remunerate   ② contract   ③ defer   ④ discard

324. I began teaching seminars **extolling** the virtues of my book to others.
① raising   ② lauding   ③ scolding   ④ vanishing

325. They quickly transformed the two-story, three-bedroom **derelict** into a comfortable home.
① abandoned   ② vigorous   ③ whimsical   ④ scrupulous

326. Prenatal ultrasounds can't be considered completely **innocuous**.
① bizarre   ② harmless   ③ big–hearted   ④ circumspect

327. Gently **vanquishing** aches and pains, he brought a state of deep relaxation and wellness.   ① gathering   ② giving   ③ furnishing   ④ conquering

328. When has any president exhibited so much **hubris** as George W. Bush did on January 28, 2003?   ① jeopardy   ② merit   ③ plant   ④ presumption

329. Her **eclectic** background includes credits as an accomplished pianist and competitive ice skater.
① indifferent   ② versatile   ③ altruistic   ④ outright

330. The best way to handle any **gaffe** is to remain calm-what people will remember more is how you react to your mistake.
① mystery   ② value   ③ mistake   ④ arbiter

Voca Test 34

331. Recent advances in software technologies have created a **plethora** of mobile devices with a wide range of communication.
① prosaic   ② superfluity   ③ partiality   ④ origin

332. Matthew said he came to the United States in 2002, and he was granted **asylum** this spring.
① refugee   ② fad   ③ expenditure   ④ disparity

333. This political campaign gave them a chance to introduce and **ingratiate** themselves with fellow Republicans.
① indict   ② indemnify   ③ insinuate   ④ inert

334. Please review these Terms of Service from time to time so that you will be **apprised** of any changes.
① burnished   ② informed   ③ complied   ④ dampened

335. She declined to **impart** any further information about the talks.
① foster   ② launch   ③ disclose   ④ pacify

336. You can also **embellish** the website with various decorations such as fancy photos.   ① prescribe   ② penetrate   ③ adorn   ④ loot

337. Ironically, the treatment might have **emaciated** him.
① weaken   ② boomed   ③ compelled   ④ strengthened

338. Ignorance in such cases is indeed **bliss**.
① harbinger   ② felicity   ③ despair   ④ expenditure

339. This was the **apex** of her reign, her greatest and happiest moment.
① vertex   ② predicament   ③ rebel   ④ stupor

340. This award is the highest which the organization **bestows**.
① accord   ② block   ③ confer   ④ advocate

Voca Test

341. I don't expect there to be any kind of **punitive** effort on his part.
   ① punishing   ② bewildering   ③ decrepit   ④ colossal

342. The belief that Japan is the strongest nation in the world is **preposterous**.
   ① ridiculous   ② provisional   ③ sensible   ④ typical

343. The strong counterattack of his opponent could not **enervate** the Republicans.
   ① furnish   ② weaken   ③ elicit   ④ fire

344. Hannah was **humiliated** by her ridiculous mistakes.
   ① apathetic   ② ceased   ③ apprised   ④ mortified

345. After spending my vacation in this **placid** place, I felt rested.
   ① annual   ② outworn   ③ arid   ④ peaceful

346. The government is trying to **improve** traffic conditions for drivers.
   ① impede   ② improvise   ③ illiterate   ④ ameliorate

347. Though she played the piano occasionally, she was more of a **dilettante**.
   ① commodity   ② dabbler   ③ conglomerate   ④ culprit

348. The **malicious** employee slashed her tires for revenge.
   ① inherent   ② hilarious   ③ impecunious   ④ spiteful

349. The students tend to **ostracize** the children they dislike from their games.
   ① prescribe   ② exclude   ③ relieve   ④ stimulate

350. It was difficult to **fathom** the reason for closing the institution.
   ① understand   ② loathe   ③ mobilize   ④ malinger

351. The newcomer picked the most **amiable** person to sit next to during the meeting.

① genuine ② flexible ③ genial ④ green–eyed

352. The new home was so **commodious** that many new pieces of furniture needed to be purchased.

① obtuse ② pliant ③ optimistic ④ roomy

353. He might have foreseen the problems that would **ensue** after their marriage.

① result ② block ③ cease ④ collide

354. A **horde** of genes offers a myriad of contraceptive targets.

① multiform ② multilingual ③ multitude ④ multiply

355. We need the death penalty for the most **heinous** cases.

① dangerous ② important ③ abominable ④ emphasized

356. This area shows **mutable** weather patterns.

① typical ② vigorous ③ scrupulous ④ volatile

357. It is **inutile** to try to persuade Dick.

① critical ② depose ③ futile ④ disparage

358. Human can never **subdue** nature.

① eliminate ② overcome ③ anticipate ④ certify

359. The incident provided the **pretext** for war.

① despair ② drawback ③ pretense ④ enmity

360. The computer course is ideal for **novices**.

① beginner ② bar ③ boom ④ candor

Voca Test

361. Another witness **recanted** her testimony before she dies.
① spurred   ② mentioned   ③ retracted   ④ shouted

362. This is the true story of **treachery**, torture and murder.
① perfidy   ② assault   ③ stealing   ④ blood

363. Words simply could not carry such a **sublime** message.
① anomalous   ② ardent   ③ blessing   ④ reverend

364. Binoculars are an **indispensable** tool for hunters.
① essential   ② proficient   ③ precise   ④ obvious

365. There seemed to be no end to the challenges we could **concoct**.
① hatch   ② declare   ③ error   ④ flourish

366. Dick **admonished** Hannah for having met her ex-boyfriend.
① alarmed   ② cautioned   ③ compelled   ④ concurred

367. After a while, the **conceit** becomes overbearing.
① modicum   ② obstacle   ③ pride   ④ plight

368. If you confirm or **refute** this, please let me know.
① kindle   ② negotiate   ③ foster   ④ disapprove

369. Thank you for your **hospitality**.
① foe   ② aficionado   ③ blot   ④ friendliness

370. The blood **donor** and transfusion recipient should have the same blood type.
① giver   ② fraud   ③ grudge   ④ hub

371. Long, slender limbs mean the animal was **agile**, whereas heavy bones give support not speed.

① altruistic ② intact ③ spry ④ atrabilious

372. A recently passed law in France forbids **conspicuous** religious symbols and clothing in schools.

① obvious ② discreet ③ dreary ④ bad

373. When is a player **eligible** for salary arbitration?

① abominated ② entitled ③ beneficial ④ aesthetic

374. He was quite **scrupulous** in his attention to rules of etiquette.

① meticulous ② ceaseless ③ big–hearted ④ chronic

375. Many people squander the astounding **resources** handed them by fate.

① atone ② disperse ③ annul ④ thwart

376. Prosecutors cited the bathroom incident as proof he involves himself in **nefarious** activity.

① intentional ② abominable ③ lamenting ④ important

377. They are such pros they can make the most **banal** gag hilarious.

① particular ② threadbare ③ placid ④ insightful

378. Botox temporarily **paralyzes** muscles beneath the skin to smooth frown lines between the eyes. ① surrenders ② utilizes ③ disables ④ addicts

379. I was trying to think of some way to **prolong** the conversation.

① lengthen ② accord ③ exhort ④ bedeck

380. Boys were significantly more annoyed by **verbose** pages than were girls.

① ceaseless ② dog–eat–dog ③ contiguous ④ wordy

381. **Sparsely** populated, this place remains an area isolated from the civilization.
① awkwardly   ② thinly   ③ amiably   ④ conveniently

382. A guitarist can play a difficult song only after many years of **strenuous** exercise.
① bleak   ② brief   ③ scrupulous   ④ hard

383. Professional athlete has existed as a **bona fide** profession for a long time.
① courageous   ② genuine   ③ bizarre   ④ careful

384. Moses was arrested when he **defrauded** the commercial law.
① improvise   ② mollify   ③ cheat   ④ justify

385. What the newspaper does is to **identify** the fact there are many homeless people in Seoul.
① abdicate   ② achieve   ③ acknowledge   ④ acquit

386. It is a man's own fault if his mind grows **torpid** in old age.
① spacious   ② lethargic   ③ suspicious   ④ indistinct

387. There were **venal** politicians who pandered to this mob.
① corrupt   ② despondent   ③ countless   ④ confounded

388. All successful newspapers are ceaselessly querulous and **bellicose**.
① modest   ② obstinate   ③ pernicious   ④ belligerent

389. By experimenting with pea plants, Mendel figured out how **characteristic** are passed from one generation to the next.
① demise   ② trait   ③ abundance   ④ accomplice

390. The children eventually ended up in a **squalid** orphanage.
① offensive   ② nervous   ③ mean   ④ sordid

391. It is essential that countries understand their **irreconcilable** differences before they negotiate international trade agreements.

① illicit　② indistinct　③ legendary　④ uncompromising

392. Employees should have access to **potable** water for drinking purpose.

① counterfeit　② desolate　③ drinkable　④ crucial

393. We have other ministers who will conduct ceremonies and are prepared to deal with the legal **repercussions**.

① goodwill　② backlash　③ hegemony　④ garment

394. Officers were unable to find any **vestige** of drugs.

① rebel　② opponent　③ nature　④ trace

395. Salmon populations have been severely **depleted**.

① decreased　② iterated　③ lamented　④ mollified

396. Because your body does not produce calcium, you must continually **replenish** the supply.

① abominate　② blend　③ provide　④ chide

397. The attack on that day was the worst **calamity** in the history of Korea.

① pinnacle　② portion　③ catastrophe　④ quarrel

398. Several newspapers sent reporters to **investigate** the rumor.

① abash　② immerse　③ govern　④ scrutinize

399. In front of my father's coffin, I made a vow of **vengeance**.

① blessing　② revenge　③ breakthrough　④ chaos

400. All six men admitted **conspiring** to steal cars.

① forbidding　② plotting　③ govern　④ harassing

정답 및 해석

Answer

001. ④ • 청자들은 그런 완벽한 발표가 즉석 연설에서 만들어질 수 있었던 것에 대해 놀랐다.

002. ④ • 그는 진부한 자신의 삶에 지쳤다.

003. ① • 판매담당자는 기분이 상한 고객을 달래야 할 필요성을 느꼈다.

004. ② • 그는 맛있는 것에 대한 생각에 끊임없이 사로잡혀 있는 극도로 뚱뚱한 친구들이 있다.

005. ③ • 그것들은 매우 불안정하며 자신을 파괴하는 경향이 있다.

006. ② • 정부는 즉각적인 도움이 필요한 사람들을 도울 임시 대책을 취하고 있다.

007. ② • 매년 이맘때쯤은 대개 들떠 있다.

008. ④ • 그녀는 교인들에 대해 다소 적대적이다.

009. ① • 한 중립 국가가 평화를 이룩하기 위해 중재하겠다고 자원했다.

010. ④ • 그 가난한 가족은 세금공제를 받았다.

011. ② • 나는 그에게 원본 제품에 관해서 타당한 질문들을 많이 던져보았다.

012. ③ • 경제적 압박 때문에 마침내 정부는 우리의 요구에 항복하고 말았다.

013. ② • 내가 주장하는 바는 모든 인간이 평등하게 태어나지 않았다는 것이다.

014. ② • 미국인들은 매우 친절하다는 평판을 가지고 있다.

015. ① • 몇몇 사람들은 사형이 심각한 범죄들을 제대로 저지할 수 있는 유일한 것이라고 믿는다.

016. ① • 암벽 등반가들은 때때로 생명의 위험을 무릅쓰기도 한다.

017. ③ • 가난한 사람들의 삶은 현재보다 미래가 더욱 불안정할 것이다.

018. ① • 헌법은 정부의 조직과 설립을 위한 개요를 제공한다고 교수님이 설명하셨다.

019. ④ • 나는 어느 날 밤 서울에서 귀중한 교훈을 배웠다.

020. ① • 목표와 자료 사이에는 상호관계가 있다.

021. ③ • 어머니께서는 항상 냅킨을 특정한 방법으로 접으신다.

022. ② • 그 대학은 규모는 작지만 유명하며 기부금이 많이 들어오기 때문에 입학할 때 매우 엄격한 자격 조건을 요구한다.

023. ④ • 우리는 직업으로 사람들을 평가해서 그들의 존재를 인정하는 경향이 있다.

024. ① • 그 비정한 장군은 그 마을의 무고한 사람들을 죽였다.

025. ③ • 아름다운 일출과 색색의 나비 떼는 우리가 공원을 거닐 때 느낀 행복을 더해 주었다.

026. ① • 사생활에 대해 논하는 것에 대해 민감한 사람이라면 결혼 생활이 어떤지 묻는 것은 좋지 않다.

027. ① • 그 에세이는 철저하고 기술적으로 충분하지만 맛이 없고 색깔도 없다.

028. ③ • 그는 가장 비열한 서커스 어릿광대 중에 한 명이었다.

029. ④ • 너는 그렇게 소홀히 해놓고 정말 칭찬 받을 거라고 생각하느냐?

030. ④ • 나는 그가 너무 고집이 세기 때문에 방송관련 일자리를 잃었을지도 모른다고 생각한다.

031. ④ • 아시아에 체류하는 동안에 그는 토착민들의 풍습들에 대해 많은 것을 배웠다.

032. ② • 이 가위는 무뎌서 종이를 자를 수 없다.

033. ① • 현대 사회구조는 부패로부터 안전하다.

034. ② • 당신이 그의 증거를 부정할 만한 어떠한 것도 제시할 수 없기 때문에, 나는 그의 논거를 받아 들여야만 한다.

035. ③ • 아이들은 일반적으로 어른들보다 더 잘 믿는다.

036. ② • 나는 특히 강의하는 교수가 아무것도 내세울 것이 없다는 걸 알 때는 지루한 수업은 몰라도 잘난 체하는 수업
은 참을 수가 없다.

037. ① • 우리의 임시 협정은 공식적으로 지난주에 승인되었다.

038. ③ • 계속해서 증가하는 많은 항공회사 기능들의 컴퓨터화 추세는 급속히 가속화되고 있으며, 심지어 전 세계의 가
장 작은 운송회사들까지도 포함하기 시작했다고 세계 항공운송 조사는 설명하고 있다.

039. ② • 젊은 사람들은 라디오와 TV에 영향을 받기 쉽다.

040. ① • 그들은 수지맞는 무기 거래에서 부자가 되었다.

041. ② • 너무 많은 순진한 소비자들이 신용 사기 악몽으로 되돌려 주는 부도덕한 판매자들에게 서둘러 흔쾌히 신용정
보를 제공하고 있다.

042. ① • 대체 교사는 아이들의 품행에 감격했다.

043. ④ • 우리는 가끔 약의 효능을 능가하는 약의 부작용에 주의를 기울여야 한다.

044. ③ • 그 종의 암컷은 새끼에 대한 관심을 잃어버리는 것 같다.

045. ① • 그에게는 끊임없이 맛있는 음식 생각에만 골몰하는 몹시 살찐 친구가 하나 있었다.

046. ④ • 우리는 모두 우둔한 명상에 젖어 미술관에서 며칠을 허송하는 사람들을 알고 있다.

047. ① • 매춘은 Nevada 주를 제외한 모든 주에서 불법적인 행위이다.

048. ② • 경범죄로 즉결재판을 받기 위해 많은 사람들이 길게 줄을 서서 기다리고 있었다.

049. ② • 일상적인 업무와 정보에 대해 명확하고 식별이 있는 것은 교육을 받은 사람의 특징이다.

050. ② • 회원 수의 증가로 인해 클럽 회관이 아주 비좁아졌다.

051. ② • 그 법정은 경찰이 용의자로부터 얻어낸 자백을 채택하지 않았다.

052. ④ • 그것이 가져다 준 이러한 급작스런 평온과 안도감이 배 전체에 걸쳐 더욱 온화한 분위기를 자아내게 하였다.

053. ③ • 나는 결코 그러한 잔인하고 화내면서 그녀를 때렸다는 이야기를 들은 적이 없었다.

054. ② • 두 단체 사이의 외적인 화해 조짐에도 불구하고 다소간 이면적인 적의가 존재하고 있다.

055. ② • 그의 죄는 가벼웠으나 그가 느끼는 죄책감은 연민의 정을 자아냈다.

056. ④ • 설탕의 이상 수요는 품귀 현상이 있을 것이라는 그릇된 소문에서 기인된 것이었다.

057. ② • 시골 소녀는 사무실 업무에 익숙해질 수 없다.

058. ③ • 성공적인 사업가가 되고 싶거든, 진취적이어야 하며 다른 사람의 감정을 염려하지 말아야 한다.

059. ① • 북부 여러 주의 신문과 주민들은 조처를 취하기 위해 부산하였다.

060. ① • 우리는 대단한 계획을 수립하지 않고도 이 문제에 관한 많은 것을 해냈다.

Answer

061. ② • 두 명의 노벨상 수상자를 포함한 많은 유명한 지식인들이 참석할 것입니다.

062. ④ • 본 법정은 그 판결을 파기하였으며, 그 사건을 기각하라는 명령과 함께 하급재판소로 반송했다.

063. ③ • 대중들이 그의 음악을 비웃을지도 모르겠지만 우리들은 더 잘 알고 있다.

064. ② • 나의 계산에 따르면, 은행에서는 올해 나에게 100달러의 이자를 지불해야 한다.

065. ④ • 그녀는 시샘이 아주 심하며 누이동생의 재산을 몹시 탐낸다.

066. ② • 콤파스가 있다면 원을 그리기 쉽다.

067. ④ • 그는 그 금속이 멋진 광택을 발할 때까지 닦았다.

068. ③ • 공포의 악영향이 도시 전체에 퍼지고 있는 것 같다.

069. ① • 그는 수업 중 잡담하였기 때문에 방과 후 잡혀 있었다.

070. ① • 그는 호박 튀김을 아주 싫어한다.

071. ① • 만약 모든 사람이 반대하여 고기를 사지 않는다면, 상점들은 고기 가격을 인하해야 할 것이다.

072. ③ • 그 도시의 찬란한 불빛, 영화관, 영화 등은 피하기 어려운 구경거리이다.

073. ③ • 아무리 까다로운 규칙이라 할지라도, 적합하지 않은 용례를 들어 그 규칙을 논의해 보는 것은 거의 언제나 가능하다.

074. ② • 군에 의해 국가수반이 해임되었다.

075. ① • 그는 아내와 함께 해안가를 산책하고 있다.

076. ④ • 지난 10년 간 물가가 꾸준히 오르고 있다.

077. ② • 우리는 보복으로 적의 마을에 폭탄을 투하하기로 결정하였다.

078. ① • 법정은 그 계약을 파기하였다.

079. ④ • 최대한의 인내심을 발휘한 주자가 장거리 경주에서는 승리한다.

080. ② • 움직이지 않는 사물을 맞히기가 가장 쉽다.

081. ① • 화재에 대한 예방책을 강구하는 것은 카페 주인들의 의무이다.

082. ① • 그 죄수는 도망가기 위하여 간수를 체했다.

083. ④ • 이 책은 논쟁적이라기보다 온화한 어조로 쓰여졌다.

084. ④ • 낭만적인 사랑의 관념에는 항상 욕심스럽고 무미건조하며 치사스런 많은 것들이 숨겨져 있다.

085. ② • 그는 다재다능한 연주자인데 가끔 벤치에서 오케스트라를 지휘하면서 자신의 작품 중 하나를 피아노 반주를 한다.

086. ④ • 노새는 말과 당나귀 사이에서 난 새끼를 못 낳는 동물이다.

087. ③ • 당신의 진술서를 공증하여 이 사무실로 반송하여 주십시오.

088. ② • 이민국 관리는 승객의 통관 증명서를 주의 깊게 조사하였다.

089. ② • 가솔린은 휘발성이 있다.

090. ① • 그러한 수치스런 행동은 분명히 그의 명성을 해칠 것이다.

091. ③ • 의사들은 새로운 합성물에 대하여 반드시 주의 깊은 태도를 취한다.

092. ② • 잉글랜드는 웨일즈에 접한 유일한 지역이다.

093. ③ • 동물들이 더 많은 먹이를 먹게 될 때 일반적으로 더 빨리 번식한다.

094. ③ • 이 단어의 본래 의미는 지금 사용되고 있지 않지만, 큰 사전에서 그 의미를 찾아 볼 수 있다.

095. ③ • 자신의 반항과 허세에도 불구하고 그는 내심 겁쟁이였다.

096. ① • 우리는 그들과 사이좋게 지내려고 노력하지만 그들은 다루기 어렵고 비타협적인 무리이다.

097. ① • 자신의 정열에 넘치는 기질을 억누를 수 없어서 그는 항시 웃으며 즐거워하였다.

098. ① • 그 변화 때문에 우리가 한 모든 일이 무효가 되고 있다.

099. ③ • 이집트 사공은 강 한가운데에서 노젓기를 멈추고 더 많은 돈을 탐욕스럽게 요구하며 사실상 우리를 억류했다.

100. ③ • 그 여급에게 바쁘다고 말하면 일이 빨리 진척될 것이다.

101. ② • 허영심이 강한 사람은 여러 사람 앞에서 자신의 성공을 떠벌리는 법이다.

102. ① • 우리 인간들은 자신의 불운을 달관하여 받아들이는 대신에 심하게 불평하기 쉽다.

103. ① • 그 사장의 얼굴에 비웃는 듯한 표정이 떠올랐다. 욕설을 들으리라고는 생각하지 않았었다.

104. ② • 남녀란 공동의 노력에 기여하려는 욕망에 자극될 때만 효과적으로 함께 일할 수 있다.

105. ③ • 화가 난 그 여인은 손을 허리에 대고 팔꿈치는 옆으로 벌리고 마치 여자 생선장수처럼 그를 호되게 꾸짖기 시작했다.

106. ③ • 비행기가 군사 무기로 개발되기까지 그 요새는 난공불락으로 여겨졌었다.

107. ④ • 혹자는 역사의 실마리를 신의 섭리작용에서 찾으려 하였다.

108. ① • 자연은 우리를 놀라게 하고 즐겁게 하는 것을 결코 멈추지 않는다. 그것이 잎사귀의 결이든지 달팽이의 발자국이든지 간에 말이다.

109. ④ • 집을 짓는 것은 힘든 일이지만 그 결과는 노력의 가치가 있다.

110. ③ • 선출된 공무원들을 위한 어처구니없이 사치스러운 연금체계는 모두 폐기되어야 하며 피고용자 분담세 체계로 대체되어야 한다.

111. ③ • 뼈 조각이 동물의 아래턱에서 채취가 되었으며 발굴 지역 인근에 있었다.

112. ④ • 과거를 소중히 하고 현재를 꾸미며, 미래를 건설하는 것이 BSC 그룹의 좌우명이다.

113. ① • 아동 옹호자와 자원봉사자들은 소년 법원에서 학대 받고 방치된 아동들을 대표한다.

114. ① • 오늘날, 그녀는 이 분야에서 가장 상냥하고 붙임성 좋고 따뜻한 사람이다.

115. ④ • 경찰이 그녀를 멈춰 세웠을 때 그녀는 공격적인 모습을 보였으며 경찰관을 폭행하려는 시도를 했다.

116. ④ • 베트남은 부시의 계획을 가장 위험한 외교 정책 실수라고 불렀다.

117. ③ • 지난주의 축도 동안에 숭배자들은 그를 용기 있는 지도자로 칭송했다.

118. ③ • 음반사들은 과거에 너무 자기만족을 했고 소비자들을 끌어 모이기 위해서는 개혁해야 한다.

119. ① • 그는 혼잡한 도심에서 50년 동안 신문을 팔아왔다.

120. ④ • 우리는 필수적인 교육을 포함해서 반드시 그들을 도울 것이다.

Answer

Voca Test 13

121. ④ • 몇몇 작가는 필명으로 인기 있는 책을 쓴다고 의심된다.

122. ④ • 교육부는 이익이 될지 해가 될지에 대한 분명한 증거가 없기에 그 결과는 애매모호하다고 주의를 주었다.

123. ① • 그는 아이들이 수년 동안 위험에 처한 아동복지 체계에서 무기력해 하는 것을 보아 왔다.

124. ② • 화요일의 경고는 초기의 합병 계획이 균형을 조정하기에는 충분치 않다는 것을 보여준다.

125. ④ • 그녀는 희망이 없을 정도로 둔감해서 그가 귀엽다는 것도 알아차리지 못했다.

126. ① • 그 회사는 불경스러운 자료들은 버리지 않은 현재 형태로 회사를 놓아주려고 의도했다.

127. ③ • 부시 대통령은 어젯밤에 이라크를 달래기 위한 선거 캠페인을 지지하도록 직접적으로 미국인들에게 호소했다.

128. ③ • 나는 그가 아이들을 다루는 방식을 경멸한다.

129. ④ • 이 책상은 너무 약하다. 너무 힘을 주면 부러질 것이다.

130. ① • 당신은 학교 체계의 변화에 대해 통보받을 것이다.

Voca Test 14

131. ① • 그는 악덕한 행동으로 매우 비난 받았다.

132. ② • 당신의 노고에 대해 우리는 존경해 마지않습니다.

133. ③ • 안질환이 야기한 시력 상실은 일시적인 것이다.

134. ① • 7살이 되면 아이들은 추상적인 용어를 생각할 수 있는 능력을 가지게 된다.

135. ④ • 당신은 천천히 근육을 수축, 이완시켜야 한다.

136. ② • 화기애애한 분위기가 공원의 군중 사이에 널리 퍼졌다.

137. ④ • 새로운 법은 권총의 판매를 제한한다.

138. ④ • 특권을 가진 소수가 부를 계속 축적한다는 것은 불합리하다.

139. ② • 이 추문은 부서 전체에 불명예를 초래하였다.

140. ① • 몇몇 젊은이들은 정치에 무관심한 것 같다.

Voca Test 15

141. ④ • 보안 카메라는 사람들이 물건을 훔치는 것을 방지하기 위해 설치되었다.

142. ① • 사람들은 기후 변화의 중대한 의미를 알지 못했다.

143. ③ • 열정적인 전도사가 교회에서 연설 중이었다.

144. ④ • 그 연구는 어떤 결론에 도달하기에는 너무 피상적이다.

145. ③ • 그들은 전쟁의 희생자들에 대해 동정하였다.

146. ③ • 그녀가 학교에서 가장 좋아하는 것은 음악 시간과 쉬는 시간이다.

147. ④ • 그는 아들의 행동에 당혹감을 감추지 못했다.

148. ① • 딕은 백만장자가 되고자 하는 야망을 성취했다.

149. ① • 딕은 해나의 요리 솜씨를 칭찬하면서 추켜세웠다.

150. ① • 많은 학생들이 심각한 재정적 어려움으로 고통받고 있다.

Voca Test 16

151. ① • 그녀는 희귀한 불치병에 걸렸다.

152. ① • 정부는 희생자들에게 보상비를 지급하는 데 동의했다.

153. ② • 수도사들이 하는 일이 기독교의 전파에 결정적인 역할을 했다.

154. ④ • 누가 말 많은 직원을 좋아하겠는가?

155. ② • 공화당원들은 민주당원들이 지연 전술을 쓴다고 비난했다.

156. ① • 일주일이 지난 후에도 배심단원이 평결을 내리지 못했다.

157. ② • 수잔은 조숙한 아이였고 3살 때 읽고 쓰는 법을 배웠다.

158. ③ • 3월 5일에 전국 수천 명의 십대들이 학교를 떠나 도심부에 집결했다.

159. ④ • 그것에 대한 나의 불만은 왜 그 카드들이 약하고 지저분하냐는 것이다.

160. ② • 억제되지 않는 탐욕은 전염병과 같은 정치적 타락을 야기한다.

Voca Test 17

161. ④ • 한국 정부는 죽음의 원인을 규명하기 위해 부검을 실시하고 있다.

162. ③ • 그들은 이제 주인공의 집에서 그들의 가장 은밀한 대화를 들으며 사생활을 보게 된다.

163. ④ • 트럭이 도로를 탈선해서 오토바이와 정면으로 부딪혔을 때 아무도 다치지 않았다.

164. ③ • 내 생각에는 생물학은 유한한 영역이고 정점에 도달한 후에는 쇠퇴할 것이다.

165. ④ • 그 여배우는 대사를 모르는 그녀를 비난하는 퉁명스러운 편지를 받았다.

166. ④ • 축제는 ozzfest와 woodstock쇼로 이번 주에 절정에 이르게 된다.

167. ① • 럼스펠드는 이 학대를 일시적인 탈선이었다고 묘사했다.

168. ④ • 해롭게도, 앤디는 프로 골퍼와 바람을 피우는 아내를 목격했다.

169. ① • 그는 조심스럽게 앞으로 나가고 있는 해나에게 쌍안경을 준다.

170. ③ • 에미넴은 여성, 게이, 그의 어머니, 예전 아내에 대한 선동적인 의견을 보여줘 왔다.

Voca Test 18

171. ① • 대통령은 공화국의 독립을 선언했다.

172. ② • 나는 톰 행크스가 오스카상을 두 번 연속해서 받은 것만큼 기쁘다.

173. ① • 연방, 주, 지역 부처의 권한과 책임을 명확히 규정하라.

174. ② • 이것은 진단되어질 수 있고 적당한 치료 전략을 배우면 극복 가능하다.

175. ② • 인터넷은 빠르게 비평을 찾을 수 있는 생존 공간이 되어 가고 있고 우리는 그것에 뒤처지지 않도록 최선을 다하고 있다.

176. ① • 이 크루즈 호는 호화로운 프랑스, 아시아, 멕시코 식당의 이미지다.

177. ④ • 조는 눈이 영원히 빛나는 자상한 아버지 상으로서 완벽한 산타클로스다.

178. ④ • 액체와 고체를 분명하게 구별하는 것은 쓸모없는 일이다.

179. ② • 간결성은 축약이 아니라 선택에 의해서 얻을 수 있다.

180. ② • 치료되지 않으면 상황이 만성화되며 질식사 할 수도 있다.

Answer

Voca Test 19

181. ③ • 이것은 복싱 글로브를 착용하고 신발끈을 묶는 것과 같이 성가시고 좌절감을 느끼게 한다.

182. ③ • 나는 아이들을 소중하게 여기기 때문에 다른 부모들만큼 주의깊게 지킨다.

183. ① • 과거에 매튜는 약하거나 그럴듯한 주장에 대한 소송을 제기하기로 했다.

184. ③ • 이 화재는 길고 잔혹한 화재 주의 계절에 대한 불길한 신호이다.

185. ④ • 마오쩌둥 의장이 1976년 사망 후 그의 권력은 점점 커졌고 1978년에는 중국의 최고 유력 지도자가 되었다.

186. ④ • 1991년 이래로 과학자 팀이 빙하의 가장 단명 하는 속성을 측정해왔다.

187. ① • 대통령은 작년의 이라크로부터의 위협이 어떻게 묘사되었는지 간접적인 언급을 하는 듯이 보였다.

188. ② • 반대로 성적 유머는 대개 풍자와 완곡한 언급에 의존한다.

189. ③ • 만약 미래를 상상하기 막연하다면 당신 주위의 풍요로운 과거에 초점을 맞추어라.

190. ② • 그는 10대 중반의 결점 없는 신체를 가지고 있는 잘생긴 젊은이다.

Voca Test 20

191. ④ • 과학자들은 최근에 준양자의 내재적 모양에 대해 연구해왔다.

192. ① • 지나친 무력은 반발을 불러일으키고 새로운 이라크의 폭동을 조장할 수 있다.

193. ③ • 오늘까지 그것에 대해 생각한다는 것은 주제넘은 일이었지만 지금은 생각 중에 있습니다.

194. ① • 정부는 가격고정 금지정책에 대한 우려를 나타냈다.

195. ④ • 우리는 편협한 주제에 대한 세심한 세부사항을 다루는 기술적 논문을 찾지는 않는다.

196. ③ • 해나는 남편이 창문을 닫을 때 풀이 죽은 채로 침대로 걸어 돌아갔다.

197. ③ • 나의 향수병과 Frosty를 너무 좋아하는 것을 줄여 주어서 고맙습니다.

198. ① • 한국은 다양한 박애주의적 프로그램을 통해 전세계의 아동들을 지원해주는 전통을 가지고 있습니다.

199. ④ • 그는 정규교육을 받지는 못했지만 열심히 책을 읽었고 전기와 화학에 대한 이해를 얻었다.

200. ② • 나는 매우 명백한 용어를 만들어 보았다.

Voca Test 21

201. ① • 딕 박사님, 걱정 마세요. 제정신일 때 돌아오겠습니다.

202. ① • 매튜는 심각하고 수심에 잠겨 앞쪽 항구를 다시 쳐다보았다.

203. ④ • 호빗들은 어찌할 바를 몰라서 폐허가 된 곳의 중심부로 물러가 서로를 등지고 서 있었다.

204. ① • 미군과 의용군이 싸우는 위협을 피하기 위해 지속적인 대화가 있었다.

205. ① • 그의 삶은 그리 순조롭지 않았다. 그는 네 살 때부터 사실상 고아였다.

206. ④ • 해나는 모든 사람에게, 특히 남편에게 그녀의 완고한 성격을 숨겼다.

207. ① • 온라인 매체의 통합은 의사들의 건강관리 정보를 찾는 것을 효율화시키기 위한 것이다.

208. ④ • 역할을 조정하는 것은 가족 간의 상호작용 방식의 격변을 야기할 수도 있다.

209. ② • 나는 요행에 반하는 진정한 원칙이 있다고 확신한다.

210. ② • 조는 제멋대로 굴고 회개하지 않았다.

211. ③ • 이 요새화된 도시는 17세기에 당나라의 첫 황제에 의해 만들어졌다.

212. ② • 이것은 당신의 예산을 변덕스런 시장으로부터 보호하는 것을 도와주는 중요한 장점이 될 수 있다.

213. ④ • 모든 곳의 생태계는 부주의하고 무관심한 인간에게 포위되어 있다.

214. ① • 요즘 우리는 그리 양심적이지 않다는 것이 두려울 수도 있다.

215. ① • 범죄 행위를 막기 위해 감시 장비를 설치하라.

216. ② • 법정 바깥에서 그는 담배를 피우면서 즉석 회견을 가졌다.

217. ④ • 이 렌즈는 최신 렌즈의 소개로 무용지물이 됐다.

218. ④ • 사용자의 요구가 포털 사이트들의 융합의 필요를 촉진시킬 것이다.

219. ② • 우리는 여기에 있었던 토착인인 우리 조상의 삶을 기념하기 위해 여기 있습니다.

220. ① • 몇몇 곤충은 기후 조건이 부화에 적합할 때까지 활동을 하지 않는 알을 낳는다.

221. ③ • 그들이 거절한다면 등록이 취소되기 때문에 등록을 끝내기 위해 이 계약 조건을 받아들여야 할 것이다.

222. ② • 우리는 모든 재킷을 검사해서 조금의 흠집이 있는 것을 없앴다.

223. ② • 이 나라에 많은 상담가들이 있고 그들은 철수할 계획이 없다고 회사가 밝혔다.

224. ① • 약에 대한 전문 용어를 이해하는 것은 평범한 사람 중 가장 교육을 많이 받은 사람에게도 어렵다.

225. ① • 그는 위대한 가수가 얼마나 위대한 존재인지를 말하면서 거드름을 피운다.

226. ① • 법정 소속원들은 여러 곳을 방문하며 고등법원에서 소송하는 집단을 포함해서 자주 연설을 한다.

227. ④ • 깃발은 의류로 사용되어서는 안 된다.

228. ② • 흔해 빠진 비유로 축구가 전쟁이라는 것이다.

229. ① • 궁핍한 때를 대비하기 위해 그는 풍족할 때 많은 옥수수를 저장한다.

230. ② • 대다수는 부시의 윤리적인 대담이 어리석다고 한다.

231. ④ • 현실상 이론과 연구 그리고 그 조정간의 연관은 매우 미미하다.

232. ① • 어머니는 변호사에게 자신의 권리를 포기했고, 아버지는 법정에 모습을 나타내지 않았다.

233. ③ • 그들은 경험 많고 박식하다.

234. ③ • 그는 이 재앙에 연루되고자 하는 의도가 전혀 없었다.

235. ② • 아버지가 딕에 대해 가장 매서운 묘사를 했다.

236. ① • 공급자가 오래된 나무를 사는 이점에 대해 명확히 설명한다.

237. ③ • 당시에는 색깔이 여분의 스크린 장식을 더하기 위해 사용되어졌다.

238. ① • 해리포터 시리즈의 상징은 주인공의 잃어버린 순수성이다.

239. ① • 해나는 결국 딕이 결혼하도록 강요했다.

240. ① • 잘 알지 못한다면 저작권 정보는 해독하기가 까다롭다.

Answer

241. ③ • 그녀는 완고하고 의지가 강하고 변덕스럽다.

242. ② • 이 훌륭한 완성 제품이 우리의 기대를 모두 충족시켰다.

243. ① • 워싱턴의 전문가들은 오랜 기간동안 나를 선두자로 이야기해왔다.

244. ① • 번영하는 노예제도 관습에 대해서라면 매사추세츠 주가 이것을 합법화한 첫 번째 주였다.

245. ③ • 이 중요한 사건은 대략 1초의 1/1000 안에 일어난다.

246. ① • 과학적 · 의학적인 연구가 다른 안건을 위해 조작될 때 나는 놀라게 된다.

247. ③ • 젊은이들을 술과 여자로 타락시키는 것은 권장할 일이 아니다.

248. ③ • 코끼리들이 척박한 땅을 가로질러 먼 언덕으로 간다.

249. ① • 그는 씩 웃으면서 긍정적인 답변을 전해주었다.

250. ② • 그의 조용하고 전문가적인 명령은 극단적인 상황과는 모순된다.

251. ② • 베낄 수 있는 디자인을 제공하기 위해, 그는 대리인으로 하여금 이탈리아의 골동품 가게를 뒤지도록 했다.

252. ③ • 이 길은 여행객들이 역사의 많은 흔적들을 지나쳐 갈 수 있게 한다.

253. ③ • 이것은 세계를 놀라게 한 재능의 엄청난 조합이다.

254. ② • 우리는 폭력을 피하고 평정심으로 선거 결과를 인정하는 것을 배워야 한다.

255. ③ • 그녀는 그 대화들에 대한 더 이상의 정보를 누설하는 것을 거절했다.

256. ① • 그들은 재앙으로부터 조직을 구하기로 약속한 구원자로 다가올 수도 있다.

257. ② • 물 문제를 개선하기 위해 팀이 프로젝트를 진행 중이다.

258. ① • 그는 완고한 프랑스 대통령 자크 치락을 데려오기 위해 프랑스에 갔다.

259. ① • 그들은 바티칸의 영향력에서 자유로운 금욕적이고 청교도적인 정부를 원했다.

260. ① • 온라인 소매상들은 주로 이익에 초점을 맞추는데, 이것은 닷컴 전성기 때 받아들여졌던 철학으로부터의 명백한 전환이다.

261. ② • 당신은 이미지를 바꾸거나 로고를 다른 식으로 표시하면 안 된다.

262. ③ • 다음은 우리가 웹사이트를 위해 정보를 모으고 보급하는 관행을 나타낸다.

263. ④ • 오늘날의 도구는 예전보다 훨씬 강력하고 재빠르다.

264. ② • 나는 이 모든 것이 잘못된 것이라는 예감이 든다.

265. ① • 몇 시간 후에 딕은 흥미를 느꼈다.

266. ③ • 피로 때문에 그는 집에 머물고 싶었다.

267. ③ • 이것은 멋진 빨간 모자이다.

268. ② • 웹사이트에 게시된 비디오는 비록 희생자의 얼굴은 보이지 않지만 매튜의 살인을 보여 주도록 의도되었다.

269. ① • 딕은 그의 실수가 우발적인 것이었는지 아니면 성격상의 결함 때문이었는지를 결정해야 했다.

270. ① • 당신의 작업 견본은 조직 의사소통에 대한 당신의 지식을 보여주는 실질적인 증거이다.

271. ② • 그의 새로운 발명들은 그 전에 발견했던 아름다운 공리에 비하면 단지 하찮은 것일 뿐이다.

272. ③ • 그들의 여행은 우리를 전세계에 남아 있는 가장 원초적인 야생 지역으로 연결시켜 준다.

273. ② • 디즈니는 애니메이션의 영웅적인 선조로서가 아니라 모순으로 가득찬 수수께끼로서 모습을 드러냈다.

274. ① • 많은 사람들의 분노에도 불구하고 그는 일부 다처제를 포기하지 않았다.

275. ① • 이 아이들에게는 죽음이 그들의 고생을 끝내는 희망인 듯하다.

276. ② • 우리는 나무의 아름다움과 신선함을 즐기고 그것을 잘라 버려야 하는 순간을 싫어한다.

277. ① • 세부 사항은 명확하고 읽기 쉽다.

278. ① • 이것은 한국에서 사업을 하고 투자 기회를 찾는 데 방해가 된다.

279. ① • 그 남자 뒤에는 다리가 건설될 골짜기의 사진들이 있다.

280. ④ • 닌자들은 매우 영적인 사람들이고 그들의 믿음은 닌자 정신의 중요한 부분이 되었다.

281. ① • 마을 사람들과 파티 행사자들은 딕 씨를 만나기 위해 몸싸움을 벌였다.

282. ② • 두 질병을 모두 가진 사람들은 유전적 유사성이 있을 것이다.

283. ② • 꿈을 찾는 데 늑장부리는 것은 그만할 때가 됐다. 지금은 딕이 쓴 책을 살 시간이다.

284. ② • 차별이 일어나지 않는다는 것을 보증하는 회사 정책을 공표하는 것 대신 월마트는 아무 것도 하지 않았다.

285. ③ • 어떻게 겉모습보다 품질이 쇼핑객들에게 두드러지게 보일 수 있을까?

286. ① • 뉴욕에 사는 미혼 여성으로서 나는 무척 놀랐다.

287. ① • 이와 같은 상황 아래에서 그들은 적응하는 법을 배우거나 죽을 수 밖에 없다.

288. ① • 그 이야기는 너무 설득력이 없어서 그것이 청중들에게 어필할 거라고 확신하지 못했다.

289. ① • 분위기가 침울하고, 행진 단원들은 벌써 졸고 있다.

290. ① • 딕은 그의 이른 부를 영원의 보물로 바꾸고 싶었다.

291. ② • 이 쇼는 도시로 많은 사람을 끌어들이고 있고 여름 여행철이 시작됨에 따라 경제적인 대박이 날 수도 있다.

292. ② • 블레어는 이스탄불에서의 폭발 사건을 무고한 사람들에 대한 냉담하고 잔인한 살인이라고 비난했다.

293. ① • 종종 우리는 주요 지원을 필요로 하는 초보 빌더들에게서 홍수처럼 많은 전화를 받는다.

294. ① • 이 약은 행복함의 극치를 사용자에게 주며, 이 약을 사는 사람은 황홀감을 돈 주고 산다는 것을 믿을 수도 있다.

295. ① • 당신은 위선자로서 행동하는 듯하다.

296. ① • 다음 해에 그는 액체의 특정 중력을 결정하는 장비를 발명했다.

297. ① • 의장이 대법원에 항소할지를 심사숙고 중이라고 해나가 말했다.

298. ③ • 블랙홀의 맨 아래에 접근하는 별들은 밝아 보이는 상을 가진다.

299. ③ • 그의 과거 경험이 그를 위협, 수치, 그리고 불명예로 노출시켰다.

300. ③ • 해나는 후손에 이 자료를 남기기 위해 기관에 레코드를 기부했다.

Answer

Voca Test 31

301. ② · 부시 행정부의 거만하고 무모한 해외정책이 미국을 안전하지 못하게 만들었다고 상원의원이 말했다.

302. ① · 이런 상황에 그는 단련되어 있지 않다.

303. ④ · 시시한 서류를 제출하는 것은 평가되지 않으며, 서비스 제공자에게 보고되지 않을 것이다.

304. ② · 모세라는 이름의 참견하기 좋아하는 비행기 승무원이 반대 방향으로 온다.

305. ② · 해나는 딕을 결점이 없는 정직하고도 성실한 인간으로 부른다.

306. ① · 제안안들이 너무 불명확해서 수많은 소송을 만들어 내는 결과를 가져왔다.

307. ② · 아내는 남편에게 은혜로워야 하고 충실해야 하고 근면해야 하고 그리고 검소해야 한다.

308. ① · 개인지도의 임시시험은 가장 오래된 형식의 시험, 바로 구술시험이다.

309. ② · 1886년에 가치 있는 두뇌 강장제와 신경 고통 치료제로서 코카콜라가 소개되었다.

310. ① · 모세는 살인 시도와 악의적인 협박으로 혐의를 받는다.

Voca Test 32

311. ④ · 우리는 기쁘다. 왜냐하면 이것이 우리가 줄곧 말해오던 것을 정당화해주기 때문이다.

312. ③ · 모세는 수천 건의 살인을 지원하고 교사한 혐의를 받아왔다.

313. ② · 고원 중심지대에서 방랑하는 무슬림 목자들과 기독교 농부들의 충돌에서 수십 명이 사망했다.

314. ② · 그들은 우리처럼 개방적으로 사는 것을 좋아하지 않고 격리되어 사는 것을 선호한다.

315. ② · 딕은 그의 창조물의 쉽게 사라지는 성질에 대해 안타깝게 생각하지 않는다. "우리는 언제나 사진을 찍습니다."

316. ① · 비밀 도청장치는 소형 마이크와 전송기를 포함한다.

317. ② · 그녀의 남편 스티브가 다른 사람으로 부터의 연애편지를 발견했을 때 불법 관계가 밝혀졌다.

318. ① · 그는 강의가 명쾌하고 대화가 설득적인 훌륭한 연설가이다.

319. ① · 이것은 헌법에 대한 터무니없는 위반이자 노골적인 무시이다.

320. ① · 그 전염병의 초기는 악몽으로 변하기 전에는 조용했다.

Voca Test 33

321. ① · 몇몇 유아는 첫 6개월 동안 더듬거리며 말한다.

322. ③ · 아기의 신체발달이 얼마나 타고 나는지, 그리고 얼마나 많이 직업적인 훈련을 통해 얻게 되는지 발견하라.

323. ① · 동경은 아직 전쟁의 과거를 완전히 보상하지 않았다.

324. ② · 나는 교습 세미나를 내 책에 대한 장점을 다른 사람들에게 극찬하면서 시작했다.

325. ① · 그들은 재빨리 침실 3개가 달린 2층짜리 버려진 건물을 안락한 집으로 바꾸었다.

326. ② · 출생 전 초음파는 완전히 무해하지 않다.

327. ④ · 아픔과 고통을 편안히 정복하고 그는 편안해지고 건강해졌다.

328. ④ · 그 어떤 대통령이 2003년 1월 28일의 조지 부시 대통령만큼의 거만을 보여 주었던가?

329. ② · 그녀의 절충적 뒷배경은 완성된 피아니스트와 경쟁력 있는 아이스스케이터로서의 명성도 포함한다.

330. ③ · 실수를 다루는 가장 최고의 방법은 조용히 있는 것이다. 사람들이 더욱 잘 기억하는 것은 당신이 실수에 대응하는 방법이다.

331. ② • 소프트웨어 기술의 최근 진보는 폭넓은 커뮤니케이션을 가진 수많은 이동기기들을 만들어 냈다.

332. ① • 매튜는 2002년 미국에 와서 올해 봄에 망명을 인정받았다고 말했다.

333. ③ • 이 정치 캠페인은 동료 공화당원들에게 자신들을 소개하고 환심을 사는 기회를 주었다.

334. ② • 종종 약관을 확인하시면 변화를 통보받게 될 것입니다.

335. ③ • 그녀는 그 회담에 대한 더 이상의 정보를 누설하지 않았다.

336. ③ • 당신은 웹사이트를 멋진 사진 같은 것들로 장식할 수 있다.

337. ① • 아이러니하게도 그 치료가 그를 쇠약케 했는지도 모른다.

338. ② • 그런 경우에는 무식이 정말 축복이다.

339. ① • 이것은 통치의 절정으로써 그녀의 가장 위대하고 행복한 순간이다.

340. ③ • 이 상은 조직이 수여할 수 있는 가장 높은 상이다.

341. ① • 그가 맡은 부분에 처벌을 가할 필요는 없는 것 같다.

342. ① • 일본이 세계에서 가장 강력한 나라라는 것은 말도 안 된다.

343. ② • 상대방의 강력한 반격이 공화당원들을 약화시키지 못했다.

344. ④ • 해나는 어처구니없는 실수 때문에 수치심을 느꼈다.

345. ④ • 휴가를 조용한 곳에서 보낸 뒤 나는 평온해졌다.

346. ④ • 운전자들을 위해 정부는 교통 조건을 개선시키려고 노력 중이다.

347. ② • 종종 피아노를 치기는 하지만 그녀는 아마추어 정도 이상이다.

348. ④ • 원한을 품은 직원이 복수를 위해 타이어를 잘라 버렸다.

349. ② • 학생들은 그들이 싫어하는 아이들을 게임에서 배척하는 경향이 있다.

350. ① • 이 기관이 폐쇄된 이유를 알기는 어렵다.

351. ③ • 새로운 사람은 회의 중 옆에 앉을 가장 상냥한 사람을 골랐다.

352. ④ • 새 집은 매우 커서 새 가구를 구입해야 했다.

353. ① • 그는 결혼 후 벌어진 문제들을 미리 예견했던 것 같다.

354. ③ • 다량의 유전자는 무수한 피임 대상을 제공한다.

355. ③ • 우리는 가장 극악한 사건의 경우에는 사형이 필요하다.

356. ④ • 이 지역은 변덕스러운 날씨를 보여준다.

357. ③ • 딕을 설득해보려 해도 소용없다.

358. ② • 인간은 자연을 정복할 수 없다.

359. ③ • 그 사건을 구실로 하여 전쟁이 발발했다.

360. ① • 그 컴퓨터 강좌는 초보자들에게 이상적이다.

Answer

Voca Test 37

361. ③ • 그녀가 죽기 전에 또 다른 목격자가 증언을 철회했다.

362. ① • 이것은 배반, 고문 그리고 살인에 관한 진실된 이야기이다.

363. ④ • 단어들은 이렇게 숭고한 메시지를 전달할 수 없다.

364. ① • 쌍안경은 사냥꾼에서 필수적인 도구이다.

365. ① • 우리가 만들 수 있는 도전에는 끝이 없는 것 같다.

366. ② • 딕은 해나가 전 남자 친구를 만난 것에 대해서 훈계했다.

367. ③ • 잠시 후 자신감은 자만감이 된다.

368. ④ • 이것을 당신이 인정하는지 반박하는지 나에게 알려주세요.

369. ④ • 호의에 감사합니다.

370. ① • 헌혈하는 사람과 수혈 받는 사람은 반드시 같은 혈액형이어야 한다.

Voca Test 38

371. ③ • 길고 가느다란 수족은 그 동물이 민첩하다는 것을 의미하는 반면 무거운 뼈는 속도보다는 지원을 제공해준다.

372. ① • 최근 프랑스에서 통과된 법은 학교에서 눈에 띄는 종교적 상징이나 옷을 금지했다.

373. ② • 선수는 언제 연봉 중재 자격이 됩니까?

374. ① • 그는 에티켓에 대해 매우 형식을 차렸다.

375. ② • 많은 사람들이 운명에 의해서 그들에게 주어진 놀라운 자원들을 낭비해 버린다.

376. ② • 욕탕 사건은 그가 극악한 행동에 관여했음의 증거라고 검사들이 언급했다.

377. ② • 그들은 프로이기 때문에 진부한 개그를 웃기게 만들 수 있다.

378. ③ • 보톡스는 눈 사이에 있는 찡그리는 선을 부드럽게 해주기 위해 피부 아래의 근육을 마비시킨다.

379. ① • 나는 대화를 연장시키는 방법에 대해 생각 중이었다.

380. ④ • 남자들이 여자들보다 훨씬 더 말이 많이 쓰인 페이지에 짜증을 느꼈다.

Voca Test 39

381. ② • 인구가 드문 이곳은 문명으로부터 고립된 지역이다.

382. ④ • 기타리스트는 수년의 힘든 연습 후에 어려운 곡을 연주할 수 있다.

383. ② • 프로 운동선수는 오랫동안 진정한 직업으로 존재해 왔다.

384. ③ • 상법을 속였을 때 모세는 체포되었다.

385. ③ • 신문이 한 일은 서울에 집이 없는 사람들이 많다는 사실을 확인한 것이다.

386. ② • 늙어서 마음이 둔해지면 그것은 그 사람의 잘못이다.

387. ① • 이 폭도들의 나쁜 짓을 돕는 타락한 정치인들이 있었다.

388. ④ • 모든 성공적인 신문들은 끊임없이 투덜대고 공격적이다.

389. ② • 콩 식물을 통해서 멘델은 어떻게 세대를 거쳐 특성이 전해지는지 알아냈다.

390. ④ • 아이들은 결국 더러운 고아원에 가게 되었다.

391. ④ • 국가들은 국제 무역협정을 협상하기 전에 타협할 수 없는 차이점을 이해하는 것이 필수적이다.

392. ③ • 음용을 위해 근로자들은 마실만한 물을 마실 수 있어야 한다.

393. ② • 우리는 의식을 집행하고 법적인 반동을 처리해 줄 준비를 하는 다른 성직자들이 있다.

394. ④ • 관리인들은 마약의 흔적을 찾을 수 없었다.

395. ① • 연어의 수가 매우 고갈되어 왔다.

396. ③ • 네 몸은 칼슘을 생산하지 않기 때문에 꾸준히 공급량을 채워 넣어야 한다.

397. ③ • 그날 공격은 한국 역사에서 가장 최악의 재난이었다.

398. ④ • 여러 신문사가 그 소문을 조사하기 위해 기자들을 보냈다.

399. ② • 아버지의 관 앞에서 나는 복수를 맹세했다.

400. ② • 6명 모두 차량 절도를 공모했음을 시인했다.

MEMO